인터넷이여! 선교로 부흥하라

인터넷이여! 선교로 부흥하라

사이버 공간에 역사하시는 복음

초판 1쇄 찍은 날 · 2007년 7월 1일 | 초판 1쇄 펴낸 날 · 2007년 7월 5일

지은이 · 서장혁 | **펴낸이** · 김승태

편집 · 이덕희, 최선혜, 방현주 | **디자인** · 김규혜, 이훈혜, 이은희, 정혜정
영업 · 변미영, 장완철, 김성환 | **물류** · 조용환, 엄인휘

등록번호 · 제2-1349호(1992. 3. 31.) | **펴낸 곳** · 예영커뮤니케이션
주소 · (110-616) 서울 광화문우체국 사서함 1661호 | **홈페이지** www.jeyoung.com
출판유통사업 · T. (02)766-7912 F. (02)766-8934 e-mail: jeyoungsales@chol.com
출판사업부 · T. (02)766-8931 F. (02)766-8934 e-mail: jeyoungedit@chol.com

copyright ⓒ 2007, 서장혁
ISBN 978-89-8350-439-5 (03230)

값 12,000원

인터넷이여! 선교로 부흥하라

사이버 공간에 역사하시는 복음

서장혁 지음

인터넷 선교의 실제적인 지침서

장훈태 (백석대학교 선교학 교수)

인간에게 가장 필요한 것은 삶의 나침반이다. 인간의 삶의 방향은 목적이 분명해야 갈 수 있다. 목적이 없는 사람은 나침반이 있어도 방황한다. 방황하는 사람에게 필요한 것이 있다면 안내자와 책일 것이다. 어떤 사람은 책을 통해 어떤 사람은 안내자 또는 자신의 목적지를 향하여 가게 될 것이다. 책은 인간의 마음을 풍요롭게 한다.

이번에 현대 선교의 정수가 담겨 있는 『인터넷이여, 선교로 부흥하라!』란 책이 한국 교회에 소개됨을 선교학도의 일원으로 기뻐한다. 이 귀한 책을 출판하신 예영커뮤니케이션에도 감사를 드린다.

이 책은 전체적으로 평신도 선교사, 선교사 그리고 예비 선교사들이 인터넷을 통해 선교를 위한 시너지를 얻도록 구성되어 있고, 글로벌 시대의 인터넷 사역을 진행하게 될 경우 알아야 할 기본적인 내용들이 담겨 있다. 이 책은 인터넷 사역자와 이에 관심 있는 모든 사람들에게 기본적인 지식을 전달하게 될 것이다. 따라서 인터넷 선교를 위한 세계관, 웹 기획, 커뮤니티 플래닝, 인터넷 선교를 위한 디자인, 해외에서 인터넷 선교의 실제, 인터넷을 통한 협력 선교 등을 다루고 있어 사역 현장이나 선교를 준비하는 모든 분들에게 도움이 될 것이다.

이 책은 인터넷 선교의 정의, 인터넷 선교 리더십 등을 집중적으로 소개하고 있다. 특히 선교 현장에서 인터넷은 정보 전달이 중심이 되는 선교와 밀접한 관계가 있는 중요한 도구라는 것을 알도록 해준다. 그리고 인터넷 선교를 위한 리더십이란 새로운 용어와 세계관은 매우 흥미 있는 부분이라고 여겨진다. 특히 인터넷 선교의 세계관을 성경적 근거와 콘텐츠 범위를 깨닫게 하는 것과 교회 그리고 선교 현장의 리더십으로서 자신과 인터넷과의 관계, 그리고 인터넷 시대 리더십으로서 올바른 자세를 배우도록 하고 있다.

이 책의 강점을 하나 더 소개한다면 인터넷을 활용한 그리고 인터넷을 중심으로 하는 사역 가운데 필요한 요소가 무엇인가에 대한 분명한 개념을 알려 주고 있어 무게가 있다. 인터넷 선교 디자인, 웹 프로그램, 인터넷 방송, 웹 기획, 효과적인 웹 사이트 운영을 위한 기초적인 원리를 전달하고 있다. 그 외에도 창의적인 웹 콘텐츠 제작 및 효과적인 웹 커뮤니티의 운영과 노하우를 전달하고 있어 누구나 쉽게 배울 수 있다.

추천자는 서장혁 목사님을 몇 번 만난 적이 있다. 그는 인터넷 선교 사역 분야에서 활발하게 활동하는 분이다. 해외에서 활동하는 많은 선교사들과 선교 단체에서 존경과 사랑, 감사의 마음을 갖고 있는 분임을 알고 있다. 이번에 인터넷과 관련된 좋은 글을 모아 효과적인 선교 사역과 열매를 거둘 수 있는 방안으로 책을 출판하게 된 것은 매우 기쁜 일입니다. 좋은 글은 진리를 위해 진리 안에서 사는 이들의 열매가 된다. 이는 하나님이 맺어 주시는 좋은 결과라고 본다.

　아무튼 이 책이 이 땅의 복음화를 위해 헌신하는 분들 즉 선교사, 선교사 후보생, 인터넷 선교, 신학을 하는 모든 분들에게 알려지고 읽혀지기를 바란다. 그래서 21세기 한국 선교와 관련하여 선교의 이론과 실제에 관여하는 과정에 그들의 사고와 행동에 변화가 있기를 바라는 마음이다. 아무쪼록 귀중한 글로 선교학의 실제를 발전시키려는 저자에게 찬사를 보내며 인터넷 선교를 위해 헌신하려는 모든 분들에게 추천하는 바이다.

2007년 5월 13일

전방 개척 선교를 위한 새로운 패러다임

이현수 (국제프론티어스한국선교회 대표)

"새 술은 새 포대에 담아야"
Moving to new paradigm!

21세기 한국 사회는 격동의 패러다임 전환의 시기에 있다고 할 수 있다. 세대 간의 갈등, 이념의 차이, 사회 각 집단 간의 첨예한 대립 등등은 오늘 한국 사회의 구성원이라면 피할 수 없는 당면 문제로 여기고 있다. 그 사회의 한 구성 집단으로서 교회나 선교 단체도 그 영향을 벗어날 수는 없을 것이다. 역사적으로 보면, 많은 경우 영적 종교 집단인 교회가 사회의 흐름을 바꾸고 개선하는 역할을 했으나 때론 사회의 변화와 맞물려 변화하곤 했다. 그러한 변화의 요인으로 사회의 구성원이 곧 그 교회의 구성원임을 들 수 있다. 오늘의 한국 교회나 선교 단체도 그 변화의 현장에 있다고 믿어진다. 한국 교회와 선교 단체가 변화되지 않으면 그러한 변화를 느끼고 수용하고 있는 미래의 세대를 품을 수 없을 것이기 때문이리라.

　이러한 상황 가운데 선교 일선에 선 우리는 선교를 위한 과제인 새로운 패러다임과 방법의 발견을 위한 상황에 직면하게 된다. 보다 적극적이고 새로우며 검증된 선교 방법이 요구되는 현실 가운데 인터넷을 통한 전방 개척지를 위한 실제적인 선교 방법을 제시하는 책『인터넷이여, 선교로 부흥하라!』는 참신한 도전이라고 평가하고 싶다. 끊임없는 도전 의식으로 세상의 조류에 끌려가는 선교가 아니라 세상을 주도하고 다스리는 능동적인 선교적 제안을 독자는 이 책을 통해 만나게 될 것이다. 특별히 "인터넷 선교학"과 같이 시대에 맞는 새로운 선교 교육 패러다임은 앞으로 신학교, 선교 단체 및 선교사 파송 교육을 위한 커리큘럼 안의 영역이 되어야 하고 그러한 적극적인 시도들이 보다 구체적인 필드 변화를 이끌 것이라고 믿는다.

　한국은 세계 2위의 선교사 파송 국가로 도약했다. 놀라운 일이 아닐 수 없다. 우리 가운데 일하고 계신 주님의 큰 임재를 느낀다. 숫자로 2위라고 해도 세계 선교의 실질적인 영향력을 2위로 끌어올리기 위해서는 현재 우리가 생각하는 선교 패러다임에서 과감한 결단의 변화가 있어야 할 것이다. 왜냐하면 하나님께서 우리에게 많은 것을 맡기실 때는 그만큼의 기대를 하고 계시기 때문이다. 우리에게 주어진 과업을 완수하기 위해서는 하나님께서 원하시는 시대에 맞는 성경적인 선교 방법을 갖추고 실천해 나갈 때 우리는 자연스럽게 그들과 문화를 통해, 문화적인 벽을 넘어 성경적 코드로 함께 동반자의 역할을 감당하게 될 것이다. 아무쪼록 이 책을 통해 선교 현지의 선교사들은 새로운 조류를 읽고 대처하며 광범위하게는 모든 성도들이 선교사로서 일어나고 협력하는 역사가 일어나기를 소망한다. 바로 "그 때"에 머리로

만 집필된 것이 아닌 발로 뛰며 눈물로 기록된 이 책에 대해 동역자로
서 기쁨과 감사를 전한다.

2007년 5월 19일

인터넷, 거대한 커뮤니케이션의 현장

정명호 (혜성교회 담임목사)

이 땅의 모든 기독교 공동체가 추구하는 바 세상 구원을 위한 예수님의 십자가 사건을 전하는 복음 전도의 노력은 커뮤니케이션 과정을 통하여 이루어진다. 전도와 선교, 설교와 교육, 훈련과 양육, 교제와 사역은 결국은 커뮤니케이션을 통해 실천된다. 그런 점에서 지역과 문화, 세대를 불문하고 모든 전도, 선교 활동은 본질적으로 커뮤니케이션 활동이라 할 수 있다. 오늘날 인터넷은 아주 중요한 의사 소통의 도구인 동시에 아주 중요하고 거대한 하나의 커뮤니케이션 현장이 되었다. '인터넷 선교'를 '인터넷을 통한 선교'로 이해하는 저자는 인터넷을 통한 네트워크 형성과 정보 전달을 통하여 지상 교회의 사도적인 임무 수행을 돕고자 이 책을 저술하였다.

한 사람의 지역 교회 목회자로서 이 책의 추천을 의뢰 받았을 때, 과연 어떤 글로서 이 책을 표현할 수 있을까 염려하였으나 글을 읽는 과정에 분명한 확신을 얻게 되었다. 그것은 다른 누구에게 이 책을 추천하기 이전에 내 스스로의 목회 현장에 이 내용을 실천해야만 한다는 사명감이었다. 지역 교회와 목회자, 선교사와 선교 단체, 그리고 성도들과 복음을 받아야 할 영혼들이 어우러지는 현장으로서의 인터넷 공간은 더 이상 방치될 수 없는 전략적 전투 현장이 되었다. 현장 전문가의 손을 통히 인터넷 공간에서의 효율적 전투를 도와줄 좋은 안내서를 제공받은 것은 목회와 선교 현장의 사역자로서 더없이 감사한 일이다.

인터넷에 대한 신학적 이해를 바탕으로 실천을 위한 단계적 안내와 풍부한 현장 경험에서 제시되는 자세한 설명은 모든 교회와 선교 단체, 사역자들에게 인터넷 사역과 관련하여 가장 좋은 텍스트로서 손색이 없음을 확신하면서 이 책을 통해서 교회와 선교 단체, 사역자들을 이어주는 서장혁 목사님의 사역이 더욱 확장되기를 진심으로 기도한다.

2007년 5월 28일

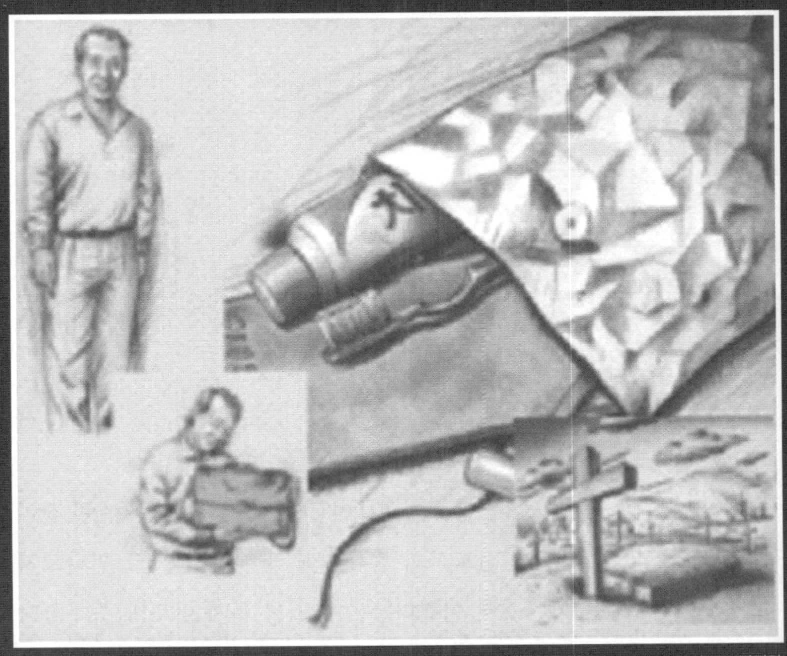

일러스트 강명진

주진국 선교사(1944-2005)

중앙대학교(약학사), 서울신학대학교(M.Div), 풀러신학교
(D.Miss) 등에서 수학.
1983년 기독교 대한 성결교회에서 아프리카로 파송된 첫 선교사.
교회 설립을 비롯, 선교대학 교수로 지도자 양성에 힘썼고,
빈민 선교 등 다양한 사역을 펼침.
2005년 말라리아로 순교.

　　2005년 어느 봄날, 허름한 모습의 선교사님 한 분이 본부로 찾아
오셨다. 섬기던 세계한인선교사회 홈페이지 도메인 건으로 만나고자
하셨다. 도메인 옮기는 것이 어렵다는 이야기를 듣자 바로 말씀하셨다
"제가 계속 도메인 경비를 헌금하지요. 뭐! 곧 죽기야 하겠습니까?"

　　그리고 약 2개월 후 그분은 하늘나라로 가셨다. 선교사님은 정말 검
소한 아니 남루한 차림이셨다. 수고한다면서 사무실 간사들에게 점심
을 사주시고 돌아나가시는 데 구멍 나고 낡은 종이 봉투 하나를 소중
히 들고 계신 것이 보였다. 호기심이 일어 어쭈었더니 펼쳐진 봉투 속
에는 수첩 하나, 칫솔, 빗이 들어 있었다. 마음이 편치 않아 사용하던
가방 하나를 대신 드렸더니 담아가시며 어린아이처럼 좋아라 하셨다.

　　그 주진국 선교사님. 약대를 졸업하시고 부요하게 사시다가 아프리
카를 마음에 품고 가셨던 그 분.

　　그 길. 한 사람의 죽음은 곧 모든 사람을 살게 하는 것이다. 기독교

는 희생의 종교이고 나눔의 원리 위에 서 있음을 보여 주셨다. 나중에 선교지로 갔을 때 그 분처럼 죽고 싶다.

능동적인 선교는 건강한 목회의 기반을 통해 발전한다. 하지만 수많은 교회가 세워졌고 활발한 목회 활동이 존재하지만 선교라는 단어는 아직도 우리에게 부담으로 다가온다. e-Mail을 통해 매일 접하게 되는 선교지의 수많은 급박한 사연들. "가야 하는데, 가야 하는데…"라고 되뇌이고, 마음 속 부담감만 키우며 발만 동동 구르는 것이 우리의 현실은 아닌가 생각해 본다.

예수 그리스도의 죽음을 통해 구원을 얻고, 그 분의 희생을 따라 나선 우리의 모습은 선교지에서 온전한 교회의 모습으로 다시 세워질 것이다. 이제는 보다 많은 기독인들이 새롭게 무장하여 선교지를 향한 긴 여정을 떠나기 위해 그 플랫폼 위에 서야 한다. 선교는 몇몇 사람만의 부담이 되어서는 안 된다. 선교사로 이름 붙여진, 선교 현지로 파송된 그들만의 고난의 길이 아니다. 어린아이도, 어르신도, 남자도, 여자도, 부유하나, 가난하나, 박식하나, 그렇지 못하나, 건강하나, 연약하나 조건 없이 서로 웃으며 섬겨야 할, 우리 모두의 삶의 중심에서 살아 움직이는 크리스천 본연의 사역이다.

각자의 모습과 환경 그리고 처지는 다르지만 하나님께서 주신 다양한 달란트들을 통해 우리는 예수 그리스도를 그들의 언어로, 그들의 문화로 친절하게 표현할 수 있다. 인터넷은 그렇게 만나기 쉽게 잘 표현된 예수 그리스도를 그들에게 전달하는 역할을 할 것이다. 하나님께서는 언제나 잃어버린 영혼들을 되찾기 위해 그 시대를 향한 최고의 지원을 아끼지 않으시고 베푸신다. 그렇게 부여 받은, 성령의 기름 부으심이 넘쳐나는 인터넷이라는 아름다운 도구를 통해 오늘도 우리는 그들에게 달려간다.

부족한 글이지만 본서를 통해 평신도 기독교인들의 선교사화에 기여하고 특별히 전방 개척 선교지에서 예수 그리스도의 꽃이 활짝 피어나는 환상을 보고, 꿈을 꾸어 본다. 끝으로 졸필을 마무리하신 하나님께 영광 돌리고, 기도로 늘 지원하시는 부모님, 헌신과 나눔을 아끼지 않는 동역자들, 그리고 선교사로서의 내 삶의 반려자요 조력자인 사랑하는 아내 이윤정에게 감사하며 글을 맺는다. 하나님의 기름 부으심이 지금 이 시간에도 전 세계 각지의 선교지에서 각고 끝에 서 계신 그 분들과 가족들에 먼저 임하시기를 간절히 기도한다.

2007년 5월 어느 날

Contents

Contents

제3부 전방 개척 선교와 인터넷 선교의 미래 ··· 257

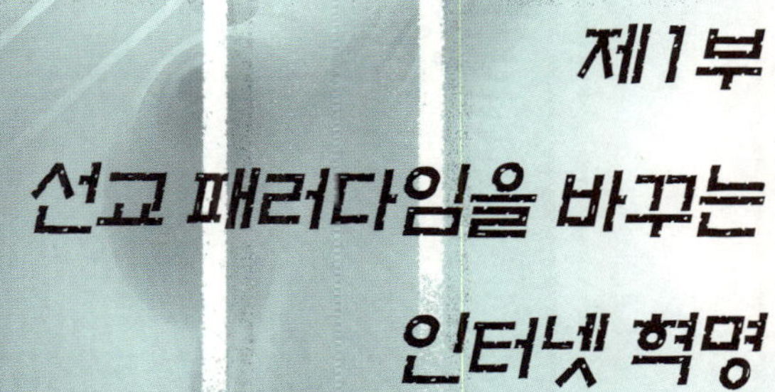

제1부

선교 패러다임을 바꾸는

인터넷 혁명

제1장
왜 인터넷 선교인가?

2007년 아카데미 작품상 후보에 올랐던 알레한드로 곤잘레스 이냐투스 감독의 작품 "바벨"은 구약 성경의 바벨탑 사건을 토대로 각각 4편의 이야기들이 조합된 것처럼 전개된다. 영화를 통해 감독은 부부간, 부모와 자식간, 인종과 인종, 계층 간의 대화 및 이해의 단절을 통한 아픔 그리고 문화 및 문화 발달의 괴리감으로 인해 발생한 오해가 불러일으키는 인간 개인 및 국가간의 충돌 및 고뇌를 표현했다. 이와 마찬가지로 현재 선교지에서, '선교사와 선교 현지, 현지인, 현지 교회와의 관계 또한 하나님과 선교사의 관계가 단절과 이해 부족으로 인해 어려움을 겪고 있지 않는가?' 라는 질문을 해 본다. 선교는 서로간의 이해와 교류의 시작이고 서로간의 교감의 완성이다. 네 몸을 내 몸과 같이 사랑하는 성육신이 기본이 되어야 하고, 아무리 좋은 것을 전해 준다 해도 상대방이 받아들일 수 없는 괴리감을 내포하고 다가가서는 안 된다. 서구 기독교의 영향에 의해 선교지에는 아직도 대형 교회(Mega-Church) 신드롬에 기반이 된 계획들이 간혹 존재한다. 사역의 중심이 교회, 학교, 병원의 건물 건립이었다가 철수 시 무용지물이 되어 버린 상황, 많은 비용을 들여 병원을 건립했으나 선교적으로 연결이 되지 않거나 보기는 좋지만 장기적 관리를 고려하지 않은 현대적 건축 양식을 기반으로 세워진 건축물이 낙후한 현지에서 활용이 안 되는 경우 등이 있다. 또한 대형 이벤트를 중심으로 전개되는 단기 선교 방식, NGO 선교, 전문인 선교 등 전방 개척 선교를 위한 새로운 방법이 제시되나 보다 장기적인 조사가 요구된다. 연구 부족 현상 역시 일종의 커뮤니케이션 부족에서 일어난 현상이라 할 수 있다. 전통적인 선교 방법에서 벗어나 새로운 패러다임을 찾기 위한 노력과 심도 있는 연구가 필요한 시간이다.

오늘날 전 세계 선교계에서 정보 기술(Information Technology)을 통한 선교 사역은 새로운 것만은 아니다. 빌 게이츠가 "언젠가는 모든 사람들이 컴퓨터를 갖게 될 것이다"라는 생각을 기록해 놓았던 때에는 사람들이 쉽게 개인용 컴퓨터, PC를 소유하고 있지 않았을 때였다. 그러한 미래적인 예견을 가지고 있던 그는 첫 번째 프로그램을 제작하기 위해 다니던 하버드 대학을 자퇴하고 점진적으로 준비하기 시작했다. 어느 날 그에게 누군가가 "IBM처럼 되기를 원하느냐?"라는 질문을 했을 때 그는 "언젠가는 거대한 시장의 역동적인 공유화 시대가 도래할 것인데 자신은 그것을 대비하려 한다."고 말하면서 단순히 눈앞의 IBM사가 자신의 목표가 아님을 피력하였다. 그는 세상이 일반적으로 알고 이해하고 있는 수준에서 곧 변화할 것을 예측하고, 이제 다가올 미래에 컴퓨터를 넘어서는 또 다른 시대가 다가 오고 있다는 것을 예견한 것이다. 나날이 발전해 가는 IT 기술, 인터넷 관련 기술과 이용의 확산을 통해 특별히 서구의 선교학에서는 방법론

(Methodology)의 측면에서 미래적 선교와 기술 영역의 접목을 추구하는 Missiology Matrix나 과학과 접목을 연구하는 Missiology Science의 확산이 이루어지고 있다. 하지만 중요한 것은 이러한 상황을 바라보는 한국 신학계의 일각에서는 기독교 선교에 실제적으로 중요한 철학적인 배경이 사라질 우려가 있는 이러한 선교 기술의 전면 배치에 대한 관심보다는 오히려 선교적 전통을 되찾고 원론으로 돌아가자는 주장을 펴며 새로운 선교 신학의 동향과 신학을 통한 현장의 구성에 대한 단호한 거부의 입장을 표명하기도 한다. 미래 예측은 고사하고 현재에도 적응하지 못하는 안타까운 모습니다. 우리는 이러한 현실에서 벗어나서, 다가 올 미래가 다가온 미래가 되기 전에 보다 미래적인 예측과 과감한 제안을 받아 들이고 실행과 준비를 해 나가야 할 것이다.

그리고 한국의 세계 선교 현장의 필요에 입각한 구체적인 사례나 신학, 정책이 미비한 현실 속에서 본질로 돌아감과 함께 새로운 기술과 그 발전을 통해 보다 효과적인 선교 사역을 위한 연구와 개념의 정리가 좌로나 우로나 치우치지 않는 사역의 모델을 만드는 근거가 될 것이라고 생각한다. 이러한 개념에서 인터넷 선교는 그저 '인터넷을 잘 다루는 사람이 선교지에 있으면 도움이 되겠지' 라는 일반적인 개념에서 탈피해야 한다. 보다 폭넓게 접근해야 하며 '새 술은 새 부대에 담으라' 는 예수님의 말씀을 따르는데 도움을 주는 방법이어야 한다.

인터넷은 하나님께서 잃어버리신 영혼들을 위한 사랑의 선물이다. 하나님께서 보여 주신 환상을 우리는 잊어버려서는 안 된다. 많은 문제를 보여 주시고 또 그 답을 주시지만 그 문제와 답을 보는 사람들은 많지 않다. 드와이트 아이젠하워가 건립한 미국의 인터 스테이트 하이

웨이(Inter State Highway)는 동서를 교류하는 거대한 도로이다. 아이젠하워가 육군 소위였을 때, 워싱턴에서 샌프란시스코까지 약 한 달이 걸리는 출장 여행을 통해 고속도로가 생겨야 미국 경제가 발전할 수 있다고 믿게 된다. 그가 대통령이 되었을 때 그는 그 결심을 실현하게 된다. 수많은 소위들이 그 길을 지났다. 하지만 모두들 그 문제를 보고도 그냥 지나쳤을 뿐이나 아이젠하워 소위는 그 문제점을 파악하고 그가 대통령이 되었을 때 그 꿈을 실현하게 되었다.

문제에 부딪히고도 그 문제를 푸는 사람은 많지 않다. 나는 어쩌면 인터넷 선교가 아이젠하워가 꿈꾸었던 대륙 횡단 고속도로와 같은 것이라 생각한다. 현재 사람들이 상상하지 못하는 그 길을 여는 미래적인 열정이라고 믿는다. 그것은 하나님의 방법이고 선물로 주신 은혜이다.

크리스천의 삶 속에서 사역의 영역은 어디까지이고 그 영역의 주체는 누구인가? 기독교 목회와 선교는 성직자, 목회자만의 고유의 영역일까? 하나님의 자녀 된 모두는 현 시대에 있어 과연 기독교 사역과 헌신에 대해 어떠한 개념을 가지고 있고 실행하며 사는가? 많은 성도들이 주일 성가대를 통해 찬양하는 일로, 전도용 앨범을 제작하고 찬양 팀을 섬기며 예배를 인도하는 사역으로, 교회 안팎을 청소하고 예배 참가자들을 위해 효과적인 주차를 위한 봉사를 나누며, 강단을 깨끗이 하고 꽃꽂이나 교회 내 인테리어를 위해 자신의 재능과 능력을 발휘하고, 주일 식당 봉사, 주일학교 교사 등 각양의 사역을 곳곳에서 감당하고 섬기고 있다.

하지만 교회 안에서 이루어지는 성례와 교육, 예배와 질서를 위해 또 교회의 외형적인 수준을 높이는 요소를 섬기는 사역보다 중요한 것은 선교적인 사역 모델을 제시하는 것이 교회를 보다 교회답게 하며 성도를 더욱 성도답게 하는 것이라고 말하고 싶다. "맡은 자들에게 구할 것은 충성이니라" 고 말씀하셨다(고전 4:2). 그렇다면 무엇에 충성해야 할 것인가? 불행히도 이 본문은 비생산적인 선교 사업을 정당화시키는 데 잘못 적용된 적이 많다.[1] 교회는 건물이 세워지고 아름다워지는 것에 자랑삼지 않고 늘 선교를 위한 움직이는 전초 기지가 되어야 하며, 성도들은 어느 때, 어느 곳이든지 선교지를 섬기는 전천후 일꾼의 모습이 될 때 그것은 살아 숨쉬는 건강한 교회라 칭함 받을 수 있지 않을까 생각한다. 인터넷 선교는 바로 모든 크리스천을 사역자로, 선교사로, 그리스도의 제자가 되게 하고 서로 동역하고 섬기는 데 실제적인 도움을 준다. 구약에 나타난 선교의 개념은 "여호와라 이름하신 주만 온 세계의 지존자로 알게 하소서"(시 83:18)라는 말씀을 통해 알 수 있다. 우주를 창조하신 유대인의 여호와 하나님께서는 온 인류가 하나님을 알기 원하셨다. 또한 그 목적으로 "이에 열방이 구원을 위한 하나님의 이름을 경외하며 세계 열방이 주의 영광을 경외하리니"(시 102:15)라고 말씀하신다. 로버트 콜만은 선교의 의미를 "지상 명령은 복음을 전하러 땅 끝까지 가는 것만이 아니며, 삼위 하나님의 이름으로 세례를 주는 것도 아니며, 그리스도의 계명을 가르치는 것이 아니라 제자를 삼는 것이다. 즉 사람들로 하여금 그리스도를 따르게 할 뿐 아니라 그들이 다른 사람들을 그리스도를 따르게 하도록, 지상 명령에 불타도록 도와 주는 것이다" 라고 말하였다.[2]

---

1) 피터 와그너, 전호진 역, *기독교 선교 전략* (서울: 생명의 말씀사, 1971), 14.
2) Robert *Coleman, The Master Plan of Evangelism* (Old Tappan: Revell. 1964), 108-109.

　　인터넷은 이제 일종의 선교 언어로서 국제화가 가속되는 세계 정세 속에서 사람과 사람을 잇는 강력한 커뮤니케이션 수단이 되어 가고 있다. 언어가 동일하지 않으면 서로간에 커뮤니케이션이 되지 않듯이 인터넷, 웹 세상을 모른다면 대화에서 고립되는 시대가 바로 현재 우리가 서 있는 시대이다.

일러스트 강명진

초보 전도사 시절에 있었던 웃지 못할 일이다. 사역하던 곳은 마을의 전통적인 작은 교회였는데 새로 건축한 성전에는 근사한 3단의 강대상이 놓여 있었다. 그 당시만 해도 연로하신 권사님들이 하얀 광약을 묻혀 반짝반짝 윤이 나도록 관리하던 그 강대상에서 처음 설교를 하던 날 부푼 마음과 떨리는 심정을 가라 앉히고 빨간 카펫 위 가장 높은 곳에 위치한 강대상에 올라섰다. 그런데 단에서 설교를 준비하려던 내게 슬리퍼 한 짝이 난데없이 날아왔다. 맨 위 강단에서 설교하려던 나를 보신 담임 목사께서 다른 교우들이 먼저 볼까 급한 마음에 소리는 지르실 수 없고 슬리퍼를 던진 것이었다. 목사님은 결코 인격적으로 문제가 있는 분은 아니었고 참 잘해 주었던 좋은 분이시다. 알고 보니 맨 위 강단은 담임 목사와 장로용이고, 2단은 집사용, 3단은 나와 같은 어린 초보 전도사들이 감히 사용할 수 있는 지정석이었던 것이다.

교회 분위기를 잘 파악하지 못하던 전도사가 알 수 있는 일이 아니었다. 그 일이 있은 후에는 교회 사역에서 권위를 만드는 일에 대해 민감해졌다. 더하여 교회에서는 목사 이외에 설교할 수 있는 사람은 없었다. 설교를 위한 자격을 부여하는 것은 무분별한 남용과 준비되지 않은 사람들을 위한 소정의 제도이지만 왠지 사역은 목사나 전도사만의 영역인 듯한 뉘앙스를 심어 준 듯하다.

안수하는 행위도 그러하다. 그 후 나름대로의 충만한, 자신의 권위를 내세우는 당위성을 가지고 교회 안팎에서 사역을 하였다. 교회 내에서 목회자는 리더십으로서의 결정권자이고 권위의 대상이었다. 참으로 고약하게도 그러한 문화에 스스로 만족하며 사역을 했던 것 같다. 가슴 깊이 회개하는 바이다. 그 당시의 기억으로 전도와 선교, 교회 사역은 목회자들만이 전문가로서 해야 하는 또는 할 수 있는 영역이라고 생각했다. 그러한 왜곡된 마음이 성도들을 그저 주일에 예배 참석하게 하고 목회자가 기획한 행사에나 동원되게 하는 수동적인 예배 구경꾼들을 만들어 낸 요인인 듯하지 않았을까?

이러한 생각이 바뀐 것은 미국 유학 시절이었는데 그 당시에는 이제 익숙해진 교회 문화를 통해 교회 사역에 대한 개념이 많이 편협하였던 것 같다. 물론 이러한 생각은 참으로 개인적이고 경험은 부끄러운 것이다. 예배 사역의 전문가가 아니라고 생각되는 평신도가 설교를 하고 찬양 인도를 하는 일은 상상할 수 없는 일이었다. 당시 나의 좁은 판단으로 세상의 다른 직업은 모두 세속적인 것이고 오직 목회자의 길만이 크리스천이 걸어야 할 필수적인 길인 듯했다. 목회자만이 사역자라는 개념을 가지고 있었던 것이다. 만나는 사람마다, 가르치던 제자들이 신실하다고 생각되면 사역에 대한 비전과 열정을 불어 넣어 신학을 공부하여 목회자가 되는 것이 어떻겠는가 하고 권면하였다. 물론 나도 그러한 권면을 받아 신학 수업을 시작했었다.

그러한 세계관 속에서 살던 중 하루는 학교 미술 수업에서 미술이 세계 기독교에 미친 영향을 논하고 앞으로 끼쳐질 반향에 대해 논의하는 시간을 갖게 되었다. 나는 원래 신학을 공부하기 전에 미술을 전공하려고 했었는데 그에 대한 또 다른 추억이 나의 한국에서의 사역 경험과 맞물려 떠오르기 시작했다.

조금 더 지난 시간을 더듬어 이야기해 보면 나의 어머니는 내가 초등학교 6학년 때 큰 아들인 나를 하나님의 일꾼인 목사가 되도록 서원하시고 매일매일 기도하셨다. 나는 예술 분야에 관심이 많고 색을 구분하는 능력은 떨어지지만 공간을 표현하는 감각과 재능이 있다고 생각하여 색감 분별 능력이 크게 관여되지 않는 조각가가 되고 싶었다. 하지만 어머니는 잠자는 나의 머리맡에서 매일 당신의 아들이 목사가 되게 해 달라고 기도하셨다. 처음 대학 입시를 치르고 집에 돌아온 온 나를 붙잡고 어머니는 "너는 절대 안 될 것"이라고 말씀하셨다. 안 되 도 잘 될 것이라고 격려하는 것이 어머니의 모습이어야 하거늘 그 분 은 있는 사기마저도 다 없애버리는 듯한 말씀을 비수 꽂듯이 냉정하게 하셨다. 어머니의 말씀대로 나는 낙방하였다. 어머니 말씀 때문이 아 니라 대학을 입학할 만큼의 충분한 실력이 없었다. 그 이듬해 열심을 모아 재수를 했고 실기 실력이 좋았던 나는 친구들을 모아 직접 화실 을 운영하며 목표를 향해, 입시일을 향해 꾸준히 전진하였다. 그런데 장마가 지던 7월 어느 날 아무래도 작업실이 걱정되어 달려가보니 하 필이면 석고상을 놓아둔 작업대 부분만 물이 새어 끔찍한 일이 벌어지 고 만 것이다. 석고상은 약해서 조금만 물을 먹으면 무너지고 만다. 그 런데 물이 부어졌으니 어떻겠는가? 물에 좇어 하얗지도 않고 허연 석 고상들이 다 무너져 마치 뒤엉킨 듯 뭉개져 있었던 것이다. 정말로 망 연자실해 있는 나에게 오셔서 하신 어머니의 말씀이 또 다시 남아 있 던 열정마저 죽이는 말씀이었다.

"봐라 이 석고상이 무엇이냐?"

어머니가 가리킨 것은 그리스 신화의 아폴로였다.

"그럼 이것은 무엇이냐?"

그것은 제우스, 비너스와 같은 그리스 신화에 등장하는 인간이 만들 고 섬기던 신과 여신들이었고 또 다른 석고상들은 공교롭게도 기독교 를 박해한 왕들이었다.

"이것 봐라 네가 이렇게 우상 만드는 일을 하고 있으니 하나님께서 기뻐하실 리가 없지 않니?”

그 최후의 말씀이 내 손에 들려 있던 헤라를 놓게 하셨고 그 길로 나는 모든 미대 입시를 위한 노력을 그만두고 신학도의 길을 걷게 되었다. 어머니는 소원하시고 서원하셨던 대로 아들을 하나님의 길로 들어서게는 하셨다. 하지만 상처와 함께 그 어떠한 이분법적 세계관을 하나를 심어 주셨다. 그 아픈 추억을 가지고 사역을 시작하였고 유학 당시까지 그 마음을 간직하고 있었다. 유학 시절 나보다 어린 학우들과 미술학 과목에서 논쟁을 할 때 바로 그 아픈 추억이 떠올랐다. 그리고 나는 그 때까지의 신학적인 지식과 과거 로마 가톨릭의 교회 건물에 대한 탐닉을 통해 얼마나 기독교 미술이 부패했는지를 찾은 자료들을 OHP로 보여 주어 가며 너무도 당당하게 기독교인들에게 있어서 미술의 해악과 왜 교회 내에서 미술이라는 존재가 사라져야 하는 지를 자신 있게 피력하였다. 그러자 그 이야기를 담담하게 듣고 있던 18,19살 정도 되었을 만한 미국인 학우가 나에게 한 마디를 던졌다.

“존(John), 네가 생각하기에 미술을 누가 만들었다고 생각하니?”

“하나님이나 인간이겠지?”

나는 하나님 이외에 그리고 하나님 형상 닮은 인간 이외에는 창조의 능력이 없다고 믿고 있었다.

“그렇다면 하나님께서 창조하신 미술 세계, 창작의 나라를 교회가 버려야 할 이유가 있을까?”

순간 내 머리 속에서 ‘띵’ 하는 소리가 들리는 듯하였다. 그 미술학 과목 교실 안에서 마치 나 혼자 벌거벗고 있는 듯한 마음이 들었다. 그 친구의 한 마디가 어머니께서 심어 주신 잘못된 세계관에서 나를 구출해 주는 검과 방패가 되었던 것이다. 그렇다. 미술은 하나님께서 주신 것이고 소중한 영역이다. 그 후에 알게 된 것이지만 미술 이외에 판매를 하는 일도, 가르치는 일도, 노동하는 일도, 무언가를 만드는 일도, 홍보를 하는 일도 그 외에 이 세상에서 내가 세속적이라 생각했던 모든 일들, 그 일들에 대한 관심과 염원, 재능과 능력, 그리고 세상 만물은 하나님께서 창조하셔서 우리에게 선물로 주신 선한 것이라는 것이다. 창조는 무(Nothing)에서 유(Being)를 만드신 하나님의 행동, 즉 아무 것도 없는 데서 천지 만물을 있게 하신 하나님의 사역을 일컫는다.[3] 이 세상에 하나님의 주권 이외의 영역에서 창조된 것은 없다. 창조된 피조물들이 왜곡되어 사용될 때 문제가 있는 것이지 우리가 하나님의 원리대로 모든 것을 사용하는 그것이 사역이요, 그것이 하나님의 잃어버린 영혼들을 위해 펼쳐지는 그곳이 바로 교회가 되는 것이다.

말씀의 역사는 교회에서만 찾을 수 있는 것이 아니라 우리의 삶 속에서 역동적으로 베풀어지고 일어나는 것이다. 최근에는 교회에서 평신도가 설교하고 평신도가 찬양 인도를 하는 일이 자연스러워졌다. 목회자가 설교학 박사 학위를 가졌다 해도, 목회와 사역의 영역은 오직 신학교를 졸업하고 목사 안수를 받은 목회자에게만 국한되지 않는다고 믿는다. 사도행전 18장을 보면 브리스길라와 아굴라라고 하는 전문인이 등장한다. 이 두 사람은 부부이다. 이들은 텐트를 만들고 수선하는 직업을 가진 사람들이었다. 그들은 직업적으로 동역 했고 영적으로 함께 움직였다. 4절을 보면 평신도이지만 안식일에는 영적인 사역에 전념한 것을 알 수 있다. 이것이 진정한 그리스도가 몸 되신 교회의 모형이라고 생각한다. 하나님은 예수님께 "내가 너를 세상에 보낸다"고

---

3) 아가페 편집부, *성경사전* (서울: 아가페, 1991), 1623.

말씀하셨다. 따라서 예수 그리스도의 본질적인 정체성은 선교사이다.[4] 목사 출신의 선교사가 가지 못하는 선교지가 많은 현재의 현실 속에서 목회자이든 평신도이든 어디든 언제든 주님께서 가라고 명령을 하시면 그 때 그 때 사역지로 나아 갈 수 있는 모습이 되어야 할 것이다.

우리 모두는 하나님 앞에서 성도로서 각 영역에서의 각자의 서 있는 자리에서 충실하게 자신의 사역지의 담임 목회자로서의 역할과 사역을 감당하는 것이다. 이것이 진정한 교회의 모델이고 선교를 위한 진정한 방향 제시라고 생각한다. 선교는 결코 부담스러운 것이 아니다. 선교를 하려면 선교지에 가야 한다. 하지만 물리적으로 선교지에 서 있는 것만이 선교지에 가는 것이 아니다. 결국 선교지에 가야만 하는 것이 선교가 아니다. 자신이 서 있는 바로 그 자리에서, 비 거주 선교사로서라도 후방에서 전방을 지원하며 선교지를 섬기고 네트워크 하는 것도 중요한 사역이 될 수 있다. 그것은 결코 게으른 또는 배부른 헌신자의 나태한 고백이 아니라 더 힘들고 더욱 노력하는 집중된 헌신을 요구하는 길이다.

때로는 차라리 선교 현장에서 사역하는 것이 쉬울 수도 있다. 후방에서 선교지의 마인드를 지켜가며 자신의 삶터와 사역을 섬기는 것은 어쩌면 더 큰 희생을 요구할 수 있다. 선교지에 있지 않으니 선교사라고 알아 주지도, 인정해 주지도 않을 수 있다. 외롭고 고독하며 자기 성찰을 요구하는 길이다. 엄청난 것을 다루면 그 책임을 져야 하는 부담이 따른다. 후속 대책과 행함이 없고 실행이 없는 외침은 아무런 소용이 없는 것이다. 아니 오히려 안 함만 못한 결과를 가져온다. 하지만

---

4) 한국전문인선교회, *선교의 패러다임이 바뀐다* (서울: 창조, 2000), 27.

작은 것이라도 실행하고 현실적으로 책임지며 사역해 나갈 때 우리는 온전한 크리스천의 삶을 사는 것이다. 이렇게 크리스천들의 전 생애를 통한 실제적인 선교사의 삶을 인터넷 선교는 풍요롭게 한다. 인터넷 선교는 바로 모든 기독교인들에게 선교의 영역을 부담스럽지 않도록 인식시키고, 생활 속에서 누구든지 심지어는 어린 아이도 접근할 수 있도록 하는, 즐겁고 행복한 사역으로의 초대이자, 성도가 가져야 할 최고의 보람을 제공하는 것이다.

WEC의 창시자 스터드(C.T Studd)는 "만일 예수 그리스도가 하나님의 아들이고 그분이 우리를 위해 죽으신 것이라면 우리의 헌신은 그분의 죽음 앞에서 아무것도 아니다."라고 말했다. 신앙 따로 삶 따로의 인생은 크리스천에게는 있을 수 없는 일이다. 우리는 아무런 핑계를 대지 말고 우리가 할 수 있는 모든 것들을 동원하여 복음을 전해야 할 것이다. 복음을 못박은 곳, 그 곳은 바르 예루살렘이었다. 선교사로 헌신한다는 것은 성경의 본질적 의미에서 보면, 헌신하는 것이 아니라 '깨닫는 것'이다. 바로 내 자신이 예수 그리스도 안에서, 오한복음 17장 18절의 예수님의 기도, 예수님의 말씀 속에서 '내가 선교사구나'라는 정체성을 깨닫는 것이다.[5] 누구든지 예수 그리스도 안에서 거듭난 영혼이 바로 선교사이다. '어렵다', '어렵다' 해도 이 세상 그 어느 곳도 예수님께서 서셨던 예루살렘 십자가보다 더 조건이 어려운 지역이 없을 것이다. 예수 그리스도께서 그 치열한 한복판에서 복음을 전하셨던 것처럼 인터넷 선교사도 동일한 마음으로 복음을 지키고 들고 나가야 할 것이다. 나를 변화시키지 못하는 복음은 복음이 아니다. 나를 움

---

5) 한국전문인선교회, 28.

직일 수 없는 믿음은 믿음이 아니다. 우리는 십자가 앞에서 죽는 심정으로 어떠한 방법으로든 선한 모습으로 복음 들고 그들 앞으로 나가야 할 것이다. 그리하면 스바냐 3장 16-18절의 말씀처럼 그 날에 하나님은 우리 모두와 함께 계실 것이고 구원을 베푸시며, 우리 모두를 보고 기뻐하고 반기시며, 사랑으로 새롭게 해주시고, 노래하고 또 축제 때에 즐거워하실 것이다.

제2장

폴 스티븐스의 기독교 세계관

신앙과 삶이 분리된 이원론적 영성은 전통적 한국 교회가 가지고 있는 심각하고 고질적인 문제이자 올바른 기독교 세계관의 부재 현상이라고 지적할 수 있다. 이러한 상황 가운데에서 인터넷 선교를 통한 모든 크리스천이 적극적인 사역자가 될 수 있다는 비전을 포함한 사역 제시는 새롭고 올바른 기독교 세계관의 원리에 입각한 회복을 위한 신선한 제안이다. 이러한 철학에 대해 '삶 속에서의 영성'을 강조한 평신도 신학의 세계적 학자인 폴 스티븐스 교수는 인터넷 선교의 세계관으로서 기반이 될 수 있는 가르침을 기독교인들에게 특별히 한국의 기독교인들에게 선사한다.

그가 강의를 통해 전달된 가르침을 살펴보면, 전임 사역자의 개념은 단순하게 목사나 전도사 선교사의 위치에게만 부여되는 것이 아니라 모든 성도가 '매일 24시간씩 평생을 자신의 사역에 성실히 종사하는 것'을 의미한다고 한다. 어떤 정규 신학 교육을 받은 또는 특별한 부르심을 받은 사람만이 사역자의 이름으로 하나님의 사역을 하는 것이 아니라 모든 크리스천이 하나님에 의지에 의해 전체가 '전임 사역자'로 부름을 받은 존재이므로 그들이 이 땅에서 사는 내내 그 부르심을 위해 성실하고 충실하게 살아야 한다는 것이다. 이렇게 살아가는 기독교인의 '영성'이 곧 이 세상에서 크리스천들이 가지고 살아야 하는 '삶 속에서의 영성'이라는 것이 그의 신학적 연구 기반을 근거로 제안하는 기독교 세계관에 입각한 크리스천의 사역 원리이다. 이러한 주장은 평신도들이 교회 내에서 평신도 사역자로서의 한계를 극복하지 못하고 결국 직장을 그만둔 후 신학교로 향하는 현상을 다시 한 번 생각하게 만들어 준다. 하지만 로마 교회는 로마에서 온 나그네들, 즉 각종 직업에 종사하던 유대인들이 예루살렘에 와서 바로 예수 그리스도의 부활 사건을 성령의 강림에 의한 제자들의 방언을 통해 듣게 됨으로 세워지게 되었다.

'나는 이 땅에서 무엇을 위해 사는가'라는 질문은 바로 '인간이 된다는 것은 무엇인가'라는 질문과 같은 존재에 대한 질문이며 이는 다시 '하나님은 당신의 백성이 어떤 자가 되기를 바라시는가'라는 구체적인 질문으로 바뀔 수 있다. 따라서 크리스천들이 하나님의 부르심, 즉 소명이 무엇인지를 온전하게 이해했다면 이러한 삶의 목표를 정하는 중요한 질문에 대한 답은 정확하고 자연스럽게 얻을 수 있다. 소명은 어떠한 특별한 크리스천 또는 특별한 별도의 계시를 받은 사람의 전유물이 아니라는 것이다. 스티븐스는 특별히 인간의 창조에 대한 기사가 실린 창세기에서 출발하여 성경 전체를 통한 가르침에서 대다수의 크리스천이 원하는 삶의 목적에 대한 답을 찾을 수 있다고 주장한다.[6]

2006년 폴 스티븐스 교수 IVF 초청강연

　그는 "하나님께서는 인간을 당신의 '전임 사역자'로 부르셨다"고 말한다. 그가 말하는 '전임 사역'은 바로 일년 365일 24시간을 통해 한 사람의 일평생 동안 자신이 맡은 사역에 종사하는 것을 의미한다고 한다. 이것은 전통적인 이분법적 사역관에 대한 한국 기독교인의 개념과 사뭇 다르다. 이것은 사역은 단순하게 한정된 일정한 장소나 시간 동안만 하는 것이 아니라 크리스천들에게 주어진 모든 시간 속에서 펼쳐 나아가야 한다는 해석으로 이어진다. 이 말을 다시 해석한다면, 한 번 아버지가 되면 그 존재는 우리를 향해 전임 사역 하시는 아버지의 개념이지 소위 청소년들의 말로 알바(아르바이트)하시는 아버지가 될 수

---

6) 폴 스티븐스, 홍병룡 역, *21세기를 위한 평신도 신학* (서울: 한국기독학생회 출판부, 2001).

없는 것과 같음을 의미한다고 그는 피력한다. 하나님은 늘 인간과 깊은 교제를 갈망하시기 때문에 그것이 일정한 시간에 교회나 일정한 사역 단체 또는 프로그램에서만 이루어지는 것이 아니라 지속적인 사역을 통해 항상 교류하기를 원하신다는 원리이다.

크리스천들이 흔히 생각하는 전통적 사역은 주로 교회 안에서 이루어진다. 주일 성가대나 주차 봉사, 식당 봉사, 교회학교에서 가르치는 일들, 각종 위원회 회의 참석, 선교지 비전 여행 준비, 연례 행사 수준의 봉사 활동 및 준비, 전도 행사 참석 등이 그 범주인데 이러한 일들도 사역으로서 물론 중요한 일들이지만 실제 사역은 교회 안에서만 이루어지는 것이 아니라 성도가 재충전 받은 교회에서 벗어나 하나님을 알지 못하고 믿지 않는 영혼들이 있는 세상으로 나와 생활 속에서 그들에게 복음을 전하는 일에 전적으로 충실한 삶을 뜻한다. 사도행전 6장에 등장하는 스데반과 빌립 집사는 사도들이 말씀 사역과 기도 사역에 전념하기 위해 선출한 일곱 집사 중의 두 사람이다. 이들의 선출 기준은 잘 가르치는 것이나 말씀을 잘 선포하는 은사가 아니라 칭찬받는 사람들이라는 점이다. 그들은 끊임없이 성령이 충만했던 사람들이고 지속적인 봉사를 즐거워하는 덕이 있는 사람들이었다. 이것이 바로 사역자를 세우기 위한 필수 요건이다.

한국 교회의 현실을 들여다 보면 성도들은 주일 성례 관련 및 교회 내에서 또는 그 주변에서 행하는 일들을 사역으로 간주하고 그 일들을 마치면 사역에 대한 자신들의 의무를 모두 수행했다고 믿는 경우가 간혹 있다. 하지만 실제 사역은 주일 이후에 있다. 주일은 안식의 시간이다. 안식하며 하나님과 교제하는 시간이라면 주중에는 사역하며 교제를 나누는 시간이다. 세상에 나가서 믿지 않는 이들을 만나고 복음을 전하기 위해 자신이 받은 달란트와 재능을 사용해야 하는 것이고 이러한 원리 가운데에서 본다면 자신이 서 있는 바로 그 자리, 직장, 학교, 가정이 교회이고 사역지가 되는 것이다. 이라크 선교사였던 고 김 사무엘 선교사는 선교지로 떠나기 전에 "나는 교회를 세우러 가는 것이 아니라 내가 교회가 되기 위해 가는 것"이라는 말을 남겼다. 이러한 개념의 사역자들이 보다 많이 자신들의 선교지에 서 있을 때 하나님의 뜻은 충만하게 이루어질 것이다.

또한 전문 사역자라 함은 신학교에서 신학을 배우고 목회자로서 안수를 받는 사람에게만 국한되는 것이 아니고 모든 사람들이 자신의 영역에서 자신들의 전문성을 가지고 사역하는 것이 바람직한 성경관에 입각한 전문가에 대한 개념이다. 실제로 신학, 목회학을 전공한 목사나 전도사가 영화나 광고 문학과 교육, 음악과 비즈니스, 교육, 상담에 대해 전문가에 비해 기술이 능통하지는 못할 것이다. 전문가들에게 성경적으로 적용을 해주고 영적인 멘토링(Mentoring)을 할 수는 있겠지만 기능적 전문성은 아무래도 떨어질 것이다. 하지만 성도들은 수없이 많은 전문성을 가진 하나의 교회로서 세상에 나아가 자신들의 전문성을 통해 선교할 수 있다. 물론 설교에 탁월했던 평신도 스데반 집사처럼 탁월한 전문성과 함께 말씀을 전하는 데에도 뒤지지 않는다면 더욱 좋겠다.

특별히 복음이 차단되어 있는 전방 개척 선교 지역의 경우 전문인 선교사만이 그 사역의 길을 뚫을 수 있는 현 시대의 선교적 현실을 바라 볼 때 모든 성도들이 사역 철학을 가져야 하는 것은 오래 전부터 지속되어 온 하나님의 명령이다. 이제 이전의 사역 철학에서 벗어나 비대해져만 가는 한국 교회의 외면적인 성장 구도에서 벗어나 일인 교회

로서의 역할을 감당하고 역량을 발휘해야 할 시대이다. 그 부르심은
이미 시작되었다. 좀 더 세밀하게 귀 기울여 보자.

폴 스티븐스

　　인간은 하나님과의 깊은 교제 안에서 살도록, 하나의 큰 울타리인
‘인류 공동체’와 ‘신앙 공동체’라는 공동체를 온전한 모습으로 세우
도록, 하나님의 창조 사역에 함께 하도록 부름을 받은 전임 사역자이
다. 스티븐스 교수는 또한 전임 사역으로의 부르심은 ‘하나님과 함께
창조하는 것(Co-creativity)’으로의 부르심이라고도 가르친다. 즉 하
나님과 함께 하는 거룩한 공동 사역자로서 사는 삶이 바로 모든 크리
스천들이 가져야 할 온전한 삶이라는 것이다. 스티븐스 교수는 이를
다시 ‘창조 세계의 잠재력을 발전시키고, 땅을 원래의 모습으로 채우
도록 부름 받음’이라고 표현했다. 이것은 바로 인터넷 선교사 철학이
추구하는, 자신을 모든 삶을 통해 사역하고 헌신하는 사역 모델과 일

맥 상통하는 떨어지는 부분이다.

그는 구체적으로 삶의 영역 속에서 자신의 자리를 잡은 사람들을 '도구를 만드는 사람들(Tool-Makers)', '음악을 만드는 사람들(Music-Makers)', '아름다움을 만드는 사람들(Beauty-Makers)', '장난감을 만드는 사람들(Toy-Makers)', 심지어는 '의미를 만드는 사람들(Meaning-Makers)' 등 이들이 하는 모든 일들이 '하나님과 함께 창조하는 것', 곧 '창조 세계의 잠재력을 발전시키고 세상을 원래의 하나님께 지음 받은 인간다움으로 채우는 행위'라고 말한다.[7]

실제로 창조의 능력은 하나님과 하나님 닮은 형상인 인간만이 가지고 있는 고유의 영역이다. 사단은 하나님께서 만드신 창조물을 찌그러뜨리고, 오염시키고, 왜곡하고 범죄케 유혹하는 능력만이 있을 뿐이지 창조의 능력을 가지고 있지 않다. 실제로 인터넷 선교 영역이 이러한 창조적 개념을 포함하며 나아가는 것을 감안할 때 그의 주장은 분명 인터넷 선교를 위한 기본적인 철학이 된다고 이해할 수 있다. 그렇다면 '하나님은 현재도 창조하고 계신가? 진화론도 하나님의 창조물인가?'라는 질문에서, 완전히 자유로우신 하나님의 사역에 의한 세상의 창조와 내재하는 힘들에 의한 진화의 과정 사이에서 논쟁의 여지를 발견할 수 있다. 창세기 1장에서는 하나님께서 그 만물을 계속되는 상태로 창조하셨을 것으로 본다. 이 계속되는 상태는 고등한 삶에서 저차원으로의 삶을 의미하지는 않는다고 전제해야 할 것이다.[8]

기독인들이 창조를 한다고 성경에 새로운 내용을 첨가하거나 기록

---

7) 폴 스티븐스, 최기수 역, *평신도를 세우는 목회자* (서울: 미션월드라이브러리, 2007).
8) 아가페 편집부, 1627.

하지는 않는다. 하지만 성경을 시대와 문화에 맞게 표현하는 일종의 재창조의 역사를 사역을 통해 경험하게 된다. 기독인들은 이런 삶을 통한, 각양의 전임 사역들을 하면서도 인간의 삶을 향상시키고 더욱 아름답게 만드는 일과 선교를 통해 전 세계를 풍성하게 일구는 일, 그리고 하나님의 잃어버린 영혼들을 위해 구제하는 일 등 각색의 사역들을 위해 각자의 위치에서 따로 부르심을 받았다. 십자가는 수직선만 있는 것이 아니라 수평선도 있다. 즉 사역의 색과 모양만이 다른 것이지 위치와 양, 인정 값어치와 대우가 다른 것은 아니다. 이렇게 '자신의 삶의 모든 영역에서 하나님의 전임 사역자로 살아가는 것, 이것이 바로 삶 속의 영성이라는 주제는 인터넷 선교의 개념에 관심이 있고 이를 따르고자 하는 모든 기독인들이 사역에 앞서 마음속에 새겨야 할 기본 핵심이다.

윌리엄 캐리는 "내 직업은 그리스도를 증거하는 일인데 이를 위한 비용을 마련하기 위해 구두를 만듭니다"라고 말한다면 틀린 이해라고 했다. 그 대신 "내가 복음 전하는 것도 하나님이 영광을 위해서 하는 일이요, 구두를 만드는 일도 하나님의 영광을 위해서 하는 일"이라고 말하는 것이 옳은 생각이라고 말했다. 기독인들의 사역은 이렇게 건강한 세계관과 개념을 통해 온전히 든든하게 설 것이고, 인터넷 선교는 바로 성령님의 역사하심과 함께 이러한 모든 재능, 직업, 관심, 취미, 열정, 매너, 생각, 철학, 이해를 통해 사역을 할 수 있도록 인도하고, 엮어 주고, 다리 놓아 주고, 효과적으로 이끌고, 도와주는 역할을 하는 소중한 조력 매체가 될 것이다.

제3장

선교의 두 가지 요소

 '선교들' (Missions)이라는 용어가 '선교' (Mission)라는 용어로 바꾸었다. 이에 대해 레슬리 뉴비긴은 "우리가 교회와 선교를 논할 때 이것은 교회가 세상에서 파송 되어야 하는 모든 일 즉 복음 전파, 병자를 고치고 돌보는 것, 구제, 아동 교육, 국제 관계 개선, 불의를 공격하는 것들을 총체적으로 의미한다. 이 모든 것이 교회와 선교에 포함된다. 그러나 이 모든 것 속에 보통 선교는 신자가 없는 곳에 신자를 세우는 협의적 의미로 해석된다."고 정의하였다.[9]

 비트박스의 요소를 쉬운 두 가지"북치기, 박치기"라고 했다면 구체적으로 선교의 핵심 요소를 쉽게 말하자면, 성육신 가운데 말씀을 "표현(Expression)"하고 "전달(Delivery)"하는 것, 그 과정을 통해 이루어지는 역사 그리고 역동성이다. 결론부터 말한다면 두 가지를 가장

---

9) Lesslie Newbigin, *Mission and Missions* (U.S.A.: *Christianity Today*, August 1, 1960), 23.

잘 완수해 내는 인터넷과 선교는 결국 뗄래야 뗄 수 없는 연관성을 가지고 있음을 알 수 있다. 이제 대중화된 인터넷 미디어는 정치, 경제, 사회, 문화적 관점뿐만 아니라 언론학적 관점에서도 큰 의미를 지니고 있다.[10] 더불어 이제 인터넷 미디어는 기존 매체의 단순한 보조적 매체가 아니라 독립적인 매체로서 연구되고 분석되고 있다. 우리는 성경을 새롭게 쓰지는 않는다 예를 들어 어느 교회에서 사도들의 발자취를 따라 사도행전을 계속 써 내려가자는 마음으로 사역을 하자고 해서 교회 사역 주제를 "Acts 29"라고 했다. 하지만 그렇다고 해서 사도행전 29장을 새롭게 기록하는 일은 존재하지 않는다. 그러한 마음으로 사역을 하자는 취지일 뿐이다. 성경은 새롭게 첨가되지 않아도 되는 완성된 순수 결정의 복음이다.

하지만 크리스천들이 성경을 새롭게 기록하는 일은 없지만 우리는 날마다 성경을 표현한다. 때로는 각 나라의 언어로 표현되기도 한다. 한 언어라 할지라도 각양의 다른 버전으로 성경이 번역되어 소개되기도 한다. 같은 사물을 보고도 각 나라와 민족의 사람들이 사물과 생각을 바라보고 이해하는 시각과 차원이 다르다. 연령별로도 각기 다른 이해 관점과 철학을 소유하고 있다.

어릴 때만 해도 빨간 테두리에 검정 표지의 관주 성경이 성경의 단순한 외형적 특징이었다. 할머니도, 아버지도, 열다섯 살 손자도 그의 세 살짜리 막내 동생도 무조건 관주 성경을 읽어야 했다. 선택의 여지가 없이 그 성경 책밖에는 구입할 수 있는 성경책이 존재하지 않았기 때문이다. 큼지막한 관주 성경을 들고 다니지 않으면 불경건한 교인

---

10) 박성호, 인터넷 미디어의 이해와 활용 (서울: 커뮤니케이션 북스, 2002), 3.

취급을 받던 교회 문화도 있었다. 눈높이에 맞는 성경이 없었다고 어린 아이들에게 은혜가 끼쳐지지 않은 것은 아니지만, 때로는 주일학교에서 말씀을 듣고 가르치는 교사에게도 이해가 어렵게 번역된 성경을 가지고 말씀을 보다 깊이 있게 가르치는 사역은 아무래도 효과적이지 않았다.

최근에는 쉽게 열거도 할 수 없을 정도로 많은 각양, 각종, 각색의 다른 버전 성경들이 출간되어 읽혀지고 있다. 때로 다른 성경을 가지고 회중과 합독할 경우 각기 다른 버전을 봉독하는 이유로 중구난방의 합독이 될 가능성이 있다. 이에 발맞추어 현대적인 교회는 친절하게 대형 스크린으로 말씀을 보여 준다. 성경책의 외형도 많이 바뀌었다. 각종 컬러의 고급스러운 표지를 사용하고 어린이와 청소년을 배려하여 청바지 커버, 알루미늄 커버, 홀로그램 커버 등으로 문화적 친밀감을 가미하여 성경의 표지 및 외형을 가꾸고 표현한다. 성경의 내용은 그대로이지만 눈높이에 맞추어 성경의 외적인 모습을 표현하는 것이다. PDA에 담겨 있는 디지털 성경이 있는데 PDA용 성경은 막강한 시스템을 바탕으로 작지만 보다 효과적인 성경 이해와 활용을 제공하도록 연구 제작된다. 성경을 위한 표현, 복음의 옷은 이러한 외형적 변화에 그치지 않는다. 목사님들의 설교가 바로 말씀을 삶 속에 적용시키는 표현의 하나이다. 복음 표현의 전문가인 목회자들의 설교뿐만 아니라 말씀을 주제로 한 영화, 드라마, 연극, 소설, 수필, 시가 그러한 맥락에 포함된다. 또한 복음성가, 가스펠 음악(Gospel Music), CCM(Contemporary Christian Music) 등이 성경을 근간으로 표현된 기독 콘텐츠들이다. 더 세분화 한다면 일러스트, 애니메이션, 플래시, 교회 홈페이지, 기독교 포털 사이트, 아이콘, 게임, 동영상, UCC[11]

등 인간 삶 속의 많은 분야들이 이렇게 성경을 표현하는 일과 연관성
을 가지고 있다. 표현 방식도 이전에는 교회 음악이 단순하게 음반을
통해서만 소개가 되었던 것이 이제는 핸드폰의 벨소리와 컬러링으로,
강단에서만 들을 수 있었던 목회자들의 설교를 DMB[12] 폰을 통해 어
디에서나 제공 받을 수 있다.

선교의 다른 한 축은 전달이다. 손으로 만져지는 책으로 성경을 만
드는 일도 전달을 위한 수단이다. 전달을 위한 스테이션과 같은 역할
을 하는 교회의 효과적인 사역 공간은 전달을 위한 중요한 요소이다.
선교, 전도 센터를 세우는 일도 그러하다. 선교지에 직접 찾아가는
일도 전달이고, 노방 전도, 방문 전도, 심방, 서신을 보내는 일, 방송
으로 콘텐츠를 보내기 위해 위성 채널을 만들고 전달하는 일, 인터넷

---

11) 사용자 제작 콘텐츠[user created contents] 약어: UCC
  인터넷 사업자나 콘텐츠 공급자가 아닌 일반 사용자들이 직접 만들어 유통하는 콘
  텐츠. 사용자가 질문하고, 사용자가 각종 지식과 경험을 댓글을 붙여 주는 포털의
  지식 검색 서비스나 위키(wiki) 사전 등이 사용자 제작 콘텐츠(UCC)의 효시라 할
  수 있다. UCC는 텍스트에 이어 최근 이미지 · 동영상 · 음악 등 멀티미디어로 분야
  를 확대해 가는 추세이다. 또한, 웹2.0에서는 사용자들이 보다 다양한 정보를 창조
  하고 공유할 수 있어서 향후 유통되는 콘텐츠의 중요한 부분을 차지하게 될 전망
  이다.
12) 디지털 멀티미디어 브로드캐스팅 [digital multimedia broadcasting], 약어 : DMB
  음성, 영상 등 다양한 멀티미디어 신호를 디지털 방식으로 고정 · 휴대 · 차량용
  수신기에 제공하는 방송 서비스. 이동 중에도 개인 휴대 정보 단말기(PDA)나 차
  량용 단말기를 통해 콤팩트디스크(CD) · 디지털 비디오 디스크(DVD)급의 고음
  질, 고화질 방송을 제공하며, 제공 방식은 시스템 A · Dh · E 등 3개 시스템이 있
  다. 시스템 A는 디지털 위성 방송과 지상파 디지털 멀티미디어 방송(DMB)의 유
  럽식 디지털 방송 규격(OFDM:직교 주파수 분할 다중)을 따르고 있고, 시스템
  Dh는 지상파 DMB를 기반으로 하되 위성 DMB를 수용하는 혼합 방식을 취하고
  있으며, 시스템 E는 부호 분할 다중 접속(CDMA)과 거의 동일한 코드 분할 다중
  (CDM) 방식을 택하고 있다.

으로 보내는 일 등이 전달의 영역이다. 이러한 측면에서 "표현"과 "전달", 이 두 가지를 모두 충실하게 해낼 수 있는 인터넷은 현대 사회에 있어서 복음을 전하고 실천하는데 가장 좋은 도구 및 요소라고 할 수 있다. 인터넷은 모든 성도들을 생활 선교사로 입문케 하는 중요한 수단이 되고 있음을 우리는 인식해야 할 것이다. 이에 최근에 급부상하고 있는 인터넷 선교 신문, 방송, 광고 등 인터넷 선교 미디어의 개념과 활용 현황, 특징, 패러다임, 그리고 새로운 선교 매체로서의 발전 가능성 및 의미와 쟁점이 이러한 개념들과 함께 다루어져야 할 것이다.

제4장

인터넷 선교란?

1. 성경적 이해

성경에서 IT(Information Technology)를 찾는 것이 어렵다고 생각하는 크리스천이 있는 반면 성경 자체를 정보 기술로 이해하는 시각이 있다. 기술은 그 시대를 반영한다. 현재의 첨단 기술이 내일의 첨단 기술이 되리라는 보장은 없다. 최근에 보급된 PDA[13] 성경, MP3[14] 성

---

13) 휴대 정보 단말기 [personal digital assistant] 약어: PDA
   PDA는 'personal digital assistant'의 약칭으로서, 미국의 애플컴퓨터사가 처음 개발했다. 1993년에 애플사가 발매한 뉴턴은 펜 입력에 의한 문자 인식 기능이 추가되어 컴퓨터 통신으로 전자 메일의 송수신이 가능하도록 했으나 가격이 비싸 기대만큼 팔리지 않았다. 일본에서 크게 히트한 샤프사의 자우루스는 전자수첩을 기본으로 하고 팩스 기능과 컴퓨터 통신 기능을 부가시킨 것으로 PDA의 일종이다. 한국에는 제이텔사가 순수 국내 기술로 개발한 셀빅이 있다.
14) 고음질 오디오 압축 기술의 하나. 'MPEG(Moving Picture Experts Group) layer 3'의 약칭이다. 압축비가 12:1인 오디오 코덱의 한 형태로, 음반 CD 수준의 음질을 유지하면서 일반 CD 50배 분량의 음악을 복제전송할 수 있다. 1곡당 파일 크기가 2~5MB에 불과해 약 1시간 분량의 음악 파일을 인터넷상에서 수분

경 등을 활용하는 현재의 시각에서 볼 때 인쇄물로 제작된 성경이 고전적으로 보이지만 인쇄술이 처음 발명이 되었을 때 그것은 첨단의 기술이었고 사회를 변화시키는 큰 역할을 감당하였다.

　복음을 전하는 일은 앞서 말한 것처럼 "표현"과 "전달"로 그 의미를 함축할 수 있다. 가장 효과적이고도 자상하게 표현된 성경, 즉 복음을 전달하는 것은 그 어떤 일보다 크리스천에게는 중요하다. 실제로 표현의 영역에서 대부분의 사역자들이 각자의 역할을 감당하고 있다. 현대 사회에서 이렇게 표현된 결과물들을 "콘텐츠(Content)"라고 명명한다. 기독교 콘텐츠는 때로는 각 나라의 언어로 표현된다. 성경도 각 나라의 성경이 필요하고 콘텐츠도 마찬가지이다. 문화적인 이해는 복음을 강요하지 않고 전달하기 위해서 꼭 필요한 중요한 요소이다. 연령에 따른 친절한 설명과 적용도 연약한 대상들의 이해를 돕기 위해서 필수적으로 필요하다. IT의 이러한 요소는 예수 그리스도의 사역에서 그 근거를 찾을 수 있다. 예수 그리스도는 복음을 그저 표현하신 분이 아니라 그 복음을 직접 제작하신 주인공이시다. 예수 그리스도 자신이 바로 복음이시다. 이 모든 기독교 콘텐츠 제작 사역의 총 제작자, 주인공, PD, 조연출, 어시스트, 촬영, 각본, 구성 외 모든 역할을 담당하시는 주체이시다.

내에 다운로드 할 수 있다. MP3 음악은 별도의 하드웨어 없이 소프트웨어를 통해 PC에서 청취할 수 있으며, 휴대용 MP3 플레이어와 휴대폰을 통해서도 간편하게 들을 수 있다. 그러나 MP3 파일이 상용화되면서 불법복제로 인한 디지털 저작권 문제가 제기되었다. 1997년 한국음악저작권협회(KOMCA)가 'PC통신망을 통한 음악저작물의 이용에 대한 기준'을 제정, 시행함으로써 MP3의 유료 서비스 사업이 가능하게 되었다. MP3는 보통 개인용 컴퓨터에서 확장자가 '.mp3'로 끝나는 파일 형태를 가진다.

예수님은 자신의 메시지를 주로 예화를 통해 전달하시기를 즐겨하셨다. 도드(C.H Dodd)는 "비유란 진리를 추상적으로 생각하기 보다는 구체적인 모습으로 보는 마음의 자연스러운 표현이다." 라고 했고, 헌터(A.M Hunter)는 "비유란 한 영역에서 명백한 것이 다른 영역에서 명백하다는 가정 아래서 자연과 일상 생활로부터 이끌어 낸 비교라고 했다. 또한 레드(G.E. Ladd)는 비유는 도덕적이며 종교적인 진리를 전달할 목적으로 일상 생활에서 소재를 이끌어 낸 이야기라고 한다. 예수께서는 제자들이 시골 문화에 익숙한 것을 아시고 대화의 목적상 농업 용어를 다수 사용하셨다.[15]

비유(Parable)는 예수 그리스도만이 사용하셨거나 또는 창시하신 고유의 정보 전달 방식이 아니다. 구약 성경에서도 비유는 사용되고 유대 랍비들에게 있어서도 비유는 효과적인 정보 전달 및 가르침을 위한 일종의 대중적인 교육 방법이었다. 비유는 당시에 존재하던 효과적인 정보 전달 기술의 한 영역이었다. 한 예로 마태복음 13장에 나타난 예수님의 비유 사용에 대해 데이크(F. J. Dake)는 몇 가지 이유를 말하고 있다. 첫 번째로 진리를 흥미 있는 형태로 계시해 주고 많은 흥미를 일으켜 준다(마 13:10-11,16). 새로운 진리들을 흥미를 가진 청중들에게 알려 준다(마13:11-12, 16-17). 신비한 진리를 이미 알고 있는 사물들과 비교함으로써 알게 해 준다(13:11). 관심 없는 청중들에게 진리를 감추고 내심 반역하게 한다(13:11-15). 진리를 사랑하는 자들에게 진리를 더하게 하고 더욱 사모하게 한다(13:12).[16]

하드웨어적인 정보 전달을 위한 기술의 탁월함은 양의 피부를 벗겨

---

15) 와그너, 37.
16) Lawsencevill, *Annotated Reference Bible* (Dake Bible Sales Inc, 1963).

만든 양피지에 기록하는 것과 같은 요소가 존재하고 있었다. 최첨단의 보관과 기록 기술을 보유한 현대인의 시각으로 볼 때에는 보잘것없지만 이것은 당시로서는 획기적이고 편리하며 최선인 유용한 정보 전달 도구이었다. 현재와 비교할 때 정보의 전달이 소극적으로 가능했을 뿐이지만 전달에 오류가 있거나 용이하지 않지 않음이 훗날 증명되었다.

구약 시대에는 비유와 함께 이야기(Narrative)가 복음을 전달하는 기술적인 요인이었다. 구약의 이야기들은 사람들이 들었을 때 흥미를 유발하고 한 번 듣고 나서도 쉽게 잊혀지지 않는 특성이 있다. 심지어는 그 내용과 구절들을 암송할 수 있는 탁월한 전개 방식을 채택했다.

1) 예수 그리스도의 복음 전달

예수 그리스도의 메시지 전달 방법은 입체적인 것이었다. 복음은 어떠한 특별한, 특정한 사람들에게 제한적으로 전달되는 것이 아니라 누구나 광범위하게 들을 수 있는 매체였다. 첫 번째로 예수님의 복음 전달 방식과 인터넷이 상이한 점은 미디어즈인 전달 방식에 있다. 예수님의 복음의 전달에 특이한 점은 다시 언급하지만 비유를 통한 전달 방법에 주목할 수 있다고 본다. 당시 사람들이 이해할 수 없는 것들이 아닌 친근하고 실제 생활 속에서 등장하는 사물들의 비유를 통해 천국의 진리를 드러내셨다. 예를 들면 자연물인 '꽃', '새', '씨', '밭', 인간관계인 '주인과 종', '친구', '목자와 양', '신랑과 신부', '임금과 신하', 관습인 '누룩', '파종', '아이들의 놀이' 그리고 예수께서 가상하여 만드신 상황인 '포도원 농부' 등 당시 사람들의 상식 수준에서 충분히 이해할 수 있는, 실제의 삶에서 취해진 주제들을 통해 사람들이 개념을 갖기 어려운 내용의 이해를 도왔다.[17] 이것은 단순한 이론을 나열한 것이 아니라 예수님의 이야기를 통해서 청중들은 메시지의 핵심 개념에 대한 이해를 마치 한 편의 영화를 보듯이 생생하게 전달 받을 수 있었던 것이다. 이것은 예수님께서 복음을 보다 폭 넓고 효과적으로 메시지를 전하고자 하신 의지를 나타내는 것이다.

한 예로 마태복음 13장 10-17절을 통해서 예수께서는 비유로 말씀하신 원래의 목적에 대하여 말씀하신다. 그 이유는 그들이 보아도 보지 못하고 들어도 듣지 못하고 깨닫지 못하기 때문이라고 하셨다. 그것은 비밀 같으나 어떤 이들에게는 비밀이 아니라 들음에서 깨달음으로 연결시켜 주는 도구가 된다는 것이다. 이와 마찬가지로 현대에 있어서도 복음을 전하는 것은 각 사람들이 이해할 수 있도록 그들의 문화와 이해에 적합하도록 폭넓게 배려하여 전달하는 것이 필요하다. 이러한 관점에서 인터넷을 통한 복음 전달은 이해를 돕게 하는 다양한 채널과 방법을 통해 현대인들에게 접근한다. 그들에게 전달되나 그 메시지는 때로는 구원에 이르게 하는 생명이 되고 어느 누구에게는 덧없는 울림과 같이 되는 것이다. 예수님의 비유는 그것을 들은 모든 사람들에게 폭넓게 진리를 전달한 후에 그 진리를 더욱 명확하게 밝히기 위해서 예증으로 사용된 것이다. 무한하신 하나님께서는 인간의 유한한 한계에 하나님 나라의 장엄한 계시를 전달하기 위해 인간들에게 친근한 것들로 낮아져 전하여야 하셨다. 우리는 이를 통해 분명 전달의

---

17) William F. Fore, *Gospel, Culture and the Media*, (New York: Friendship Press, 1990), 12.

역사 속에 그 비밀의 메시지를 적극적으로 드러내기 원하시는 하나님의 계시적인 목적이 있음을 알 수 있다.

인터넷을 통한 복음 전파는 마치 예수님께서 당시 상황에서 비유 기법을 선택하여 광범위하게 복음을 전하신 것과 맥락을 같이 한다고 볼 수 있다. 복음을 폭넓게 그리고 현대인의 이해를 돕기 위해 전달한다면 현재에 있어 인터넷만큼의 탁월한 수단은 없을 것이다. 또한 누가복음 9장 46-48절에는 제자들이 자기들 가운데 누가 크냐는 문제로 싸움이 일어나자 그 상황을 보시던 예수께서 아이 하나를 데려다가 곁에 세우시고 누구든지 예수 이름으로 그 어린이를 영접하면 예수님을 영접하는 것이요, 예수님을 영접하면 보내신 이 즉 하나님을 영접하는 것이라고 하셨다. 또한 그들 가운데 가장 작은 사람이 가장 큰 사람이라는 가르침을 주셨다. 이것은 단순하게 설교를 통한 일차원적인 가르침에서 벗어나 시청각적인 교육 방법이라고 할 수 있겠다. 누가복음 9장의 오천 명을 먹이신 사건도 그렇고, 포도주를 만드신 이적도 그러한 맥락에서 이해될 수 있지 않을까 생각한다. 이러한 사건들은 당시 사람들에게는 더없이 입체적이고 시청각적으로 한번에 각인되는 폭넓은 교육적 역사이다. 예수님의 신속하고 효과적인 정보 전달적 사역의 맥락에서 이러한 요소들은 그러한 강한 의지를 내포하고 있다고 할 수 있겠다.

두 번째로는 네트워크 형성을 통한 전달 방식에 있다. 예수님의 복음은 청중들의 입을 통해 전달되어 나갔다. 특별히 비유로 표현된 천국의 비밀은 당시의 사람들이 쉽게 기억하고 타인에게 전달하기 좋은 상태였다.

복음은 사람들의 입에서 입을 통해 펴져 나갔고 예수님을 직접 만나

일러스트 강명진

서 그 이야기를 듣지 못한 사람이라도 충분히 이해하기 쉽도록 전달을 받을 수 있었다. 실제로 예수님을 직접 만나서 그 이야기를 들은 사람보다 이야기만을 전달받아 들은 사람들의 수가 더 많았으리라고 본다. 이것은 일종의 네트워킹을 통한 전달 방식이고 인터넷의 네트워크를 통한 정보 전달 능력과 일맥상통한 것이라고 믿는다. 또한 예수님은 네트워크를 통해 복음이 전달되는 것을 막지 않으셨다. 그 복음은 들어도 이해하지 못하는 사람이 있었겠지만 특별히 복음이 어떤 방법으로든 사람들에게 전달되는 것을 금하지 않으셨다. 때로는 오천 명이 모이기도 하였고 때로는 칠천 명이 모이기도 하였다. 그보다 더 많이 모였을 수도 있으리라. 단 제자들을 파송할 때 당부하시기를 복음의 씨를 아무데나 뿌리는 것이 아니라 유대, 이방, 사마리아에 사는 사람

들에게 뿌리도록 하셨고 그 중에 마치 열매 없는 무화과 나무에 시간
과 노력을 쏟지 않도록만 당부하셨다(마 10:5-6). 각지에서 예수님의
복음과 그 분의 치유에 대한 정보를 네트워크를 통해 전달 받은 사람
들은 예수님이 어떤 분인지도 알지 못하는 가운데에서도 그를 만나기
위해 찾아왔고, 옷자락이라도 붙잡으면 자신들의 문제가 해결될 것이
라는 믿음을 가지고 꼬리에 꼬리를 물고 그 분 앞으로 나아오게 되었
다. 복음 전파의 원리는 이렇게 어느 특별한 사람, 특정인들만을 위해
제한적으로 전달하는 것이 아니라 가급적 동원 가능한 다수의 네트워
크를 통해서 보다 많은 사람들에게 무작위적으로 전하여지는 특징이
있었다. 광야에서 외치던 자 세례 요한의 모습을 떠 올려보자. 만약 조
건이 있다면 복음을 들어보지 않은 사람들에게 가서 전하는 것이었다.
사도들은 한 지역 만을 위한 복음전파가 아니라 땅 끝까지 이르도록
각지로 이동하였다. 누가복음 9장에는 더 많은 네트워크의 형성, 즉
복음 전파를 위해 예수님의 제자들은 여러 마을을 두루 다니면서 곳곳
에 복음을 전하였다. 전방위적인 복음 네트워크를 구축하고 복음을 전
하는데 있어서 현대 사회의 인터넷은 이를 위한 기술적인 방식 연구에
부합한다. 이 시대에 있어 인터넷을 통한 네트워크 형성과 정보 전달
은 이러한 사도적인 임무 수행을 최선을 다하여 할 수 있도록 돕는 역
할을 하는 것이다.

세 번째로는 쌍방향 커뮤니케이션에 대한 이해에 있다. 예수님은 자
신의 가르침에 일방적인 선포에 그치는 것이 아니라 제자들에게 질문
을 하여 대답을 들었고 사람들의 요청에 귀를 기울이는 통로를 만들어
두셨다.

누가복음서 9장에는 예수께서 제자들에게 '사람들이 나를 누구라

하느냐?' 그리고 '너희는 나를 누구라 하느냐?' 라는 질문을 하신다. 그분은 일방적인 선포보다는 제자와 스승과의 대화처럼 제자들의 질문과 궁금증에 대한 답을 위해 그 창구를 활짝 열어 놓고 계셨다. 말씀을 들은 사람들이 스스로 생각하고 선택하게 자유를 허락하셨다. 인터넷은 그 성격상 일방적인 정보 전달이 목적이 아니라 양방향 커뮤니케이션이 가능한 체계를 가지고 있다.

예수님은 자신의 고향인 나사렛에서 배척 받으신 것에 대한 말씀을 하셨고 청중들의 생각과 제자들의 의견에 대한 관심을 가지고 계셨다. 현대 사회에서 복음을 전하는 데에 있어서도 일방적인 전달에만 그치기보다는 인터넷의 습성을 십분 발휘한 가운데에서 청중들의 의견과 생각을 듣고 그에 대한 답을 주는 복음 전달 체계가 필요할 것이다. 인터넷은 양방향 커뮤니케이션이 가능한 장점이 있으므로 보다 성경적

씨 뿌리는 자의 비유-일러스트 강명진

인 선교 모델을 제시한다. 일반 교육 방식에서도 일방적인 주입식 교육보다는 쌍방향 교육, 눈높이 교육이 인정 받고 있는 현실이다. 이렇게 예수님의 복음 전달 방식과 인터넷 시스템은 일맥상통하는 점을 발견할 수 있다고 본다.

2) 바울의 복음 전달

바울의 복음 전달 방식에 있어서도 예수님의 복음 전달 방식과 흡사한 흐름이 발견된다. 첫 번째 서신을 통한 정보 저장 및 복음 전달 방식을 들 수 있다. 서신은 여러 가지 형태의 기록 문서를 가리키는데, 고대 문서들 중에는 다양한 종류의 사업 문서, 행정. 사법 문서, 정치·군사 보고서, 개인 서신과 공문서가 포함되어 있다.[18] 바울은 사도들의 복음서와 같이 복음을 기록하여 서신 형태로 전달하였다. 바울의 편지들은 헬라 시대 영향권에 있었지만, 그래도 유대적인 인습이 많이 들어 있으며, 그만의 독창적인 형식을 띄고 있다. 바울에 의해 발전된 서신 형식은 교회의 정책과 가르침과 권면의 소통을 위한 장르로 정착되었고 멀리 떨어져 있는 교회를 함께 묶는 역할도 담당하였다.[19] 그는 예수님의 공생애 기간 동안 그분을 직접 만나본 적은 없지만, 예수님의 부활 이후 그 분과 조우하게 되고, 성령을 통해 그리고 예수님의 네트워크를 통한 정보 전달에 의해 복음을 전수받았다. 그는 자신이 부르심으로 받은 복음을 전달하는 데 있어서 기록을 통해 그 효과를 극대화하였다. 그가 가르치고 전했던 내용들은 현재에까지 전달되고 있

---

18) 아가페 편집부, 812.
19) 아카페 편집부, 813.

는데 이것은 바로 바울의 서신을 통한 공로라 할 수 있을 것이다.

인터넷을 통해서는 정보가 오랜 시간 동안 저장되고 공유되는 것이 용이하다. 파일 형태로 된 자료들은 검색 엔진을 통해서 열람이 용이하다. 정보를 저장하고, 전달하는데 있어서 최고의 수단이 될 수 있는 것이다. 바울은 특별히 각 문화를 배려한 다량의 서신들을 통해 복음을 전하려 하였다. 서신이라는 정보 전달 체계를 사용하여 전방위 복음 전파를 시도하였던 것으로 보인다.[20] 인터넷은 마치 잘 닦여진 로마의 도로 그리고 수로와 같은 역할을 한다. 잘 닦여진 그 길들을 통해 각지로 서신을 보내는 것이 용이했던 것처럼 인터넷은 정보 전달에 있어서 그렇게 바퀴가 잘 구르는, 대리석으로 잘 닦여진 길과 같은 역할을 대신한다. 현대 사회에 있어서 우편 제도는 점점 자리를 잃어가고 있는 것이 현실이다. 하지만 인터넷의 전자 우편 시스템은 단점을 내포한 근대적인 우편 시스템을 개선한 것일 뿐만 아니라 사람과의 정보 교환을 보다 용이하게 하여 보다 적극적이고 풍요로운 커뮤니케이션을 돕는 도구가 되고 있다.

두 번째로 바울 또한 예수님과 마찬가지로 네트워크 형성을 통한 복음 전달 방식이 있다. 즉 서신을 통해 복음에 감동한 사람들의 네트워크를 형성한 것이다. 많은 사람들이 그의 서신을 통해 복음을 전달 받고 양육, 교육을 받았으며 끊임없는 네트워크 간의 상호 교류를 통해서 사람들을 예수 그리스도의 도에 설 수 있도록 지도하는 것을 알 수

---

20) William J. Larkin Jr and Joel F, Williams *Mission in the New Testament*, (Michigan: Orbis Books, 1998), 73.

있다.[21]

고린도후서 7장을 통해서 바울은 그 동안 악의 침체에 빠져 있던 고린도 교회가 회개한 것에 대해 기뻐하는 마음을 강하게 표현하였다. 지속적인 정보 수집과 정보 제공 및 네트워크 형성이 이러한 총체적 결과를 가능하게 하였을 것이다. 바울은 서신을 보냈을 뿐만 아니라 그들로부터 서신을 받기도 하였다. 참으로 안타깝게도 그가 받은 서신들은 단 하나도 남지 않았다.[22] 바울이 어디에 있던지 그는 서신을 통해서 각 지역의 상황과 영적인 모습에 대한 정보를 가지고 기도하고 권면의 말과 서신, 글을 통해 원격 지도를 지속적으로 유지할 수 있었을 것이다. 그의 서신을 통해 발견할 수 있는 그 근거와 내용은 아주 세세한 것으로서 바울이 얼마만큼의 네트워크에 대한 관심과 그를 위한 노력이 기울였는지를 알 수 있게 한다.

현대에 있어서 인터넷을 통한 네트워크 형성 또한 이러한 바울 사역의 연장선상에 둘 수 있다. 인터넷은 네트워크를 효과적으로 형성, 지속할 수 있게 하는 적극적인 도구이다. 물론 인터넷 만으로 최고의 효과적인 네트워크를 유지할 수는 없을 것이다. 하지만 바울처럼 서신을 통한 지속적인 네트워크 형성을 하고 나중에 그 선교 현지를 방문하여 실제적인 오프라인 커뮤니티 형성을 지속한 것처럼 현대 크리스천들도 인터넷과 오프라인을 통한 지속적인 네트워크를 형성한다면 전방위적인 복음 전파를 위한 의지에 부응하는 효과를 거둘 수 있을 것이다.

---

21) Keck, L.E, *The Pauline Letters*, (Abingdon Press, 1991), 19.
22) F.F. 브루스, *바울* (서울: 크리스챤 다이제스트, 1985), 287.

일러스트 강명진

세 번째는 바울의 세계화 정신 또는 국제적인 감각을 들 수 있다. 바울의 신학에서 주목할 것은 이방인들에 대한 복음이다. 그는 이방인들을 이해하는 열린 마음으로 복음을 가지고 접근하였다. 로마를 향한 바울의 여정이 그러했고 이방인들과의 지속적인 네트워킹을 통해 전 세계를 향한 복음의 전파의 의지를 표현하고 시작을 선포하였다.[23]

분명 바울의 복음 전파 방식은 보다 폭넓고 많은 사람들을 대상으로 한 적극적인 사역 방식을 선택하였고 그러한 의지는 그의 3차에 걸친 전도 여행, 즉 문화는 다르지만 열정을 통해 이루고자 했던 로마를 거쳐 스페인을 향한 선교에 대한 열정이 이러한 사실을 입증해 준다고 볼 수 있다. 바울은 다소에서 나면서부터 로마 시민이었는데 이 사실로 보아 그의 아버지는 바울의 출생 전에 이미 로마 시민이었음이 틀림없다. 로마의 시민권은 원래 로마시의 본토인 가운데서 자유인으로 태어난 사람에게만 주어졌다. 그런데 로마가 이탈리아와 지중해 지역으로 세력을 확장하면서, 시민권은 몇몇 특별한 지방민을 비롯하여 로마 출생이 아닌 사람에게도 주어졌다.[24] 이렇게 국제적인 감각과 의사 전달의 탁월함을 보유한 바울의 지속적인 커뮤니케이션을 통한 네트워크의 관리 및 양육에 대한 의지는 그의 현장 사역에서 발견된다. 바울의 이방인들에 대한 관심은 그들에 대한 꾸준하고도 열정적인 정보 수집과도 무관하지 않으리라고 본다. 이러한 부분을 들어서 볼 때 현대 크리스천들의 사역에 있어서도 네트워크 구축을 위한 열정과 관심을 지속하는 사역은 간과되어서는 안 될 것이다.

---

23) Donald Senior, C.P., Carrol Stuhlmueller, C.P. *The Biblical Foundations for Mission*, (Michigan: Orbis Books, 1983), 183.
24) A. N. *Sherwin-White, The Roman Citizenship* (Oxford, 1978).

현대 사회 속에서 국제적인 커뮤니케이션을 어렵게 만드는 것은 각 문화를 바라보는 개인과 집단의 선입견, 고정관념(Stereotype)을 들 수 있다. 때로는 어떠한 이익과 이데올로기에 관련하여 세계화를 거부하는 조류 가운데 거할 수도 있다.[25] 지난 9.11 사태 이후로 무슬림을 일종의 테러리스트 집단으로 바라보는 일부 크리스천들의 Islamic-Phobia 현상은 어쩌면 바울의 선교 마인드와 반대로 대치되는 것일지도 모른다. 이러한 배경이 배제된 가운데 활용되는 인터넷은 이렇게 바울이 했던 것처럼 지속적인 네트워크 관리 및 양육, 양방향 커뮤니케이션을 가능하게 한다.

3) 선교적 이해

선교에 있어서 정보의 전달과 네트워킹은 늘 관심을 가지고 발전시켜야 하는 분야 및 요소이다. 따라서 하나님과 사람을 잇는, 사람과 사람을 잇는, 신자와 기신자를 잇는, 성도와 성도를 잇는, 선교지와 선교지를 잇는, 선교지와 선교사 본국을 잇는, 선교지와 선교 본부를 이어주는 인터넷 네트워킹은 전방에 나가 있는 선교사를 실제적으로 지원하는 중요한 후방적인 요소이다. 선교사를 위한 선교사의 사역 또한 매우 중요하다. 그러나 몇 가지 선교지 대응을 위한 문제점에 부딪힌다. 첫 번째, 인터넷 보안과 선교간의 관계이다. 선교사 세계에서 인터넷은 우선 근심거리로 인식된다. 치열한 선교 현장의 현실 속에서 인터넷의 장점보다는 해킹과 보안의 문제들에 우려하며 잘못된 또는 불

---

25) Paul Kirbride, *Globalization the External Pressures* (New York: Wiley, 2001), 32.

완전한 시스템이 실제로 팽배하고, 이러한 취약점과 무지함으로부터 비롯된 실수를 통해 선교사가 현지에서 추방 당하는 사례도 발생하였다. 인터넷은 분명 대한민국에서는 인간의 삶을 윤택하게 하는 좋은 도구, 편리한 기술로서의 이해가 있지만 현지에서의 자신들의 거취 문제에 민감한 선교사들이 인터넷을 선교 도구화 하는데 꺼려 하는 이유 중 하나로 이러한 보안에 취약한 문제를 많이 거론한다. 이러한 문제점에 대해서는 체계적인 이해, 훈련과 교육 그리고 기술적인 보완책을 제시 함으로 선교사들의 우려를 대폭 줄일 수 있다고 확신한다.

　두 번째로 인터넷 선교를 논하기 위해 선교적인 측면에서 이해해야 하는 문제점은 선교용 인터넷 콘텐츠의 부재를 들어야 할 것이다. 국내의 경우 도시 계획과 함께 초고속 통신망 보급과 닷컴의 활동은 한국을 세계 제일의 IT 국가 비슷하게 보이도록 해 주었다. 사람들은 해외에서 밀려오는 조류와 함께 강박관념에 빠져 사이트들을 기웃거리며 적응하기 시작했다. 이에 인터넷 도입기가 너무 짧아서 기업이 모든 면에서 앞서가며 인터넷 공간을 장악했다. 심지어는 가정의 정보화가 웬만한 민간단체보다 앞서기도 하였다. 이같이 상업적 토대 위에 성장했기 때문에 사용자들도 주로 닷컴을 중심으로 활동한다. 그 시점에서 10대 청소년이 주 고객으로 등장하자 게임과 오락, 연예, 엔터테인먼트 중심의 서비스가 이 때를 기점으로 급격히 증가하게 되었다. 하지만 현재 한국의 인터넷 미디어는 10대에 집중된 이용자 계층 불균형과 이에 편승한 정보 생산 불균형으로 인해 비슷비슷하고 하향 평준화된 콘텐츠로 가득 찬 공간에 갇히고 말았다. 정보 생산자 불균형은 인터넷의 본질적인 다양성이 봉쇄당하는 결과를 낳는다.[26]

그나마 일반 세속화된 콘텐츠는 이렇게라도 존재하지만 전통적인 선교의 바탕 위에 기술들과 노하우를 전문적으로 연구하여 접목시켜 전 세계 선교지를 대상으로 한 기독교 인터넷 콘텐츠를 제작하는 사례는 많지 않다. 같은 콘텐츠라도 전통적인 전달 방식과 인터넷을 통해 전달되는 메시지는 기술적인 부분에서 차별된다. 또한 각 나라의 언어로 된 콘텐츠, 특별히 미개척 선교지를 위한 그들의 언어로 제작된 다양한 콘텐츠를 찾아보기 어렵다. 특정 지역은 더욱 큰 선택의 어려움을 양적 질적으로 내포하고 있다. 따라서 많은 선교사들이 인터넷을 통한 선교 사역을 할 경우 각 나라별 인터넷 기독 콘텐츠의 개발 문제를 논의 서두에 제시한다.

간헐적으로 또는 비정기적적으로 이루어지는 콘텐츠 개발 또한 온전히 발굴이 되지 않아 효과적으로 사용되지 못하고 사장되는 경우도 있다. 한국의 선교계에서는 이러한 실제적 선교를 위한 콘텐츠 발굴을 위한 노력과 연구가 필요하다고 선교지의 선교사, 선교 단체와 단체의 리더십 및 일원들은 입을 모은다.

세계 각지의 인터넷 선교 현황으로 2007년 현재 전 세계에는 많은 인터넷 선교 전문 단체들이 인터넷을 통한 선교 사역을 수행하고 있다. 예를 들면 미국의 Christianity Today International, 영국의 Premier Online, 독일의 Bundes-Verlag GmbH, 프랑스의 Top Chrtien Francophone, 이탈리아의 ICN-News, 노르웨이의 Gospel Search, 포르투갈의 OC International/Sepal, 러시아의 Biblelamp.ru, 스웨덴의 Nya Dagen, 스페인의 Integridad

---

26) 홍윤선, 딜레마에 빠진 인터넷 (서울: 굿 인포메이션, 2002), 46-64.

Network, 일본의 Harvest Time Ministries 가 그러한 인터넷 다국어 선교 콘텐츠를 제작, 제공하는 단체들이다. 이러한 단체들은 서로 연합하여 국제 협의회의를 개최하기도 하고 콘텐츠 공유 및 공동 기술 개발 등을 통해 국제 네트워크가 빚어낸 민 파워를 형성하여 미래적으로는 세계 인터넷 선교 연합체를 구성, 효과적이고 진보된 시스템을 구축을 시도하고 있다. 또한 인터넷 선교 단체들은 그러한 보다 폭넓은 제휴 협력 및 협의를 통해 중복 투자를 막고 공유와 그에 따른 시너지를 통한 효과적인 전방 개척 선교에 기여하게 될 것이라고 기대하고 있다.

이 외에도 각국, 특별히 복음이 전달되기 어려운 10/40 창 지역, 창의적 접근 지역을 포함한 전 세계적으로 인터넷 학원, 카페, 포탈 사이트 운영, IT 전문 교수 사역, IT 연구 센터 설립, 웹 에이전시, 전자상거래 등의 비즈니스와 일반 교육을 접목한 모델을 통해 사역을 펼쳐 나가는 인터넷 또는 IT 선교 방법이 선교 현지에 존재하는 현실이다.

4) 인터넷과 선교의 통합

현대인들은 아침에 자신의 일터에 도착하면 출근하면 컴퓨터를 켠다. 꼭 PC가 아니더라도 유비쿼터스[27]의 시대에 맞게 곳곳에 배치된

---

27) 유비쿼터스[Ubiquitous]
　　미국 제록스 펠러앨토연구소(PARC)의 마크 와이저가 유비쿼터스 컴퓨팅을 차세대 컴퓨터의 비전으로 제시하면서 알려졌다. 유비쿼터스 컴퓨팅이란 모든 사물에 컴퓨터 칩을 내장하여 상호 의사소통을 통해 보이지 않는 생활환경까지 최적화하는 인간 중심의 컴퓨팅 환경을 의미한다. 유비쿼터스가 실현되려면 가전제품가구 자동차 등 모든 일상적인 사물에 적용할 수 있는 정보 기술, 나노 기술, 생명 공학 기술의 고도화가 전제되어야 한다. 진정한 유비쿼터스는 현재 개발되는 모든 첨단기술이 모이는 최종 단계에 구현된다고 할 수 있다.

인터넷 접속 단말기들 즉, 노트북 컴퓨터나 모바일 폰 등을 통해 각 폴더에 정리된 비즈니스 메일, 개인 메일 등을 확인하고 그 결과에 따라 업무 및 스케줄을 정리한다. 학업을 하는 학생들의 경우 보편화된 노트북으로 강의를 정리한다. 별도의 랜(LAN) 선을 연결하지 않아도 노트북에 내장된 무선 인터넷 시스템을 통해 틈틈이 학교 캠퍼스 내에서도 웹에 접속하여 이 메일 등을 점검한다. 공항, 백화점, 미용실 등의 상업 시설에도 인터넷이 연결된 컴퓨터가 서비스로 편리하게 제공된다. 바쁘게 사는 현대인들의 생활 패턴에서 인터넷 쇼핑은 시간과 비용을 절감케 한다. 판매하는 입장이나 소비하는 입장 모두에게 오프라인 상에서 최선의 선택을 위한 만족은 제공 못한다 하더라도 시간이 갈수록 보완되는 서비스를 통해 소비자들은 인터넷 전자상거래 시스

인터넷은 프로그래밍 분야에 새로운 방법을 제시했다. 프로그래머들은 컴퓨터의 사용 및 조작을 더 효과적이고 빠르게 하기 위해 처리장치를 분산시키는 소프트웨어를 발전시켰다. 이러한 트렌드는 컴퓨터가 정보를 공유하고 복잡한 문제를 풀 수 있도록 하는 다양한 방법 중 하나이다. 예를 들어 항공사의 예약 시스템이나 은행의 자동입출금기 등과 같은 분산 컴퓨팅 애플리케이션(distributed computing application)은 데이타를 세계의 크고 복잡한 네트워크와 연결될 수 있도록 해준다.

이러한 지속적인 연구 결과, 사람들이 어디를 가든지 필요할 때 만날 수 있도록 하는 마이크로프로세서 칩으로 이용 범위가 광범위하게 확장되었다. 지구상 위치 파악 시스템(Global Positioning System/GPS)이 한 예이다. 미군이 발전시킨 위성 통신 및 위치 파악 시스템인 GPS는 이제 GPS 수신장치만 있으면 누가 어느 장소에 있든지 접근이 가능하도록 상업화되었다. 이러한 다양한 컴퓨터 매핑 소프트웨어(computer-mapping softwares)의 결합으로 GPS는 특정인의 위치, 여행 경로, 이동 수단 등을 모두 파악할 수 있다.

지속적으로 각광받고 있는 유비쿼터스 컴퓨팅은 단순히 컴퓨팅 환경을 개선하는 것에 그치는 것이 아니라, 인류의 사회 문화까지 송두리째 바꿔놓을 것으로 예상된다. 컴퓨터는 앞으로 사라지거나 아니면 물질적인 환경의 일부분으로 바뀌게 될 것이다.

템의 매력에 점점 매료되어 가고 있다.[28]

　이제 인터넷은 우리의 삶 속에서 제외될 수 없는 필수적인 요소이다. 이 시대와 교류하는, 대화를 위한 하나의 언어가 되고 있다. 사람을 만나고 교제하고 정보를 얻게 하고, 감정과 지식 공유를 이루며, 하나 하나를 엮는 유기적인 관계를 통해 긍정적인 효과와 결과를 창출한다. 이러한 시대에 우리는 인터넷과 선교를 분리해서 이해할 것이 아니라 함께 결합하여 상호 보완하는 하나의 매개체로 이해하며, 이분법적인 세계관을 통해 인터넷이란 사용이 거부되어야 할 사단이 선택한 부정적인 도구라고 간주하는 인식을 버리고 보다 열린 건강한 기독교 세계관을 통하여 하나님께서 맡기신 긴급한 사역을 시작할 수 있다. 인터넷은 하나님께서 세계 선교를 위해 예비하시고 선택하신 21 세기 커뮤니케이션 언어이다. '인터넷과 선교의 통합'을 또 다른 말로 표현한다면 이제 '삶과 선교와의 통합'이라고도 말할 수 있을 것이다.

---

28) 이재규 외, 전자상거래 원론 (서울:법영사, 2002), 13.

제5장

테크노 사역을 통해 본 인터넷 선교

조엘 오스틴 목사의 베스트셀러 『긍정의 힘』 표지

선교에서 기술을 사용하는 개척자 중에 국제선교연구소 및 커뮤니케이션 센터(MARC)가 있다. 이 센터의 소장인 에드워드 데이톤(Edward Dayton)은 기독교 사업에 있어서 기술의 타당성을 고민하였다. 어느 기자가 "인간이 현재 도구와 세력과 능률에 둘러 싸여 있기 때문에 하나님을 의존하기 보다 인간 중심이 되는 위험성이 없는가?"라고 질문했을 때 "그 모험은 크다. 그러나 그 모험만큼 가능성도 있다. 우리는 양자를 이해해야 한다. 아주 열렬하게 예수 그리스도를 전하려는 대부분의 신자들은 죽음과 고난의 위험에 기꺼이 직면하려고 한다. 또한 실패의 위험도 크다. 내포된 위험 때문에 가능성을 무시해야 할까? 그럴 수 없다."고 답하였다.[29]

우리에게는 『긍정의 힘』으로 유명한 조엘 오스틴 목사가 섬기는 텍사스 휴스턴에 소재한 레이크우드 교회(Lakewood Church)의 경우 매주 약 40,000명의 성도가 예배에 참석한다. 이 교회는 예배를 위해 교회 건물을 매입하는 대신 컴팩 센터(Compaq Center)를 임대하여 효과적으로 사용하고 있다. 이 건물은 한 때 지역 프로 농구단의 홈 경기장이기도 하였다. 그들의 합리적인 사역 모델은 근사하게 지어놓은 교회 건물에 하나님을 가두어 두려고 하는 듯한 한국적 목회 패러다임과 다른 양상을 보여 주고 있다. 한국 크리스천들은 특별히 교회 건축에 관심이 많다. 성전을 위한 노력이 끝나던 교육관을 건축하고, 기도원을 건축하고 교육관을 설립한다. 한국 선교사들도 현장에 나가면 교회 건물 먼저 설립하고, 병원 건물을 짓고, 학교 건물을 세운다. 하지만 현 시대에 있어서 건물은 선교를 위한 능동적인 스테이션의 역할을 하기 어렵다. 특히 선교지 상황은 불안정한 현지 상황에 따라 유동적임으로 날이 갈수록 모바일화 되어 가고 있다. 따라서 건물 중심적 사

---

29) Edard R. Dayton, "Does Technology Exclude the Holy Spirit?" (World Vision Magazine 12, 1968 .October), 6.

역의 패러다임은 선교지향적으로 바뀌어야 할 필요성이 있다고 본다. 온누리교회 청년부는 과감하게 나이트 클럽 공간을 임대하여 그 곳에서 예배하고 찬양한다. 찾아가는 예배 공간은 상황에 따라 언제든지 바뀔 수 있다. 이제 예배를 위해 의자를 놓는 그 곳이 바로 교회이고, 노트북을 펼쳐 놓은 그 카페가 바로 선교 사무실이 되는 것이다. 여러 가지 발전된 시스템 및 첨단 기기들의 도움을 통해 우리는 이렇게 사역을 열어 나갈 수 있다. "우리는 교회를 세우러 가는 것이 아니다. 교회가 되기 위해 그 곳에 가는 것이다." 이 말을 다시 한 번 기억하자.

레이크우드 교회의 경우 교회 건물 건축에 투자하는 대신 교인들이 메시지를 보다 효율적으로 전달받는 일에 관심이 많다. 교인들이 예배 시 담당 설교자의 모습을 보다 선명하고 분명하게 전달받게 하기 위해 교회의 예배 기획자들은 세 개의 대형 비디오 스크린을 배치하여 예배 시 메시지를 전달받는 성도들을 배려한다. 여기에 보다 역동적인 예배를 위하여 특수 제작된 무대 조명은 효과적인 예배를 표방하여 차별화된 특수 조명이 효과를 만들어 내고 약 400만 달러 이상의 비용을 들여 설비한 교회의 음향과 영상을 위한 기기들은 모인 성도들이 예배를 더욱 집중하고 감동을 줄 수 있도록 한다고 보고한다.

이 미국의 교회처럼 최첨단 기기로 무장한 사역에 교인들의 참여가 점차 증가하면서 미국 내에서는 미래적 사역에 특별한 관심이 있는 일부 크리스천뿐만 아니라 전통적인 교단의 교회마저도 이러한 테크노 시스템을 구비하여 예배를 드리는 경향이 점차 확산되고 있다고 한다. 이러한 예배 메시지 전달 기술의 첨단화 추세는 한편으로 세속화에 대한 우려와 비판적인 시각을 가진 크리스천들이 버라이어티 쇼처럼 되어 가는 '현 시대의 예배에 대한 이해'라는 무거운 주제를 우리에게 던지는 것을 볼 때 첨단 과학을 사역을 위한 도구화 하는 정책과 비전을 무조건 수용하는 것에 대한 우려를 주기도 한다. 실제로 이러한 예배 방식에 동의하지 않고 좀 더 자연스럽게 말씀을 체험할 수 있는 예배를 사모하는 사람들도 존재한다.

미국의 교회 관련 조사 연구 기관 중 하나인 바나 그룹의 리서치에 따르면 2000년에서 2005년까지 미국 내 개신교단에서 대형 스크린 프로젝트를 사용하는 비율이 이전에 비해 39%에서 62%로 증가한 것으로 보고하고 있다. 또한 조사 대상의 절반 이상이 자신들의 교회를 홍보하는 웹 사이트를 운영하고 있고, 이 웹의 콘텐츠들을 통해 선교 및 전도하는 전문적이고 차별화 된 시스템을 가지고 있으며, 대상자들에게 대량 이 메일을 발송할 수 있는 커뮤니케이션 및 인터넷 관리 시스템을 튼튼하고 치밀하게 갖추고 있다고 기록하고 있다. 더불어 이를 통한 크리스천의 증가 추이에 대한 보고가 되고 있다.

그러한 테크노 지향, IT교회들은 자신들의 예배 시간에 설교의 이해를 돕고 극적인 효과를 주는 필요한 영상들이 긍정적인 요인이 있으므로 적극적으로 활용하는 것이 좋다고 밝힌 것으로 보고한다. 하지만 부정적인 측면에서 극단적인 경우가 발견되는데, 오순절 계통의 어느 대형 교회에서는 대형 모니터를 통해 예배 또는 특별한 집회 중에 손을 흔들거나 기도에 열중하는 모습, 예배 도중 성령에 의한 감동으로 인해 신자가 뒤로 넘어지는 모습을 담당 카메라맨의 의도와 기술을 통해 강조하여 보여 주기도 한다. 이러한 의도를 바라보는 우려의 입장에서 볼 때 경우에 따라서 이러한 영상들은 사람들의 심리나 감성을 인위적으로 움직여 원하는 어떤 일정한 결과를 초래하기도 한다고 보고한다. 이에 대해 IT기술과 세속화가 혼합된 사역에 대해 우려의 목소리도 높다. 민감한 선교지 현실에 비추어 볼 때 더욱 조심스러운 부분이라고 할 수 있다.

소위 테크노 사역(Techno-Ministry)을 추구하는 미국 내 진보적인 크리스천들이 대형 스크린을 비롯해 인터넷 웹 사이트, 멀티 기능을 장착한 비디오, 콘텐츠, 위성방송 등을 선교 전략을 위한 무기로 믿지 않는 사람들을 교회로 인도하고, 믿음을 가진 자들이 믿음을 지키도록 도와준다고 주장하는 이 시점에서 일반적인 크리스천들은 과연 최첨단 기술을 이 시대의 언어로 간주하여 현대인들에게 비 그리스도인들에게 다가서는 것이 성경적인가 그렇지 않은가에 대한 이해와 의문에 목말라하고 있다. 이러한 딜레마는 형평성과 균형에 관련된 문제라고 생각한다. 어떠한 것이든 치우치고, 과용하여서는 안 된다. 그것은 사역의 발전을 위한 요소라 할지라도 결국 욕심에서 기인한다. 이러한 점이 앞서 재고될 때 우리는 보다 긍정적인 효과를 테크노, IT 사역을 통해 얻을 수 있을 것이다.

사실 디지털 사역에 필요한 장비들이 과거에는 너무나 고가여서 그것이 주는 긍정적인 효과를 인식하면서도 경제적으로 빠듯한 교회의 재정으로는 엄두를 내지 못하던 것이 사실이었다. 하지만 최근 몇 년 사이에 디지털 하드웨어의 가격이 현저하게 저렴해지고 사용면에 있어서 아마추어들이 활용하도록 간편해지면서 보급과 사용이 보편화되어 소형 교회들도 웹, 멀티미디어, 영상 제작을 위한 고급 기술을 손쉽게 확보하고 사용할 수 있게 되면서 점차 이를 기반으로 한 교회 사역들이 점진적으로 확산되고 있는 것도 사실이다. 이것은 한국 교회 및 선교지도 마찬가지 추세이다. 이 같은 움직임에 대해 비판적으로 보는 일부의 사람들에게 믿지 않는 사람들, 또는 특별히 초신자들에게 이러한 교회의 기술과 이를 운영하게 하는 정책이 교회의 문턱을 낮추고 대중화하며 교회가 그들에게 친절한 배려를 한다는 것을 피력하며, 처음 대하는 교회 문화에 이질적이지 않고 부담스럽지 않게 관심을 갖도록 하는 데에는 긍정이라고 말한다. 하지만 사용되는 기술 및 콘텐츠들이 내포하는 이미지들과 이를 준비하기 위한 각각의 기술적 에너지들이 자칫 교회가 갖고 있는 원래의 깊은 의미를 깨닫게 스스로 느끼고 체험하게 하는 데 오히려 방해가 된다는 주장이 발생하기도 한다.

소위 '테크노 예배'의 경향이 무르익으면서 이를 지지하는 사람들은 오히려 이러한 기술적 진보의 경향이 교회의 원래 목적인 모든 성도들을 사역과 선교를 위해 누구나가 봉사하게 할 수 있게 폭 넓게 배려한다고 강조하고 설득한다. 실제로 미국 교회 내에서 이러한 소위 첨단 사역을 주도하는 사람들은 소수의 신학 대학의 목회학 전공자들로 구성된 교회 전임 사역자들 그룹이 아니라 전문적인 기술과 노하우를 가진 다수의 평신도 자원 봉사자 그룹으로 형성되어 있고 심지어는 자원 전임 전문인 사역자들로 구성되어 있다는 사실을 볼 때 앞서 소개한 폴 스티븐스의 이론과 더불어 긍정적인 면을 찾아 볼 수 있다. 이들은 이러한 시도가 주변에 머물러 있는 교회 안과 밖의 방관자들, 주변인들, 소위 선데이 크리스천들을 교회 안에서의 활동적인 참여자로 바뀌도록 기회를 주고 도와 주고, 능동적이고 친화적인 사역 모델을 통해 올바른 기독교 세계관에 입각한 폭넓은 크리스천 사역의 개념을 제공한다고 말한다. 그렇다, 이러한 새로운 개념을 통해 평신도 사역자들은 발굴된다. 선교를 위해 역동적인 교회의 모습을 성도 개개인의 사역을 통한 체험으로 발견하게 하여 오히려 인위적이지 않은 삶과 자신의 생활 속에서 드려진 사역의 모습을 통해 자신의 신앙을 고백하게 하는데 원동력이 된다. 이렇게 첨단 과학은 일반 사회뿐만 아니라 교회에까지 큰 파장과 영향을 미치고 있다.

아직까지 많은 사람들이 인터넷 선교, IT 선교, 디지털 사역 또는 디지털 예배에 대한 이해가 대중화 되어 있지 않는 현재의 한국 정세에서 첨단 과학을 모든 문제에 대한 해결 방안이라고까지 믿고 이 방법을 추켜 세우는 첨단 과학 우상화의 영향을 우려하는 목소리는 분명 한국 내 보급을 주춤하게 한다. 하지만 이러한 선입견으로 열려야 할 길이 막히는 우를 범해서는 안 될 것이다. 그것은 밥을 많이 먹으면 위장이 파열되어 죽게 되니 밥을 먹지 말아야 한다고 주장하는 것과 같은 이치이다. 이에 미래적 선교 방법에 관심 있는 이들의 심도 있는 연구 및 고찰을 절감케 된다.

미시건 주에 위치한 칼빈(Calvin) 대학에서 커뮤니케이션을 가르치고 있는 퀀틴 슐츠(Quentin Schultze) 교수는 자신의 저서 『하이테크 예배-예배의 본질을 회복하라』를 통해 예배에서 첨단 과학 기술을 사용함에 있어 교회나 성도들이 지나치게 낙관적인 태도를 취하는 것은 그 방법에 대해 깊은 철학이 없이 남들이 하니 나도 따라 한다는 식의 한시적이고 임시적이며 한시라도 빠른 전도 효과를 통해 교회 성장의 가시적인 성과를 보고자 하는 우리 시대 교회의 심리 상태를 나타내는 것이라고 지적하고 있다.[30] 그러한 자세에 대해 우리는 늘 경계

---

30) 퀀틴 슐츠, 박성창 역, *하이테크예배-예배의 본질을 회복하라* (서울: IVP, 2006).

해야 할 것이다.

　이러한 우려에도 불구하고 다른 한편으로 혹자들은 교회가 사역과 예배 시에 새로운 인터넷, IT, 멀티미디어를 충분히 사용하지 않는다고 생각하기도 한다. 이러한 여러 가지 의견들에 대하여 전문가들은 교회에서 사용되는 첨단 멀티미디어 및 테크놀로지가 유효성을 가지기 위해 필요한 몇 가지 원칙을 언급한다. 먼저 첨단 기기들과 표현이 충분히 절제되어 관심의 중심 대상으로 서지 않을 때 사역 안에서 훌륭하게 쓰임 받을 수 있을 것이라고 주장한다. 실제로 기술을 우상화하여 섬기는 교회는 없다. 복음 이외에 방법(Method)이 선교의 중심이 될 수는 없다. 인터넷 선교에 있어서도 인터넷이 사역의 중심이 될 수는 없다. 더 나아가 인터넷, IT 기술 및 멀티미디어 기술은 우리 삶의 주가 될 수도 없다. 복음이 삶의 중심이그 성령이 삶을 움직이는 원동력이 되는 것이다.

　이에 어린아이라 할지라도 성도들이 가정, 직장, 학교 등 자신의 삶 속에서 자연스럽게 만들어 온 이미지나 예화, 이야기와 소스 등 회중이 함께 공감할 수 있는 콘텐츠를 교회의 예화 및 교육에서 활용할 것은 긍정적인 제안이라고 믿는다. 또한 내용 면에서도 종교적 공동체라는 특수한 성격을 감안해서 콘텐츠를 사용하는 데에 있어서 공동체에서 사용하기에 적합한 것을 철저하게 검증하여 선택하고, 연구하는 것이 좋다고 조언한다. 누구나 콘텐츠를 제작할 수는 있지만 그것이 소개되기 전에 좀 더 다듬어지고 검증되는 편집의 단계가 필요하다는 것이다.

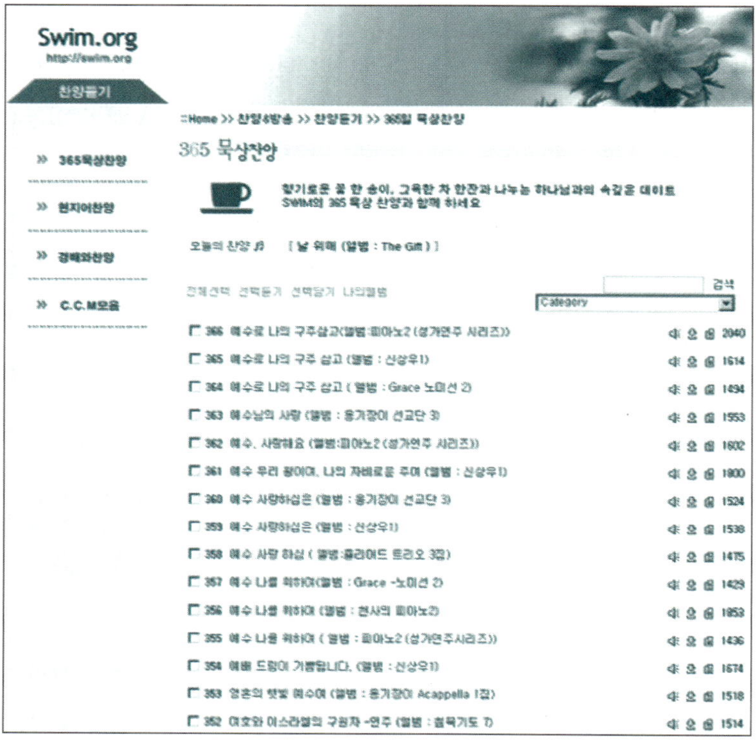

인터넷을 통해 찬양을 듣고 배우기-CCM 쥬크 박스

이제 한국과 미국의 교회들은 점차 IT 기술, 첨단 기술, 미디어 및 멀티 콘텐츠가 사람들이 하나님을 만나고 말씀을 적용하게 하는데 도움을 주는 것이 사실이며 이것이 바로 크리스천들, 특히 젊은이들이 설교를 듣고 이해하는데 도움을 주는 좋은 방법이라고 생각하기 시작했다. 특별한 전통적인 교회를 보다는 친숙한 모습으로 바꾸고, UCC와 같이 사역의 내용을 특정인들의 영역으로 간주하지 않고 누구나 할 수 있는 실제적인 것으로 바꾸며, 인터넷과 웹을 통해 설교자들이 교인들과 보다 잘 소통할 수 있도록 해 준다고 주장하고 실제로 이러한 요소들을 효과적으로 활용하는 전문 및 비 전문 기술자들이 현대 교회에서 없어서는 안 되는 존재가 되어 가고 있다.

교회는 이러한 멀티미디어 및 인터넷, 웹 기술을 활용하고 전문적으로 다룰 수 있는 시스템 담당 기술자가 필요하게 되었고 멀티미디어와 관련된 교회의 지출이 비 신자를 기성 신자화 하고 성도를 자신들의 교회로 이끈다고 인식하고 있는 추세이다. 이러다 보니 부가적으로 교회가 사용하는 첨단 과학 기술을 장착한 멀티미디어 장비들을 판매하는 기업들이 교회를 잠재력인 있는 시장으로 보고 앞을 다투어 뛰어들고 있는 실정이다. 우리나라의 경우에도 악기 및 음향기기 전문 상가인 낙원 상가의 주 고객 대상이 교회가 된지 오래이다. 그들은 최근 교회뿐만이 아니라 각 종교의 성직자들이 대형 스크린, 비디오 디스플레이 장비 등을 자신들의 사역에 적극 활용함으로써 세속 문화 등에 빼앗긴 젊은 사람들의 관심을 되찾으려 하고 있다며 상업적 전략을 세우고 있다. 그러나 이러한 상업적인 경향도 하나님의 원래 인간에게 주신 원리 대로 사용되어야 한다. 효과 없이 상업적으로만 이용되어서는 안 될 것이다.

선교지에서도 이러한 기술의 요구는 증가 추세를 보이고 있다. 이와 더불어 재정적인 부담과 책정이 필요하게 될 것이다. 상업 활동은 나쁜 것이 아니다. 하지만 적정한 가격 책정과 원리가 존재해야 할 것이다. 이러한 추세에 따라 교회 내에서 시스템과 하드웨어 및 기독교 웹 콘텐츠 제작을 위한 상업 활동도 발전할 수 있을 것이다. 하지만 우리가 그것을 진실하고 온전하게 인도하지 않는다면 하나님께서 그 잔을 돌리실 수도 있다는 사실을 간과화해서는 안 된다. 과용과 남용은 있어서는 안 되고 그 일을 세속화된 상업 활동을 해서도 안 된다. 교회와 선교지, 사역과 선교를 팔아먹어서는 안 된다. 현재에도 많은 기독교 음원 및 영상, 웹 콘텐츠들이 이러한 개념이 혼란한 곳에서 제자리를 찾지 못하고 있다. 이러한 논란 속에도 여러 기독교 사이트들이 점진적인 발전을 거듭해 나가고 있다.

어쩌면 우리는 미디어가 이끄는 세상에 살고 있다고 해도 과언은 아니다. 교회 사역은 미디어 즉 말씀이 중심이 되는 곳이다. 멀티미디어는 문자, 음성, 영상 등을 융합시킨 정보 전달 매체를 총칭하는 단어이지만 이는 기술적 의미만을 지니고 있는 것은 아니다. 특히 테크놀로지의 신비함, 놀라움, 현란함, 편리함의 감동 이면에 멀티미디어가 가져야 하는 진정한 사람들 사이의 교류, 더 나아가 하나님과의 은혜롭게 커뮤니케이션 하는 부분에 대해서는 크리스천들은 늘 고려하고 연구해야 한다.

멀티미디어를 비롯한 커뮤니케이션 기술의 발전은 인간의 감각 기관 및 두뇌 활동과 밀접하게 관련되어 있으며 사람들 간의 커뮤니케이션에 큰 변화를 초래했다. 이러한 커뮤니케이션 기술의 변화는 인터넷과 컴퓨터가 갖는 능력의 진보로 현재 더욱 가속화되고 있다. 문제는 이러한 멀티미디어의 진화가 사회뿐만 아니라 교회 안에서 사람들 사이에 그리고 사람들과 하나님 사이의 커뮤니케이션에 일어날 미래의 변화를 예측하기가 힘들다는 것이다.

마샬 맥루한(Marshall McLuhan)은 그의 저서 『미디어의 이해 : 인간의 확장』(Understanding Media: The Extensions of Man)에서 매체는 환경을 바꿈으로써 우리의 지각 작용에 독특한 비율을 가져오며 이런 비율이 변화되면 사람도 변화시킨다고 주장하면서 유명한 명언인 '미디어가 곧 메시지다' 라는 말을 우리에게 남겼다. 그의 주장에 따르면 결국 커뮤니케이션 미디어는 사회 조직을 변화시키고, 새로운 유형의 결속을 창조하며, 새로운 형태의 지식을 개발하고, 권력의 중심부를 변화시킨다고 한다. 또한 미디어는 단순히 커뮤니케이션 도구가 아니라 우리 감각을 외부로 끌어낸 인간 능력의 확장이라는 것이다. 그는 '자동차의 바퀴는 발의 확장이며, 또 서적은 눈의 확장이며, 의복은 피부의 확장이고, 전자회로는 중추 신경 체계의 확장' 이라고 했다. 결국 인간 감각의 확장인 미디어는 우리의 사고와 행동 유형을 변화시킨다는 것이다.[31] 이만큼 미디어의 발전은 크리스천들의 사역의 생명인 복음 전파와 뗄래야 뗄 수 없는 밀접한 관계를 가지고 있다.

이제 크리스천들은 그리고 조금만이라도 인터넷 선교 사역에 관심이 있는 성도라면 이러한 미디어의 영향이 사람들 간은 물론 하나님과의 관계에까지도 영향을 미칠 수 있다고 생각하기 시작하였다. 미디어가 인간의 감각이 확장된 형태라면 첨단 테크놀로지 미디어가 종교에서 차지하는 비중은 크다고 볼 수 있다. 아직 과학 기술의 진보를 정확히 내다볼 수 없는 우리에게 첨단 테크놀로지 미디어에 대한 진지한 성찰이 시급하게 필요한 것이 현실이다.

심리와 정서의 자극을 통해 얻어지는 영적 수준의 발전을 신학적으로 어떻게 이해하고 신앙적으로 어떻게 받아들여야 할 지, 또한 과학 기술의 도움을 받아 영적 경험을 하는 시대에서 육신적인 세상과 영적 세계가 어떠한 관련이 있는지에 대해 전통적인 이해 방식 속에서의 하나님과의 만남에 대해 이러한 첨단 이슈들은 엄청난 도전이 될 것은

---

31) 마샬 맥루한, 박정규 역, *미디어의 이해* (서울: 커뮤니케이션북스, 1999).

물론 교회 전반의 모습에 혁명적인 변화를 초래할 수도 있을 것이다. 미국의 테크노, IT 목회 보고를 통해 분명한 결론을 내릴 수 없는 가운데 말할 수 있는 한 가지 분명한 사실은 어제의 첨단 기술이 오늘의 전통이 되었다는 사실이다. 우리는 이러한 개념에서 인터넷 선교를 긍정적으로 활용하고 부정적인 요소에 대하여 지속으로 고찰하며 연구하여 발전시켜야 한다고 굳게 믿는다.

제6장

선교지에 무엇을 지원하는가?

1. 인터넷 선교사 통한 지원과 협력

인터넷 선교사는 현지에서 에너지를 공급하는 수혈 라인의 역할을 감당한다. 인터넷 선교사란 거주 및 비 거주 선교 사역을 인터넷을 통해 담당하는 선교사를 말하며, 기존 전통적인 선교 사역과 함께 상호 보완을 이루어 가며, 특별히 21세기 새로운 선교지로서의 인터넷 공간에서 새로운 선교 대상자인 네티즌을 대상으로 전략을 구축하여 사역을 담당케 하는 신 개념의 선교 사역자이다. 인터넷 선교사는 인터넷 전도사와는 다른 개념을 가지고 있다. 선교와 전도는 사역적 차원에서 개념적인 분리가 필요하다. 일반적으로 전도는 기독교인들이 복음을 전하는 것으로 일반적, 대중적인 성격이 있는데 반하여, 선교는 전도를 효과적으로 하기 위해 분야별 혹은 영역별로 구분하여 추진하는 전도 행위로서 전문성과 특수성을 내포하고 있는 것으로 정의될 수 있다. 따라서 선교에는 이러한 특별한 사명과 사명을 효과적으로 완수하

기 위한 사역적 전문성이 요구된다.[32]

　기본적으로 인터넷 선교사가 되기 위해서는 헌신 된 자로서 일정한 훈련의 시간, 구체적 예를 든다면 최소한 6개월 이상의 인터넷 선교학 전공 교육과, 워크숍, 프로젝트로 구성된 인터넷 선교사 훈련 과정을 수료한 후에나 가능하다고 보며, 인터넷 선교사는 파송 또는 협력 선교 단체를 중심으로 또는 개인이 각 현지 인터넷 선교사 또는 일반 협력 선교사들과 동역하여 선교 사역을 감당하게 된다. 인터넷 선교는 누구나 할 수 있는 사역이지만 아무나 할 수 있는 사역은 아니다. 이것은 결코 안일한 마음을 가진 게으른 크리스천 네티즌들이 범접하는 선교사의 개념을 약화시키는 경솔한 행위가 아니다. 실제로 사역을 위해 현지에 파송 될 수도 있고, 늘 그러한 각오로 살지만 한국 내에서 선교지를 위해 지원해야 하는 사역이 있기 때문에 국내에 배치되어 사역하는 사역자들도 포함된다. 늑대와 같이 울부짖는 울음이 있다고 하여 그 곳에 가지 않는 것이 아니다. 효과를 극대화하는 자들인 것이다.

　인터넷 선교사는 현재 각 영역 각지에서 사역 중이며, 현지에서는 아제르바이잔, 중국, 일본, 인도네시아, 요르단, 미국 등의 나라에 파송 및 실제 사역이 이루어지고 있다. 현재까지 실제적인 인터넷 선교사는 국내외에서 비거주 선교 사역자로서 인터넷을 통해 현지 파송 선교사로, 비거주 전문인 선교사로 함께 전략적 활동을 하며, 각각의 달란트로 전문 인터넷 선교 사역을 감당하고 있다. 비거주 선교사는 사역지에 직접 거주할 수 없어서 근접 지역에 거주하며 사역하는 형태의

---

32) 한국전문인선교협의회, 83-84.

비거주 선교사가 있고, 국내에 거점 하는 타 문화 사역자도 존재한다. 국내에 거주하지만 1년에도 수 차례씩 선고지를 방문하여 사역하는 형태도 있다. 또한 선교는 꼭 가야만 하는 것이 아니다. 국내의 외국인 노동자들은 약 10만 명 가량이라고 한다. 인터넷 선교사 이외에도 각 분야 관련 협력자, 인터넷 선교 동원가, 인터넷 선교 행정가, 인터넷 선교 기술 개발자, 인터넷 전도자로 많은 크리스천들이 사역에 동참하고 있다. 각 교회 홈페이지 및 기독교 포털 사이트 관련자들이 그 범주에 들어간다고 볼 수 있다.

2. 인터넷 선교교회(IMC) 통한 협력

세계에는 복음이 전달되지 않은 지역, 드는 그 복음을 거부하는 사람들이 있다. 문화와 지역 종교들로 인한 문제들은 그들과 예수 그리스도와의 만남을 가로막는다. 이에 전 세계 복음이 전파되지 않고, 인터넷 기술이 보급된 지역을 중심으로 현지 언어로 제공되는 예수 그리스도의 복음을, 그분의 향기를 인터넷 라인을 통하여 전하는 사역을 진행한다. 인터넷 선교교회는 말씀과 찬양 그리고 성도간의 교제가 각 지역 언어로 구성된 선교교회 사이트를 통해 매일 또는 정기적인 기간을 통해 제공되며 온라인상의 사역이 오프라인 상으로도 결실을 맺을 수 있도록 함께 기도하며 동역하는 전천후 사역이 될 것이다. 인터넷 선교교회 개척 사역은 바로 하나님께서 도든 성도들을 향해, 세상을 향해 외치시는 이 시대에 맞는 지상 명령이다.

인터넷 선교사는 교회 사역의 중점인 예배를 통해서 그리스도의 복음을 전파한다. 현지어로 제작되는 인터넷 선교교회의 예배 사역 안에는 말씀을 담은 설교와 묵상, 찬양 그리고 교제와 상담이 일 또는 주 단위로 업 데이트 된다. 인터넷 선교교회는 이렇게 살아 숨쉬는 콘텐츠를 통하여 복음을 전하며, 현지의 성도들을 양육한다.

인터넷 선교교회의 비전은 네트워크와 단체와 교파를 뛰어넘은 광범위한 선교 연합체로서 하나님의 사명을 감당하는 것이다. 각양각색의 특기와 재능을 가진 평신도 선교사들로 또는 전문 선교사들로 이루어질 인터넷 선교교회 사역은 바로 초대 교회로 돌아간 부흥 운동을 통해 하나님께서 원하시는 그 사역을 감당하는 것이다. 인터넷 선교사들이 인터넷 선교교회 사역을 온전하게 감당하기 위해서는 기본적인 합리적인 구성을 해 본다면 전 세계 선교지 중 최소 30개 사역지를 대상으로 영역을 정했을 때 각 교회당 3명의 전임 인터넷 선교사와 10명의 인터넷 선교사들로 이루어진 구조가 필요하다.

인터넷 선교교회 최우선 개척 지역 선별 조건으로 전방 개척 선교 지역 그리고 인터넷 사용이 가능한 지역이라고 권면한다. 오프라인 선교의 장벽이 높은 지역, 예를 들어 무슬림 권과 같은 창의적 접근 지역이 바로 그 영역이다. 인터넷 선교교회 개척에 비전을 품은 선교사들이 거주하는 곳이다. 그러나 꼭 컴퓨터 관련 전문 사역자가 아니어도 무관하다. 필수적으로 개척지의 언어가 가능하며, 각 자료의 현지어 번역이 가능한 사역자가 거주하는 곳이다.

3. 무브먼트 통한 협력

1) 인터넷 선교교회(IMC) 통한 프로젝트

(1) 말씀

세계 선교 현지에는 오늘도 말씀의 공급이 필요하다. 이미 성경과 전도 책자를 그 나라의 언어로 번역하여 보급하는 선교 단체가 존재한다. 더불어 묵상 콘텐츠 번역과 보급이 활발히 이루어지고 있다. 여기에 더하여 인터넷 묵상 사역의 대표적인 한 예로 RBC Ministries가 있는데 16개국 이상의 언어로 번역된 《Our Daily Bread》를 공급하고 있다. 한국에는 '오늘의 양식사' 라는 이름으로 사역이 펼쳐지고 있다. 또한 이외에도 웹 사이트를 통한 인터넷 QT 사역 단체로는 GT, 중국어문선교회, CCC, 사랑의 교회, 두란노 등이 있다. 크리스천들은 현재 전 세계적으로 수십, 수백만의 묵상 메일링 서비스를 통해 메일을 통한 묵상지를 장소에 구애를 받지 않고 정기적으로 제공받고 있다.

갓피아 큐티 사역

(2) 찬양

세계 선교 현지에는 오늘도 찬양과 위로의 노래가 필요하다. 많은
선교사들이 그들에게 가장 필요한 전도를 위한 도구가 무엇이냐는 질

문을 받았을 때 대부분의 대답은 찬양이라고 하였다. 영화 "미션 (Mission)"을 보면 제레미 아이언스가 분한 예수회 소속의 주인공 가 브리엘(Gabriel) 신부가 복음을 거부하고 투입되는 선교사들을 모두 십자가에 매달아 이과수(Iguau) 폭포에 떨어뜨려 순교시키는 원주민 부족을 처음 찾아 갔을 때 증오에 찬 원주민들의 마음을 열었던 것은 천국의 소리와도 같은 아름다운 오보에의 연주 소리였다. 현지어 찬양 보내기 운동 일환으로 알려진 "Our Song Ministry"는 CCM 가수와 찬양 사역자 그리고 재능 있는 뮤지션들이 힘을 모아 그들의 언어로 제작된 찬양을 녹음 제작하여 인터넷을 통해 세계 곳곳의 인터넷 선교 교회(Internet Mission Church)에 현지어 찬양을 보내고 있다. 협력 단체로는 위트니스 밴드, 약속의 땅(송섭, 서장혁), 두나미스 밴드, 프 라이데이 밴드, 마커스 밴드, M Church, 장윤영, 남궁송옥, 강찬, 아 침(신현진), U-Trun, 크라이젠, CUBE, 물고기, 카리스 워쉽 밴드, 옹기장이, 이강혁(좋은씨앗), 이구철, CCMLOVE, Godpeople.com, 서울음반, 두란노 등이 있다.

현재 아워송 1집 "잃어버린 영혼들을 위한 우리들의 노래", 2집 "Face to Face"에 이어 3집 "잊혀진 우리 형제 이스마엘"이 무슬림 전문 선교 단체 한국 프론티어즈와 협력으로 제작되고 있으며, 현지용 으로 보급될 아워송 장례용 앨범 "Resting"을 출시하고, 아워송 일환 "Holy Swimmer"의 앨범을 통해 명백을 이어가며 각국 언어로 제작 된 앨범을 온, 오프라인을 통해 보급하고 있다. 현지어 찬양 보내기 운 동 본부는 앞으로도 아랍어, 일본어, 스페인어, 중국어, 영어, 특별히 아랍어 찬양을 제작하고 인터넷 상에서 각국의 언어로 소개하여 더욱 활발히 보급할 것이다. 이러한 사역은 인터넷과 음악 콘텐츠가 만난,

전 세계 선교를 위한 효과적인 사역의 모델의 하나라고 할 수 있을 것이다. 앞으로 이러한 사역은 민족음악학(Ethnomusicology)과 같은 학문적 연구와 병행되어 우리 입장에서 제작된 일반화된 제국주의적인 찬양을 보급하는 것이 아니라 그들의 전통적인 멜로디와 사운드가 가미된 현지 친화적인 찬양을 연구 제작하여 보급하는데 의의를 두고자 한다. 또한 장례용 앨범처럼 시리즈화 할 수 있는 앨범들을 지속적으로 제작 보급하는 것도 구체적인 제안이라 할 수 있겠다.

현지어 찬양 보내기 아워송 참여자들

아워송 2집

(3) 전자 전도지(디지트렉)

전도지는 짧은 내용이 담겨 있지만 효과 있는 전도와 선교를 위한 좋은 수단이다. 어느 선교지를 방문하였더니 연로하신 할머니 한 분이 다 구겨지고 낡은 종이 조각을 한 장 들고 가까이 다가왔다. 그 종이 조각은 그 나라의 말로 적인 쪽 복음이었다. 할머니는 약 3년 전에 한국에서 단기 선교 팀이 그 나라에 방문하였을 때 전달해 주고 간 종이 속의 내용이 너무나 좋아서 아직까지도 간직하고 있었다고 말했다. 짧은 성경 구절 이었지만 그 말씀은 살아서 움직이며 역사한다. 또한 그림은 글이 없어도 메시지를 전달할 수 있는 매체이다. 아름답고 영성 있는 그림과 말씀의 만남이 세계 선교 현지의 영혼들의 마음에 닿아 얼음 같은 마음을 녹이고 굳게 닫힌 빗장을 열 것이다.

한 개의 전도를 위한 웹 전도지를 제작하였을 때 우선 번역을 위해 많은 노력이 요구되지 않는다. 효과적이고 파워 있는 한 개의 웹 전도지가 만들어지면 여러 가지 언어의 버전으로 제작이 쉽게 가능하다. 이에 인터넷 선교에 관심 있는 콘텐츠 프로바이더들은 이-카드(e-Card) 라는 이름으로 전자 전도지를 각국의 언어로 제작하여 보급할 수 있다. 각 교회의 외국어 예배부 및 선교를 위한 도구로 사용되며 이 사역을 위해 싸이월드에도 소개되는 크리스천 일러스터들의 활동은 도토리라는 상업적 매체로 소개되지만 분명 긍정적인 크리스천 인터넷 콘텐츠 사역이다.

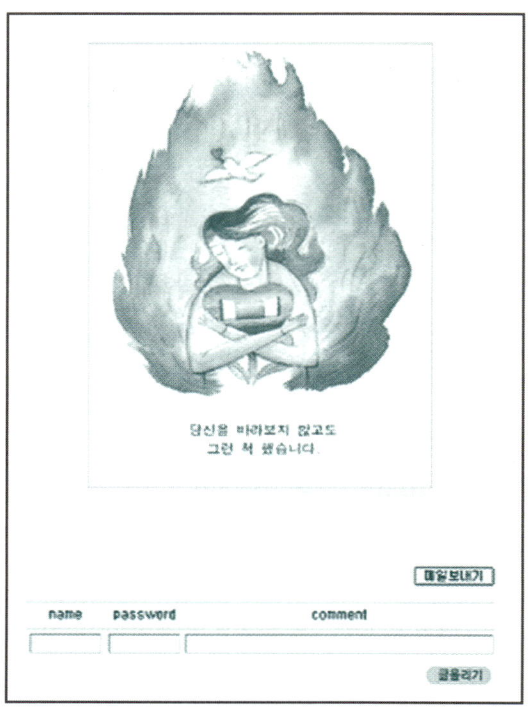

전자 전도지-디지트렉

2) Case Study 통해 보는 국내 인터넷 선교

인터넷 사역을 진행하는 단체들은 묵상, 찬양, 온라인 어학 강좌, 상담, 방송, 커뮤니티 등의 다양한 장르를 통해 기독교인과 비기독교인들에게 필요한 정보를 제공하고 그리스도의 몸 된 교회로서의 역할을 인터넷 사이트 상에서 실현하고 있다. 긍정적인 모델은 해외 현지에 보급되는 인터넷 선교교회와 각 교회, 선교 단체 그리고 IT 기관들과의 아름다운 조화와 협력을 통해 기독교 인터넷 선교 사역의 지평을 열고 있다는 사실이다. 이러한 한글 기독교 자료는 각국의 언어로 번역되어 세계에 생수와 같이 공급된다. 이러한 기독 인터넷 선교 사이트 내에서 발견되는 제목들을 예를 들면 묵상 나눔터: QT, 선교-넷, 내 영혼의 쉴만한 물가: 상담, CCM JUKE BOX: 음원, Joyful-joypool:찬양 방송, MCCM, 징검다리: 장애우 사역, 디지트렉: 디지털 전도지, 생기학교:교육 등의 이름으로 다양한 콘텐츠 영역이 존재한다. 인터넷 선교를 위해 관심 가질 만한 종합 기독교 포탈로 갓피아, Godpeople.com, 호산나 넷, 온맘닷컴 등이 있다. 그리고 기독교 신문 또는 CCMLOVE와 같이 음원 제공 사이트들도 전도를 위한 다양한 콘텐츠들을 서비스하고 있는 추세이다. 그러나 전체적인 사이트들이 획일성을 탈피하지 못하고 있으며 독창적인 아이디어를 받아들이는데 소극적인 것이 현실이다.

3) 인터넷 선교 교육 철학

우리는 배고픈 사람에게 고기를 요리해서 먹여 주기 보다는 그 고기를 잡는 법을 가르쳐 주는 것이 보다 현명한 벙법이라 믿는다. 이처럼 하나의 성공적인 사례보다 전반을 이수하는 교육은 특별히 선교지를 위해 중요한 부분이다. 인터넷 선교 전문 단체인 I3M(Internet, Medical, Media & Mission)에서 시행하는 인터넷 선교학교는 약 6개월 과정 사이버 강의와 오프라인 워크숍 코스로 이루어져 있다. '선교의 새로운 장이 열린다' 라는 주제로 선교에 관심 있는 모든 사람들에게 접근하는 인터넷 선교 학교는 21세기 선교는 현장 선교와 함께 커뮤니케이션 선교, 사이버 선교 즉, 가상 선교라는 선교의 새로운 패러다임의 전의를 가르친다. 강의는 비전문가들이 모이는 것을 감안하여 되도록 쉽고도 친근하게 이루어져 있으며 인터넷 선교의 이해에서 시작하여, 기술적인 부분에 중심을 둔 강의가 아닌 누구나 시도할 수 있는 웹 기획과 커뮤니티 개발의 실제적 노하우를 터득하게 함으로써 세계 선교와 인터넷을 통한 문화 선교의 초석을 쌓을 수 있도록 한다. 현 시점에서 필요한 것은 성공한 한 가지의 사례보다는 전반적인 개념을 변화시킬 수 있는 넓고 큰 그물이 필요하다.

인터넷 선교학은 이미 국내외 강의를 통해 선교지에서 필수적으로 요구되는 선교적 도구임을 입증 받았고, 실제적으로 크고 작은 선교 사역에 큰 에너지가 되고 있다. 또한 교육 내용에서 필수적으로 프로젝트 발표 프로그램을 통해 수강자들은 인터넷 선교 비전의 확신과 기쁨을 맛보게 된다. 인터넷은 이제 세계를 하나로 묶어 주는 도구이다. 이 열린 길을 통해 이러한 인터넷 선교 교육 프로그램들은 선교의 문이 닫혀 있는 땅에 복음을 전한다는 것을 각인시켜야 한다. 이를 위해 인터넷 선교사 지망생들은 각 나라 언어로 구축된 인터넷 선교교회를 세우고, 현지 파송 인터넷 선교사와 국내에서 사역하는 원격 인터넷 선교사의 관계를 잘 이해해야 한다.

앞으로 더욱 많이 보급 되어져야 할 인터넷 선교학교를 위한 제언으로는 21세기 새로운 선교 매체인 인터넷을 통해 세계 각지의 잃어버린 영혼들을 찾아 하나님께로 인도하는 전 성도를 전문 사역자 화하는 훈련 과정이 되어야 한다는 것이다. 인터넷 선교학을 통해 특별히 정의하는 비거주 인터넷 선교사란 비록 선교지에 나가지는 않지만 인터넷을 통해 현지에 나가 있는 선교사를 지원하고 동역하며 함께 선교 사역을 이루어가는 전문 사역자들을 지칭하는 말이다. 또한 꼭 인터넷 선교사가 되어야만 인터넷 선교를 할 수 있는 것이 아니라 인터넷 선교학교를 수료한 후에, 각 단체들과 협력하여 다양한 분야에서 다양한 방법으로 프리랜서 형식으로 인터넷을 통한 선교 사역에 동참할 수 있음을 제안한다. 그렇다면 인터넷 기술이 없는 경우에도 인터넷 선교사가 될 수 있을까? 결론은 '있다' 이다. 왜냐하면 인터넷 기술은 중요하지만 전체의 영역이 될 수 없기 때문이다. 하지만 인터넷 선교학의 교육 기반이 없이는 불가능하다. 미국 드라마 CSI에서, 영화 007 시리즈에서 등장하는 현장 요원들을 지원하는 연구실(LAB) 연구자들의 모습이 바로 인터넷 선교사 모습이 아닐까 생각한다. 그리고 각 신학교에 선교학과 목회학 과정의 필수 또는 선택 과목으로 채택될 것을 제안한다.

인터넷 선교학교 강으

4) 협력을 통한 프로젝트

　인터넷은 분명 네트워킹을 용이하게 한다. 본 장에서는 네트워킹을 통해 선교지를 위한 에너지 축적 사례를 소개하고자 한다. 인터넷 선교단체들은 자체적으로 또는 크리스천 웹 에이전시들과 연계하여 세계 현지 선교사님들의 한글 홈-페이지를 무료로 제작 지원해 주고 있다. 또한 사역의 일환으로 한국어 페이지 지원에 그치지 않고 어느 나라든지 구별하지 않고 세계 현지 각국어로 제작된 인터넷 선교교회(IMC)를 제작 지원하는 단체의 사역 케이스도 있다. 또한 온, 오프라인 협공 지원이 가능한데, 예를 들어 I3M(Internet, Medical, Media & Mission)의 경우 'Be the Miracle'(BTM) 프로젝트를 통해 의료진과 연계 협력하여 현지 파송 선교사 및 선교 현지인에게 온, 오프라인에서의 무료 진료를 제공한다. 또한 약품 지원 사역 "Medi Bank"의 의약품 지원 사이트의 예를 통해서는 한국의 의사 및 대학 병원 네트워크와 연계하여 아프가니스탄과 팔레스타인에 다량의 약품을 지원하였다.

　한편 선교사 복리 후생을 위한 사역 케이스로는 "사랑의 줄 잇기"와 같은 비영리 구제 단체와 인터넷 선교 사이트들이 연계하여 선교사 가정에 일정량의 의류와 선교 현지를 위한 대량의 의류를 제공하는 경우가 있다. 찬양 사역자들이 중심이 되어서 현지어 찬양 보급과 선교사들의 사역 집회 시 찬양 사역으로 돕는다. 현지에 책 보내기 웹 사이트 Operation Literatures(OL)의 "Send Book Festival"과 같은 사역을 통해서는 여러 다국적 출판사와 연계하여 역시 아프가니스탄, 인도네시아, 베트남 등의 선교지에 인터넷 관련 영문 서적을 보급하는 경우도 있다. 이러한 사역들이 인터넷이라는 유용한 정보 전달

선교지에 책 보내기 "Send Book Festival"

수단을 통해 온, 오프라인 통합 사역이 구축된 좋은 예라고 볼 수 있을 것이다.

다른 문화와 공간의 장벽이 허물어지기 전까지 우리 모두는 세계 만방에 복음의 메신저로서의 역할을 감당하는 교회를 인터넷상에서 개척하고, 삶에 목마른 자들에게 복음이 전달될 수 있는 귀한 통로가 될 것이다. 특별히 인터넷 선교교회 개척 사역은 연령과 직업을 초월하여 많은 이들이 하나님의 부르심을 구체화할 수 있는 기회가 될 것이다. 궁극적으로 세계 모든 민족이 주님을 알기까지 우리의 사역은 성령님의 인도하심과 여러분들의 눈물 어린 기도로 땅 끝까지 세상 끝 날까지 계속될 것이다.

제2부

인터넷이여, 선교로 부흥하라

(인터넷 선고의 실제)

제7장
인터넷 선교 및 사역의 실제

사도(Apostle)라고 하는 말은 창조적인 선교사(Creative Missionary)라는 의미로서 사도 바울과 같이 타 문화권에 나아가서 복음을 증거하는 자를 말한다.[33] 이러한 사도의 기본 원리를 통해 우리는 창의적인 사역 개념을 가지고 누구든지 할 수 있는 것이 바로 인터넷 선교에 앞서 인터넷 전도 사역이라고 믿을 수 있다. 예를 든다면 보편화된 인터넷 생활 속에서 인터넷 에티켓 홍보, 건전한 리플 달기, 검색 사이트를 통한 정보 공유, 자료 수집, 관리, 스팸 메일(SPAM Mail) 등으로부터 사이트를 관리하는 등의 일들로 사역을 펼쳐 나갈 수 있다. 세상의 인터넷 윤리는 이미 망가져서 아이디 해킹이나 도용은 너무도 흔하고 청소년과 네티즌 사이에서 이 같은 일은 "당했군" 하는 한 마디로 대수롭지 않게 넘어가는 현실 속에 살고 있다. 이러한 세상 속에서 기본적인 인터넷 윤리를 세우고 그를 위해 섬기는, 손가

---

33) 김태연, *전문인 신학* (서울: 예영커뮤니케이션, 2006), 31.

락으로 마우스를 클릭하는 수준의 이러한 기본적인 일들이 어쩌면 별
것 아닌 것처럼 보일 지 모르겠지만 실제로 교회 홈페이지 관리나 운
영을 위한 기반과 밑거름이 되는 귀한 사역이라는 인식이 절대적으로
필요하다.

좀 더 발전된 인터넷 사역을 체험하기를 원한다면 웹 커뮤니티를 통
한 인터넷 사역이 가능하다. 커뮤니티는 각 포털 사이트를 통해 제공
되는 인터넷 카페, 블로그 시스템 또는 유명한 '싸이월드(Cyworld)'
와 같은 채널 등을 통한 커뮤니티 구축 사역인데 인터넷 노방 전도, 동
역자 그룹 형성 등과 같은 실제적인 사역이 가능하다. 집들을 방문하
여 전도하거나 노방 전도의 개념이 사라진 현대 사회이지만 블로그나
'싸이월드' 안에서는 방문과 초대가 자유로우므로 서로 모르는 사이
라 할지라도 어색하지 않게 양방향 커뮤니케이션이 가능하다.

좀 더 예를 든다면 어떤 교회의 청년부 행사를 '싸이월드'를 통해
모집한 경우가 있다. 대규모의 파도타기가 이루어졌고, 결과는 성공적
이었다. 젊은 청년들에게 있어서 인터넷 세상은 이제 오프라인 세상의
중요도에 버금가는 중요한 만남의 공간이요 교제의 공간이 된 것이다.
이러한 인터넷 커뮤니티를 통해 친구들 사이에서만 의사가 소통되는
것이 아니라 부모와 자녀가, 스승과 제자가 의사를 소통할 수 있게 되
었다. 아무래도 얼굴을 맞대고 이야기하는 것보다는 자유롭고 편안한
대화의 환경을 사이버 공간이 제공하기 때문이다. 부모와 자녀가 바쁜
일정 가운데에서 시간을 맞추어 QT를 나누는 시간을 갖는 것은 쉽지
는 않지만 참으로 아름다운 모습이고, 인터넷을 통해 서로를 격려하고
서로의 묵상을 나누는 긍정적인 사역 사례가 속속 발견되고 있다. 맹
점으로는 편리함과 효과 뒤에 숨어 있는 사적인 개인 정보 공유에 대

한 부작용이 역반응으로 존재한다. 개인이 인터넷 공간에서 취하는 사적인 행동 하나하나가 드러날 수 있다는 우려는 능동적인 사역을 위한 걸림돌이 될 수 있다.

21세기 노방 전도 지역—싸이월드

좀 더 자신의 관심이 인터넷 사역과 접목이 된다면 취미를 통한 인터넷 사역이 가능하다. 다음(DAUM)의 카페 커뮤니티에 '노니—게펜다'라는 카페 사이트가 존재한다. 굉장히 멋진 듯한 타이틀의 이 카페의 원래의 뜻은 느껴지는 대로 "노느니 개를 팬다"라는 말에서 좀 더 멋져 보이도록 '개'를 '게'로 바꾼 것뿐이다. 좀 더 근사하게 보이려는 의도 빼고는 아무런 생각이 없었다고 운영자는 말한다. 이 커뮤니티가 실제로 하는 일은 독립 영화를 만드는 일이고 꽤 수준 높은 독립 영화를 저렴한 예산으로 만들어 유저들 사이에 인기가 많았던 카페이다. '밀리터리 & 암즈'라는 카페도 있다. 퇴역 군인들의 모임인 것 같은 이 카페에서 실제로 활약하는 대부분이 젊은 청년들, 청소년들이다. 이 카페는 당차게도 현 세계 군사 동향을 읽고 전략을 논의하고 연구하는 카페이다. 'BUS'는 말 그대로 버스를 너무나 사랑하여 버스에 관련된 모든 것, 예를 든다면 버스 승차권, 버스 노선도, 버스 기

사용 모자 등을 수집하고 웬만한 버스 노선은 줄줄 외는 버스 매니아들이 모이는 그룹이다. 버스에 대한 모든 정보와 관련 사항은 지난 것이라 할지라도 이 그룹이 다 가지고 있다.[34] 일본에도 매니아(Mania)라는 뜻의 '오다쿠'로 불리는 사람들이 이들과 비슷한 커뮤니티를 운영하는 집단이 있다. 그 커뮤니티 출신들은 버스 회사에서 일 순위로 모셔간다고 한다. 왜냐하면 이들만큼 일본 내에서 버스에 대해 속속들이 알고 사랑하는 사람들이 없기 때문이란다. 이러한 취미나 관심 분야를 통한 사역이 인터넷과 접목하여 큰 효과를 거두는 경우가 많이 존재한다.

이제 좀 더 깊은 인터넷 사역의 세계를 체험했다면 전문성을 통한 인터넷 사역을 시작해 보는 것도 고려해 볼 만하다. 예를 든다면 한국의 "신학정보연구원"과 같은 경우 오래 전부터 양질의 신학 정보를 인터넷을 통해 전달한다는 비전을 가지고 사역해 왔다. 많은 신학자들이 인터넷 기술 기반을 통해 자신들의 신학 세계를 대중에게 보다 가깝게 접하는 체험을 하였고 웹 상의 포럼을 통해 신학을 보다 친근하게 만든 공로가 있다.

KRIM과 같은 선교 단체는 선교지 뉴스만을 수집하여 각 단체 및 선교지에서 관심을 가진 크리스천들에게 전달함으로써 선교지와 후방의 거리를 좁히는 역할을 하였다. CGN-TV는 인터넷 방송국으로서 다양한 전 세계 각국어로 제작된 영상 콘텐츠를 제공하고 있고, 두란노 닷컴, 갓-피플, 크로스-맵 등은 기독교 전문 포털 사이트로서 많은 영역에서 크리스천을 섬기며 인터넷 선교를 섬겨 오고 있다.

---

34) 상그라픽스, 방가, 매니아 (서울: 심마니, 2001).

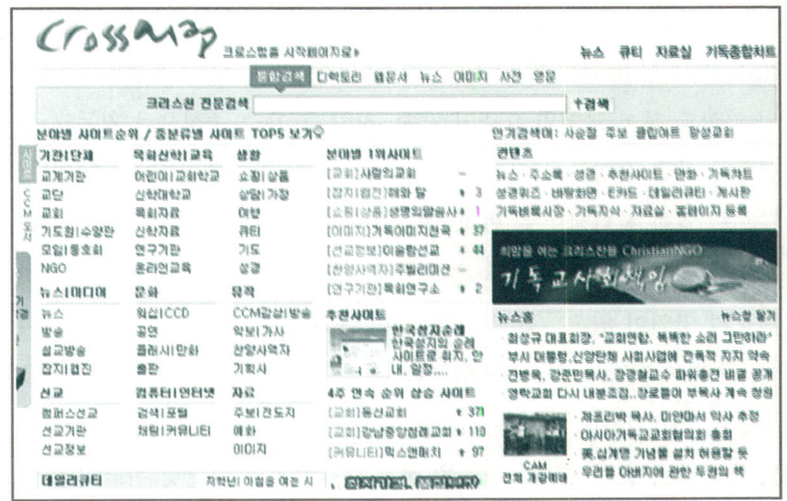

기독 포탈-크로스 맵

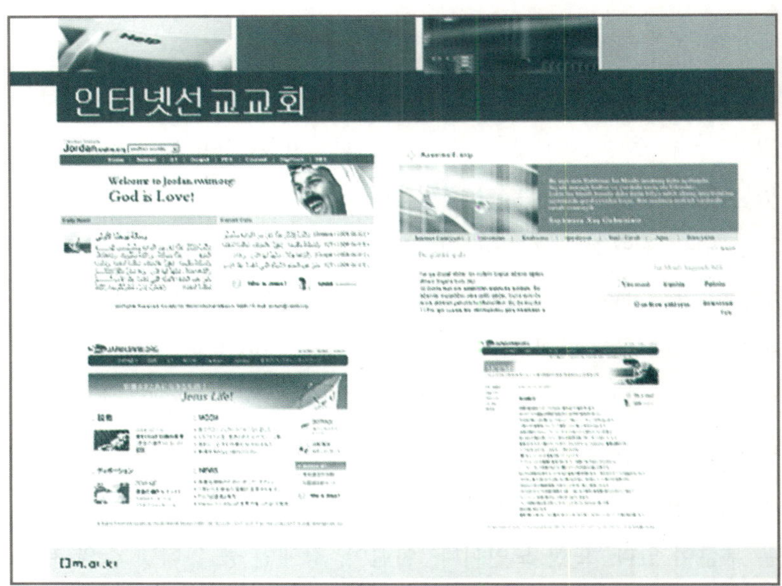

각국의 언어로 제작된 인터넷 선교회

　　끝으로 고유의 영역인 인터넷 직접 선교의 경우 인터넷 선교교회 (Internet Mission Church)를 예로 들 수 있다. 일반 전통적인 교회의 역할과 같이 교회의 요소인 말씀, 찬양, 교제를 중심으로 기독교 콘텐츠를 보급 운영하여 직접 복음을 전하는 사역 단체를 말할 수 있다. "예수" 영화를 다국어로 번역하여 인터넷으로 보급하는 CCC와 같이 전문적인 한 가지의 기독교 콘텐츠를 각국어로 전달하는 직접 인터넷 선교의 영역이 있고, GBT의 경우 JAARS와 같이 정보 수집 및 리서치, 콘텐츠 제작 등의 기술 영역을 분리하여 임무를 담당하는 단체를 평행적으로 설치하여 다른 선교 단체들과 상호 협력을 함으로써 인터넷을 통하여 효과적으로 복음을 전하는 직접적인 인터넷 선교의 역할을 하고 있다.

1) 인터넷 사역의 장단점

　　인터넷은 정보 및 자료를 전달하는데 탁월한 능력을 가지고 있다. 영상 자료, 음성 자료, 텍스트 자료, 그림 파일(File) 등을 전달할 수 있는데 복음 전파가 차단되는 지역이라 할지라도 오프라인보다는 가능성 있는 접근점을 가지고 있다는 중요성이 있다. 장점으로는 정보 전달이 용이하다는 점을 들 수 있다. 인터넷 망들은 해저 케이블이나 통신 위성에 의해 멀리 떨어진 거리에 나누어졌던 모든 지역적 경계를 없애버리고 실시간의 정보 교환으로 커뮤니케이션의 세계화와 언어의 장벽들을 제거하는 데 기여하고 있는 장점이 있다. 단점 또는 한계점으로는 기술 기반이 뒷받침이 되지 않는다면 온전한 정보 전달이 어려운 부분이 있다. 또한 노인이나, 어린이, 장애인 등 인터넷 소외 계층에 의한 정보의 격차가 점점 심해지고 있다는 점을 들 수 있다.[35]

인터넷은 또한 커뮤니티 형성을 용이하게 하고 또 형성을 도와 준다. 친교, 나눔, 중보 기도 등 선교 에너지를 축적하는데 오프라인 미팅 못지 않은 활발한 커뮤니티 형성의 가능성을 가지고 있다. 장점으로는 시간과 장소에 구애 받지 않고 지속적인 커뮤니케이션을 함으로써 친밀감을 유지할 수 있다. 대화를 위한 경로가 열린다거나 그렇지 않다는 것은 인간 존재의 가장 중요한 문제가 된다. 소통이 막히면 죽고 뚫리면 산다. 대화는 존재의 새로운 발견이다. 선교사들의 경우 오랫동안 선교지에서 사역을 하다 안식년이 되어 한국으로 돌아오면 소외되고 알고 지내던 사람들과도 연락이 소원하게 되어 만나도 서먹서먹한 경우가 있다. 이러한 상황을 대비하여 인터넷을 통해 관계를 유지해 둔다면 서로간의 소원한 마음을 어느 정도는 갖지 않을 수 있다. 그러나 단점으로 오프라인의 만남 이상의 끈끈한 친교 효과는 기대할 수 없다는 것이다. 따라서 필히 정기적인 오프라인을 통한 미팅을 통해 더욱 결속을 다지는 일이 절대적으로 필요하다. 사람과 사람의 만남은 아무래도 눈을 마주 보아야 하고 살이 닿는 친근한 만남이 있어야 한다.

또한 인터넷 시스템은 기독교 교육 시스템 구축과 운영을 용이하게 한다. 한 예로 남미 어느 지역의 경우 한국의 이단들이 침투하여 많은 활동을 하고 있는데 걷지 못했던 사람이 나와 사이비 지도자의 안수를 받자 벌떡 일어나는 등의 허구 가득한 이단들의 텔레비전 쇼를 보고 순진한 남미인들은 그만 넘어가고 만다. 이러한 상황에서 인터넷 기술을 통해 교육 프로그램을 전달할 때 분명 그들의 허구를 깨트리거나

---

35) 박성호, 인터넷 미디어의 이해와 활용 (서울: 커뮤니케이션북스, 2002), 42.

계몽하는데 도움이 된다.

인터넷 기술을 통해 광범위하게 전달하여 교육시키고, 한 번 제작된 콘텐츠는 계속 재사용이 가능하므로 예산 절감 및 콘텐츠 활용도에 있어서 효과적이다. 시스템 구축 및 설치도 오프라인 상에서 교육 시스템을 만드는 것보다 쉽고 비용도 저렴하다. 새로운 인터넷 커뮤니케이션 수단들은 전통적 산업 사회에 나타났던 교육 과정과 사고방식에 대한 새로운 변화를 의미한다. 다시 말해 인터넷 미디어의 개발 전략과 사고 방식에 대한 새로운 변화를 의미하고 사이버 교육의 확대와 이러한 교육에 대한 사회적 요구가 확대되는 상황이다. 하지만 인터넷 교육 시스템, 즉 e-learning 시스템을 통한 교육은 수강자가 집중하기 어렵고 오프라인 강좌와 같은 능동성은 현저하게 떨어진다고 보아야 한다. 이러한 부분에 대한 보완책은 솔루션 개발 등을 통해 끊임없이 지원되고 있다.

2) 인터넷 사이트의 구성 요소

인터넷 사이트를 구축하는 구성 요소를 간단하게 설명하고자 한다. 직접 인터넷 사이트를 기술적으로 구축하지 않는다고 하더라고 교회 지도자들이 꼭 알아야 하는 사항이 바로 이 인터넷 기획 부분이다. 최소한 교회 홈 페이지를 전문가에게만 맡겨 전혀 활용이 안 되는 사이트가 되는 것을 막기 위함이다. 교회 홈페이지를 제작하는데 있어서 그 사이트를 위한 최고 전문가 그리고 담당자는 그 교회의 실제적인 리더십이다. 웹 기술자는 어느 일정 영역만을 대행해 준다.

인터넷 사이트를 구축하는데 있어서 구성 요소로는 첫 번째로 기획 영역이 있다. 기획 영역은 웹 기획, 콘텐츠 기획, 커뮤니티 기획 이렇게 세 영역으로 나뉘어진다. 교회 리더십이 서 있어야 하는 포지션이 바로 이 기획 영역이라고 생각하면 틀림이 없다. 웹 기획자는 웹을 구현할 때 전체 사이트 설계, 웹 네비게이션 시스템[36], 제작 목적의 이해를 통해 웹 상에서의 실제적 표현과 구현이 가능해진다. 전체적인 디자인 컨셉트, 컬러, 틀을 형성하고 완성까지 지도하는 것이 바로 웹 기획자의 영역이다. 프로그래머와 디자이너, 관리자(업-데이터)의 일정을 확인하고 정해진 일정까지 차질 없이 완성하는 것 또한 바로 웹 기획자의 역할이다. 자신이 직접 하지는 않아도 기술 전반에 관련한 지식도 가지고 있어야 한다. 그리고 인터넷 선교 전문 기획자로서 무엇보다도 요구되는 재능은 창의적인 감각과 아이디어 그리고 영성과 지도력을 갖추어야 한다.

그 다음으로 디자인 영역은 인터넷 선교의 꽃이라고 할 수 있다. 웹 페이지에서 차지하는 비중의 절반이라고 해도 과언이 아닐 것이 바로 이 웹 디자이너의 역할이라고 볼 수도 있다. 컴퓨터, 디지털, 네트워크를 기반으로 한 인터넷은 디자인 분야에 '웹 디자인' 이라는 새로운 패러다임을 만들었다. 가상공간에 대한 이해를 기본으로 한 웹 디자인은 기존의 물리적 환경에서 적용되어 온 디자인이 감성, 도구, 조건, 기준에 적지 않은 변화를 일으키며, '디지털 디자인' 이라는 새로운 장을

---

36) 웹 네비케이션 시스템(Web navigation system)
웹상에서 사용자가 자신의 위치를 파악할 수 있도록 정황을 제공해 주는 소프트웨어. 계층적 체계를 제대로 적용한 웹 사이트는 방향을 잃지 않고 원하는 정보를 쉽게 찾을 수 있으며, 보조적으로 네비게이션 시스템을 사용함으로써 정황의 제공, 사이트 내에서의 이동에 관한 유연성 제고, 콘텐츠의 부가 정보 제공 등의 기능을 갖게 된다. 구성 요소는 자체 콘텐츠를 포함하는 네비게이션 바, 풀다운 메뉴, 콘텐츠를 포함하지 않고 원격 접근할 수 있는 내용 목록, 인덱스, 사이트 맵, 투어 가이드 등으로 되어 있다.

열었다.[37] 그림에는 글이 들어 있지는 않지만 그 안에는 분명히 메시지가 담겨 있다. 명화들이 인정을 받는 이유는 그림이 기술적으로 아름답게 표현되었기 때문이 아니라 그 그림 안에 분명하고 놀라운 메시지가 숨겨져 있기 때문에 명화라고 인정받는 것이다.

웹 디자인 영역도 이러한 원리와 마찬가지이다. 웹 디자이너의 그날 영성에 따라 홈 페이지 디자인의 성패가 좌우된다. 웹 디자이너가 우울한 영성을 가진 날 제작된 웹 페이지는, 예를 든다면 어두운 보랏빛으로 일관되어 보는 사람으로 하여금 기분을 낙심케 하며 심지어는 절망감마저 느껴지게까지 한다. 하지만 작업을 섬긴 웹 디자이너가 성령의 능력 가운데 충만하여, 심지어는 모니터에 손을 대고 안수하며 웹 페이지를 디자인하면 디자인을 보는 이들이 긍정적인 마음을 갖게 되고 희망을 품게 된다. 웹 상에서도 성령께서는 역사 하시는 것이다. 크리스천 웹 디자이너들은 자신들이 제작하는 영성 있는 웹 디자인을 통해서 많은 사람들이 예수 그리스도를 알게 한다는 열정과 사랑을 담아 표현해야 하고, 그 때 많은 사람들이 감동하는 명작과 같은 웹 페이지가 탄생할 것이다. 바탕 화면과 같은 것은 한 달을 보게 되는 것인데 디자이너의 영성이 한 사람의 한 달간 인터넷 공간의 분위기를 좌우하게 하는 것이니 그 역할이 한없이 소중하다고 강조해도 부족함이 없다. 또한 웹에서 준수해야 할 제약 조건과 디자인 툴에 대한 지식이 기반 되어야 할 것이다.

그 다음으로는 프로그래머, 서버 관리 등 전문 분야를 들 수 있다. 프로그래머의 사역은 지루하고도 치밀한 집중이 요구하는 예민하고

---

37) 최미선, *디자인의 폭을 넓혀주는 웹 스타일 북* (서울: 안그라픽스, 2003), ix.

외로운 작업이다. 그들의 작업 환경을 이해하고 그들의 집중력을 위해 오히려 주변에서 기도해 주고 배려해야 한다. 그들의 섬세한 작업을 하는 손에 의해 해커들의 검은 세력이 물리쳐지기도 한다. 그리고 그들로 인해 편리하고 효과적인 웹 유틸리티 환경이 구축되는 것이다. 꼭 프로그램을 자체적으로 제작하지 않더라도 최근에는 프리-웨어(Free-wear)[38]로 활용 가능한 비용을 요구하지 않는 솔루션, 예를 들면 제로보드와 같은 게시판 프로그램들이 존재한다. 이러한 것들을 잘 활용하는 것 또한 현명하고 능력 있는 프로그래머의 역할이라고 할 수 있다.

그 다음으로는 잘 간과되는데 웹 페이지 홍보 영역이 있다. 노래 앨범도 제작한 뛰어난 음악인이 큰 공을 들였는데 홍보를 하지 않아 빛을 보지 못하고 그대로 사장되는 안타까운 경우가 있다. 아무리 잘 만

---

38) 프리웨어(Free-wear)

저작자(개발자)에 의해 무상으로 배포되는 컴퓨터 프로그램. 프리웨어는 개인이나 열광자(enthusiast)가 자기의 작품에 대해 동호인들의 평가를 받기 위해서 또는 개인적 만족감을 얻기 위해서 사용자 집단(user group), PC 통신망의 전자 게시판이나 공개 자료실, 인터넷의 유즈넷(USENET) 등을 통해 배포하는 것이 많다. 프리웨어를 공공 영역 소프트웨어(PDS)나 자유 소프트웨어와 혼동하기 쉬운데, 이들은 각각 성질이 다르기 때문에 혼동을 피해야 한다. PDS는 저작자가 공공의 사용을 위해 저작권을 포기하였거나 저작권이 소멸되어 누구든지 자유로이 복사, 개정, 재배포할 수 있도록 공개되어 있는 것을 말한다. 자유 소프트웨어는 소프트웨어의 자유로운 사용과 유통을 촉진하기 위해 무상으로 배포되지만 PDS는 그렇지 않기 때문에 이를 개작하여 재배포할 때는 그 개작 내용을 분명히 표시해야 하고 원저작자의 이름과 저작권 공고를 삭제하거나 변경해서는 안 된다. 프리웨어는 개발자가 저작권을 보유할 수도 있고 포기할 수도 있는데 대개 보유하고 있는 것이 많다. 저작권을 보유하고 있는 프리웨어는 저작자의 허락 없이 복사하거나 개작하여 재 배포해서는 안 된다. 또 프리웨어 저작자는 사용자가 일정한 시험 사용 기간 후에 싼 값의 요금을 지불하고 계속 사용하게 하거나 더 많은 기술 지원을 받을 수 있는 공유웨어로 변경할 수도 있고, 프리웨어의 개정판을 지불품(payware)으로 변경하여 유료로 판매할 수도 있다.

들어진 신제품도 이에 대한 정보를 소비자에게 효과적으로 전달하지 못한다면 시장에서 성공하기 힘들다. 신제품이 성공하려면 자사의 신제품 컨셉트에 적합한 특별한 프로모션(Promotion) 방법을 활용하여 사회에 적극적으로 창의력과 통찰력을 통해 이슈화시켜야 한다.[39] 인터넷 선교에서 튀는 프로모션 아이디어를 만들어 내야 할 사이트 홍보 기획자의 영역도 중요하다. 인터넷의 성격을 잘 파악하고 전체적인 흐름을 알며 전략을 갖추어 체계적으로 홍보할 때 그 효과가 배가 된다. 인터넷을 통해 선교지에서 현지인들을 대상으로 홍보 사역을 할 경우도 마찬가지이다. 보다 더 치밀하고 현지 문화에 대한 이해도가 더욱 깊어야 완성된 인터넷 선교교회 및 인터넷 선교 사이트의 효과적인 성공과 연결될 것이다.

끝으로 유지, 관리, 콘텐츠 보급 및 운영과 같은 행정적인 부분이 있다. '인터서브'는 한 마디로 심부름 센터이고, 인터서브 인터넷 선교사는 인터넷 사역 단체 내 심부름 센터 담당이다. 심부름 센터에서는 못 하는 일이 없다. 행정적 지원은 사역의 규모가 작은 경우에는 그다지 요구되지 않겠지만 스케줄 관리 및 재정 운영을 위해서는 영리 사업이 아닌 인터넷 선교라 할지라도 필연적으로 뒷받침이 되어야 할 필수 분야이다. 그리고 웹의 핵심이라고 할 수 있는 콘텐츠 보급 및 운영은 지속적으로 지원해야 하는 영역으로서 사이트의 성패를 좌우하는 전 분야 동원 사역이라 할 수 있다. 콘텐츠 배치 기준을 위한 정책이 수립이 되어 있다면 그 기준에 맞추어 콘텐츠를 수집하는 일, 그리고

---

39) 조서환, 추서엽, *대한민국 일등 상품 마케팅 전략* (서울: 위즈덤하우스, 2005), 184.

전문적으로 제작하는 일이 존재한다. 콘텐츠 제작은 워낙 광범위한 분야이므로 한 단체가 전체 콘텐츠 제작 영역을 모두 소화할 수는 없다. 특별히 기독교 단체가 전문적인 인터넷 선교 사역을 하는 경우 연합과 협력을 통한 공유 및 재편집의 과정을 통해 콘텐츠를 확보하는 것은 효과적인 인터넷 선교의 확산을 위한 필연적인 조건이라고 본다.

제8장
포털 사이트로 인터넷 쉽게 알기

"포털(Portal)"은 사전적인 의미로 "문"을 뜻한다. 대부분의 닷컴 업체들이 이 포털 형식의 사이트를 운영하고 있다. 포털은 기본적으로 뉴스와 정보를 실어 나르는 지식 전달 부분, 효과적 정보 관리를 위한 검색 기능, 전자 통신이 가능한 이메일 서비스, 네트워크 형성을 위한 커뮤니티 또는 블로그 서비스 그리고 전자 상거래가 가능한 쇼핑 몰(Mall)을 종합 운영하는 사이트로 규정된다. 일반적인 포털 사이트로는 "다음", "네이버", "야후", "엠파스"와 같은 닷컴 군이 있고, 기독교계에서는"갓피플 닷컴", 지금은 사라진 이전의"두란노 닷컴"과 같은 출판 경영을 바탕으로 한 닷컴 사이트가 있다.

지난 90년대 말 전 세계는 영리를 목적으로 하는 인터넷 기업, 닷컴의 붐이 일었으나 그 열풍이 사그러든지 약 8년이 지났다. 그러나 최근 미국 증시에서 인터넷 기업의 호황으로 다시 닷컴 기업들이 각광을 받고 있다. "야후", "구글" 등이 견실한 기업으로 재평가되면서 새로운 닷컴 붐을 주도하고 있다. 이와는 별개로 한국에서는 카이스트

(KAIST) 출신의 야심찬 젊은이들이 세운 '싸이월드'라는 작은 회사를 통해 많은 사람들이 닷컴과 포털 사이트를 통한 수익성에 관심을 갖고 눈뜨게 되었다. 실제로 싸이월드는 웹 상에서만 존재하는 가공의 대체 지불 수단 '도토리'를 판매하여 하루에도 큰 비중의 수입을 얻게 되었다. 업계에서는 앞을 다투어 비슷한 종류의 서비스 내지는 현재 웹 세계의 키워드인 '검색(Search)' 서비스를 앞세워 보다 양질의 참신한 서비스로 이용자에게 다가오고 있다. 실제로 인터넷 포털 사이트는 사용자들에게는 다양한 서비스를, 운영자에게는 수익을 창출하는 수단이 되고 있다. 포털의 경제 원리는 어찌 보면 물건을 팔기보다는 관계를 매칭시키는 비즈니스에 가깝다. 한 마디로 '제품'보다는 '제품과의 상관성'을 중시하는 비즈니스다. 하지만 그 수입은 결코 사이버 상에서만 존재하고 마는 것이 아니라 실제적인 오프라인 수입으로 창출되고 있다. 이러한 인터넷의 경제성 그리고 편리성이 융화된 시대상 속에서 포털에 대한 이해를 통해 인터넷 세상을 소개하고자 한다.

1. 포털 사이트

포털 사이트들은 각양의 특색과 강점을 가지고 사용자를 끌어당기고 있다. 우선 포털은 사역자들이 정보를 쉽게 얻을 수 있는 좋은 문이자 창이다. 한 예로 자신의 사역에 어떠한 장비가 좋은지를 알아보는 데에도 검색이 용이하다. 그 장비의 세부 사항, 버전의 종류에 이르기까지 좋은 정보를 전달해 준다. 심지어는 어느 곳이 저렴한지 가격 비교까지 가능하다.

현재 인터넷상의 키워드인 검색 서비스만 하더라도 수많은 포털 사

이트들이 서비스를 하고 있는데 그 검색의 종류도 다양하다. '네이버
(Naver)'는 소위 지식인 검색으로 유명하다. 자연어 검색이라고도 하
는 '네이버' 검색은 원래 지난 2000년에 '디비딕(Dividic)'이라는 실
패한 서비스를 부활시킨 문장 검색 시스템인데 장문을 넣어 비교적 꼭
필요한 지식을 얻게 하는 장점이 있다. 하지만 답변들이 흥미 위주로
흐르는 단점이 있다. 그 외에도 커뮤니티 검색은 '다음(Daum)', 인물
검색은 '엠파스(Empas)', 이렇게 전문화된 검색으로 그 사용 효과를
높일 수 있다. 최근에는 UCC 사용자들을 위한 동영상, 사진 검색이
잘되는 포털이 인기이다. 우리는 인터넷을 무한한 무료 정보를 얻는
공간으로 생각하지만 그것은 착각이다. 그것은 사실 무료가 아니라 회
원으로 참여함으로 개인의 정보를 넘겨주고 받는 혜택인 것이다. 세상
에 공짜는 오직 복음밖에 없다.

선교사들은 이러한 관계 속에서 웬만한 지식들을 검색을 통해 습득
하고 활용할 수 있고 더불어 의료 지원, 콘퍼런스(Conference), 무료
또는 할인 혜택 등 각 선교 단체 및 제휴 업체에서 제공하는 선교사를
위한 특별한 인센티브나 서비스를 제공 받을 수 있다. 웹의 창시자 팀
버너스 리는 신 개념의 차세대 웹, '시맨틱 웹'을 통해 대규모로 자료
를 교환하는 프로젝트를 진행 중이다. 시맨틱 웹은 한마디로 자료 망
으로서 단지 문서만을 상호 교환하는 일반 웹에 비해 일반적인 형대로
자료를 교환한다. 또한 시맨틱 웹은 자료가 실제의 대상과 어떻게 연
결되는 지를 기록하는 언어이다. 그 언어 때문에 사람이나 컴퓨터가
한 가지 데이터베이스 안에서 시작해 하드웨어가 아닌, 동일한 내용으
로 연결되는 수많은 데이터베이스로 옮아가는 일이 가능하게 되는 것
이다. 바로 생각하는 인공지능형 검색 시스템이다. 입력 단어를 통해

단순하게 정보를 제공하는 것이 아니라 검색자의 사용 히스토리 (History)를 통해 원하는 정보에 가장 근접한 정보를 제공해 주는 것이다. 이러한 기술이 개발된다면 성경공부에 도움을 주는 포털 사이트가 만들어 질 수도 있다.

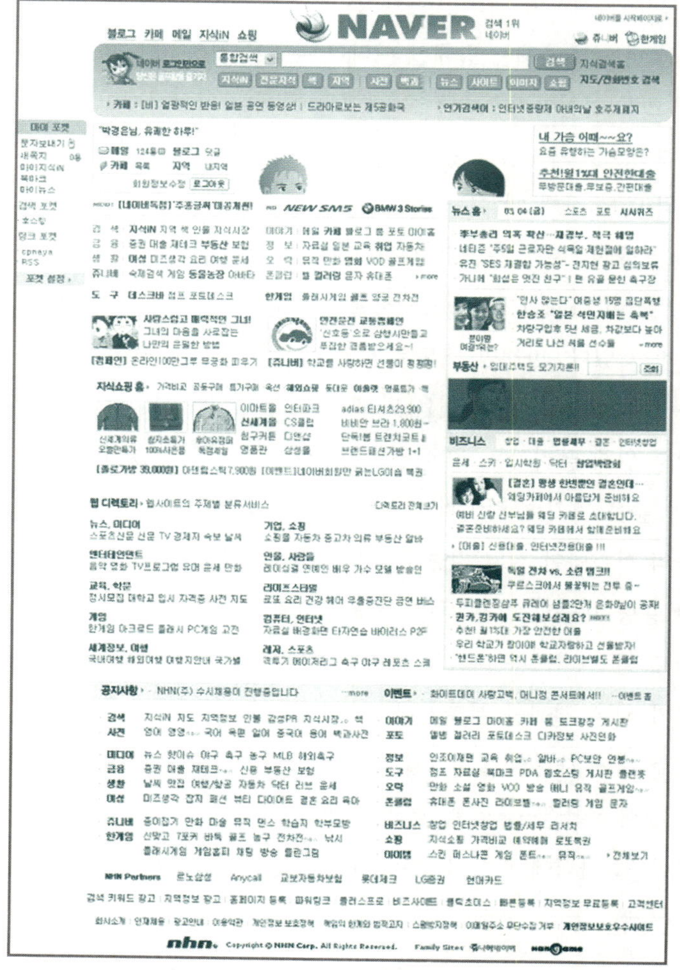

포털 사이트 네이버 닷컴

그 다음으로 쉽게 사용 가능한 서비스는 바로 '블로그(Blog)' 이다. 1994년에 저스틴 홀(Justin Hall)이 시작한 블로그는 웹(Web)과 일지를 뜻하는 로그(Log)의 합성어로, 개인의 일지, 감상, 논평 등을 시간의 흐름에 따라 웹에 올려 놓는 것을 말한다. 주제에 관계없이 자유롭고 비형식적이며 때로는 논쟁적이다. 지극히 개인적이기도 하지만, 그러한 다수의 존재는 방대한 미디어 파워를 형성한다. "1인 미디어의 혁명"으로 일컬어지고 있는 블로그는 차세대 커뮤니케이션의 새로운 패러다임으로 자리잡고 있다.

특히 9.11 사태 때 어느 블로거(Bloger)의 뉴스가 텔레비전 뉴스보다 더 정확한 뉴스 전달로 각광받기 시작했다.[40] 현재 대부분의 포털 사이트들이 블로그 서비스를 시행하고 있고 기독교 포털에서도 제공 운영하고 있다. 하지만 대부분 사용자들의 주소는 '싸이월드' 에 두고 있는 것이 현실이다. 그것은 바로 2007년 현재 가입회원 1000만 명 시대를 위해 달려가는 '싸이월드' 가 사람들이 가장 많이 모이는 일종의 물 좋은 인기 클럽이기 때문이다. 기독교 포털들이 제공하는 블로그들의 시스템이 결코 기능상 뒤떨어지는 것은 아니지만 날이 갈수록 무한 용량 제공과 같은 물량 공세와 다양한 시스템 개발을 통해 업그레이드 된 서비스를 기독교 포털은 발맞추어 갈 수 없기 때문에 사용 빈도가 낮은 결과를 부추긴다. 따라서 선교사들도 굳이 기독교 포털 사이트 내에 자신의 블로그를 만들려고 하지 말고 사람들이 많이 활동하는 곳에 주소를 둘 것을 권하고 싶다.

또한 웹 사역에 관심이 있어 비용을 들여 홈 페이지를 만드는 것보

---

40) 레베카 블러드, 정명진, 블로그 (서울:전자신문사, 2003), 12-19.

다는 블로그를 통해 비용을 들이지 않고 웹 사역에 대한 기반을 다지
는 것을 적극 권장한다. 처음부터 웹 페이지를 제작할 경우 약간의 시
행착오가 뒤따른다. 의욕은 앞서지만 현실적으로 관리를 하지 못할 때
가 많다. 그러한 때에는 오히려 자신이 페이지 운영자가 되기보다는
블로그를 통해 서포터즈(Supporters)를 형성, 그들이 직간접적으로
페이지를 운영하도록 도울 것을 제안한다. 그러한 진행에서 점점 인터
넷에 친숙해지고 직접 사역하는 단계까지 이르게 될 것이다.

이제는 인터넷 관리사가 생겨나고 각 홈 페이지 게시판을 관리하는
업종이 새롭게 등장하는 시대이다. 웹 사이트 관리도 이제는 분명한
노동이고 일이다. 앞으로 인터넷을 이용하는 크리스천들은 인터넷을
사용하는 시간과 노력의 십일조를 모아 선교지로 보내는 일이 필요할
것이다. 이러한 기반과 웹 서비스에 대한 개념과 장점을 이해한 선교
사들의 의지가 합쳐진다면 사역에 보다 효과적인 결과를 거둘 수 있을
것이다.

2. 서비스

일반 포털 사이트에서 특별한 웹 기능 서비스는 메일을 위해 1기가
용량에서 무한대까지의 서비스 등을 기대할 수 있다. 기독교 포털 사
이트에서는 다른 각도의 서비스들을 제공된다. 각 기독교 사이트에서
운영하는 서비스를 통해 그 예를 발견해 보고자 한다.

첫 번째로는 사역자들을 위한 맞춤 홈 페이지 제작이 가능하다. 선
교사들은 한국어로 제작된 개인 또는 단체를 위한 홈 페이지 제작 및
운영 서비스를 선교 포털 사이트를 운영하는 단체에서 제공받을 수 있

다. 양질의 솔루션 프로그램을 제공하는 단체들의 솔루션을 통해 선교사들이 직접 카테고리를 설정하거나 메인 페이지 그림을 바꾸어 사용할 수 있는 편리한 홈 페이지를 제공받을 수 있다. 이와 더불어 선교사들은 자신이 운영하는 홈 페이지 또는 단체의 페이지에 관련 무료 홍보 배너를 띄울 수 있는 혜택이 주어지기도 한다. 언급했던 것처럼 정보를 전달하기 위해서는 잘 꾸며진 웹 사이트도 중요하지만 그것을 잘 보여질 수 있도록 지원하는 노력도 중요하다. 실제로 커뮤니티와 블로그 등을 무료로 제작 지원하는 대부분의 포털 사이트를 비용을 들여 이용하는 사용자는 없다. 그러나 실제로는 포털 사이트를 통해 보여지는 검색 광고 또는 일반 배너 광고를 보는 것만으로 사용자는 그 비용을 지불하고 있다고 보면 된다. 요즈음 회사는 불확실한 고객에게 물건을 팔거나 서비스를 하지 않는다. 고객 대상을 정하고 동향을 분석한 뒤 제품이나 서비스를 공급한다. 결국 회사는 고객에게 보다 적극적이고 구체적인 참여를 요구하기 시작한다. 물론 그 참여의 대가로 끊임 없는 여러 가지 서비스와 혜택이 있다고 볼 수 있다. 우리가 즐겁게 사용하는 블로그, 검색 등의 서비스는 이러한 관계 속에서 상호 개념을 가지고 있다. 인터넷상의 배너 광고, 메일링(Mailing)을 통한 정보성 광고, 그리고 검색할 때 보이는 배너들은 광고적으로 큰 효과를 거두고 있고, 많은 업체들이 사이트 운영업체에 광고비를 지급하고 있다. 이러한 부분들을 영리 포털에서 서비스를 받는 것은 불가능하겠지만 조금만 적극적으로 움직이면 기독교 비영리 포털 사이트를 통해 배너나 뉴스 기사를 소개하고 광고할 수 있다. 이러한 광고도 긴 시간을 들여 노출된다면 어느 정도의 효과를 거둘 수 있겠다. 결과적으로 기독교 포털을 통한 혜택이 미비한 현실 속에서 기독교 포털과 사이트

들에서는 값없이 나누는 문화가 더욱 확산 되고, 실제로 선교를 위해
인센티브를 제공하는 일에 좀 더 관심을 가져야 한다고 믿는다.

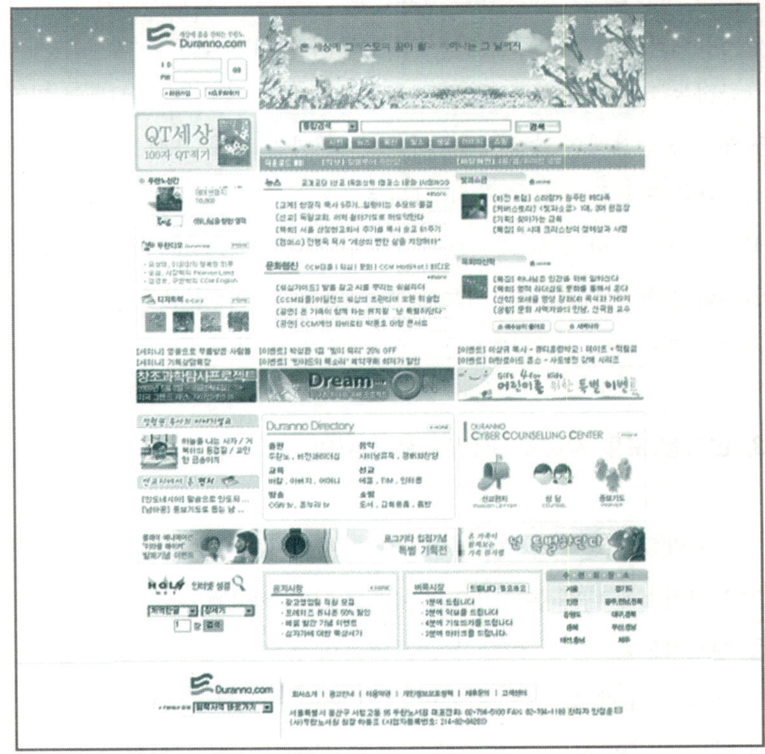

크리스천 포털 사이트 두란노 닷컴

다음으로는 기독교 포털 사이트에서 제공하는 특별한 맞춤 신학 정
보를 얻을 수 있다. 필자는 현지에 자료 보내기 "미라클(Miracle) 프
로젝트"를 통해 선교사에 한해서 협력하여 모아진 자료들을 비용 없이
공개하는 사역을 진행하고 있다. 따라서 포털 사이트 접속을 통해서
사역자들과 13,000명의 한인 선교사들에게 귀한 신학 자료가 전달되

고 선교지가 풍요로워지는 효과를 기대할 수 있다. 새롭게 설립된 I3M, 문서 선교 연합 "Operation Literatures"에서는 각국의 선교 사들이 사용할 수 있는 전도 자료들을 기독교 출판사 조이선교회, 예 영커뮤니케이션 그리고 전방 개척 선교지를 위한 전도용 책자를 제작 보급하는 100년 전통 독일의 "Call of Hope", 에이콘 출판 등과 같은 단체들과 연계하여 수집, 제공하는 신 개념의 선교 포털 사이트를 설 립 시범 운영 중이다. 이러한 사이트들이 활성화 된다면 세계 각국의 선교사들을 위한 전자 라이브러리가 탄생하게 되는 것이고 이러한 사 이트를 통해 양질의 신학 자료를 얻고 번역이 되어 공유된다면 인터넷 과 콘텐츠는 선교지 양육에 큰 기여를 하게 될 것이다.

3. 현지형 포털 사이트 운영을 통한 사역

　본 단락의 전반부에서는 일반적으로 사역자들이 사용할 수 있는 간 단한 서비스에 대해 논하였으나 이제는 보다 적극적인 포털 사용 방안 을 제시하도록 한다. 첫 번째는 사역자의 콘텐츠 제작을 통한 참여이 다. 선교사의 예를 들어 보면 많은 기독교 포털 사이트들은 선교사들 의 기도 편지와 사역지 뉴스 등을 통해 선교지와 한국을 잇기 원한다. 이러한 시스템을 통해 선교사들은 네트워크를 형성할 수 있고 중보 기 도, 실제적인 지원 등으로 연결되는 효과를 거둘 수 있다. 두 번째로는 현지어로 제작된 인터넷 선교교회나 현지어 포털 사이트를 만들어 운 영하면서 장기적으로 선교와 수익 창출의 두 마리 토끼를 잡을 수 있 다는 점에 주목하기 바란다. 현지는 대부분 기술적으로 인터넷 환경이 좋지 않은 곳이 많다. 그러나 곧 발전할 것이고 그 전에 한국형 포털 사이트들이 사용했던 운영 노하우 등을 습득하여 배치, 운영할 때 큰 효과를 거둘 것으로 기대한다.

아프가니스탄이나 우즈베키스탄의 경우 국가의 발전을 위해 인터넷 기술이 도입을 적극적으로 유치하고 있다. 개발도상국의 경우 새롭게 설치하는 입장이기 때문에 우리나라의 첨단화와 별반 다를 것이 없다. 베트남의 경우 경제 및 인터넷 사용 및 이를 위한 발전 속도는 우리가 상상할 수 없을 정도로 연평균 20%의 발전 증가율을 보이고 있다. 인터넷 선교 사역은 비 거주 사역이 가능하다. 현재 여러 지역의 선교사 또는 사역자들이 한국 포털 사이트의 성공을 바라보며 현지형 포털 사이트를 만들어 운영하며 결실을 우해 심고 다지는 시간을 가지고 있다.

인터넷 사역은 전문가 집단만의 전유물이 아니다. 웹 기획자는 대부분 일반 기획자들이 하고 있고 디자인이나 프로그램도 학원에서 6개월 정도를 습득하고 시작하는 경우가 많다. 선교사들은 웹 디렉터(Web Director)로서 이러한 부분을 인지하고 사역자들을 배치하는 데 주력하면 될 것이다. 이에 대해 한국의 선교 본부는 인터넷 베이스 캠프가 되어 네트워크를 통한 인력 지원, 컴퓨터와 같은 하드웨어 지원, 디자인 프로그램, 솔루션과 같은 기술 지원, 나아가 보다 복합적인 서버 구축 지원에서 해킹 방지를 위한 보안 지원까지 웹 세계 선교 사역을 위한 기반 영역을 마련해야 할 것이다. 이러한 개념을 통해 각 분야의 사역자들과 선교사들이 먼저 눈을 뜬다면 보다 효과적인 사역 성과를 거두지 않을까 기대한다. 구체적인 시도로 인터넷 환경이 좋고 아시아 지역 선교 베이스 캠프로서의 역할이 용이한 필리핀 바기오 침례대학 내 선교훈련센터에서 각국의 선교사 지원자들을 통해 인터넷

선교가 교육되고 있으며 이를 기반으로 한 장기간 이론 및 실기 교육
이 가능한 IT 선교센터 설립이 추진되고 있다.

바기오 PBST에서 강의 후 교수진과

제9장

선교사의 고정 관념을 깨는 인터넷 선교사

1. 인터넷 선교사의 개념

인터넷 선교사는 이전 세대에서는 발견할 수 없었던 새로운 개념의 선교사이다. 인터넷의 탄생과 확산이 불과 얼마 전의 일이기 때문이다. 전통적인 선교사의 개념과는 다르지만 새로운 선교사 패러다임의 영역인 비 거주, 전문인 선교의 영역에서 이를 이해하면 좋을 것이다. 1590년에 네덜란드 싸라비아(Ssarabia) 목사는 웨스트민스터 신학교의 학장을 지내던 당시에 마태복음 28장 19-20절의 말씀을 인용하여 '사도에게만 국한된 것이 아니고 그리스도의 제자 된 모든 자에게 적용된다는 것이다' 라고 주장, 이에 기초하여 만인선교사주의(All Believer's Missionarihood)를 주장하였다.[41] 하지만 이러한 개념

---

41) James M. Phillips & Robert T. Coote, *Toward the 21th Centry in Christian Mission* (Michigan: Erdmans Pub), 271.

위에 인터넷 선교사는 누구나 지원할 수는 있지만 그렇다고 해서 기본적인 지식이 없는 가운데 아무나 할 수 있는 사역은 아니다. 하지만 그 지식은 대학에서 배우는 것이 아니다. 전공을 하거나 특별한 기술이 없어도 오히려 할 수 있는 것이 인터넷 선교사라 한다면 자격 없이 아무나 무턱대고 할 수는 없고 해서도 안 되는 것이 바로 인터넷 선교사라고 말할 수 있다. 어쩌면 전통적인 선교사보다 더욱 어렵고 집중과 헌신을 요구하며 저변이 확대되지 않은 현 시대에서 외롭고 고독한 사역의 길이 될 수도 있다.

인터넷 선교사의 영역은 중보 기도와 사역의 에너지를 모으기 위한 네트워크 형성 주체로서의 사역이 있고, 커뮤니케이션을 위한 통신 영역을 담당할 수도 있다. 위에 열거한 기획, 디자인, 프로그램 등 전문 기술 영역에의 헌신이 있을 수 있고, 여기에 더하여 운영과 전통적 선교 이해와 영성, 리더십이 요구된다. 인터넷 선교사는 전문인 선교사이자 인터넷 사역지를 지키는 사람들로서 어디에 거주하든지 언제나 현지로 나아가거나 나아가 있는 심령으로 사역해야 한다. 그들은 결코 현지에는 가지 않으면서 선교사의 호칭만을 소유한 소극적이고 무늬만 선교사인 삶을 사는 것이 아니라 선교적 전문성과 인터넷이 매개체가 된 미래지향적 전문성을 가지고 선교를 위해 헌신하고 사역하는 실제적인 일꾼들이다.

토마스 제이콥스(Tomas Jacobs)라는 신부가 인도네시아에서 있었던 강연에서 '복음을 전하기 위해서 무엇을 가져가야 하는가?'라는 청중들의 질문에 "부채(Fan)만 가져가라."라는 말을 하였다. 그 말을 들은 청중들은 어리둥절하였다. 불을 가져가라, 열정을 가져가라면 모르겠는데 부채만 가져가라니 도대체 그 부채가 무엇을 의미하는 것이란 말인가? 이러한 사람들의 궁금증 앞에 그는 "복음은 이미 세계 곳곳에 존재한다. 하지만 그 복음의 불을 일으키는 부채가 있어야 한다."라고 말했다고 한다. 이제 선교지마다 복음은 존재한다. 복음이 없거나 몰라서 믿지 못하는 민족과 사람들은 점점 줄어들고 있는 추세이다. 복음은 전달되었지만 그 역할을 제대로 하고 있는 선교지를 만들어야 한다. 그 불을 일으키는 힘은 전방뿐 만이 아니라 후방에서도 지원되어야 한다.

인터넷 선교사 파송식

1) 파송 선교사와 Co-Workmanship

인터넷 선교사는 단순하게 현지 또는 한국 내의 인터넷 관련 부분만을 지원하는 개념이 아니라 네트워크 형성과 현지와의 연결고리 역할을 각 선교 팀들 안에서 감당하는 것이다. 인터넷 선교사가 담당하는 선교 영역은 중보 기도, 통신, 디자인(기술), 프로그램(기술), 기획, 선교 정보, 찬양, 긍휼로 나누어질 수 있다.

중보 기도팀은 각 팀의 중추 역할을 하는 곳으로 선교 현지의 상황과 선교사들의 기도 제목 그리고 전체 인터넷 선교 사역에 대한 개척자로서의 전반적인 사역에 대한 기도 팀을 구성, 인도하는 사역을 맡는다. 중보 기도를 위한 이벤트를 주도하고 준비하며 섬긴다.

통신 팀의 역할은 선교지와 국내간의 통신을 전담하며 각 선교지 여건상 원활하지 않은 통신 문제를 연구하고 기록을 상세하게 남기는 작업을 한다. 디자인과 프로그램 팀은 각 인터넷 선교교회의 웹 상에 보여지는 교회의 기술적인 부분을 맡아 유지 보수하는 역할을 감당한다. 기획팀은 인터넷 선교교회에 대한 기획에서부터 오프라인 선교 부분에 이르기까지 전체적인 기획을 감당한다. 웹 기획 전문가와 일반 기획 전문가가 요구되며 또한 인터넷 단기 선교 팀을 구성하여 필수적으로 현지 아웃리치(Out-reach), 답사 등을 할 수 있도록 기획 조직한다.

선교 팀은 선교 일반에 관련된 정보를 수집하는 곳으로 창의적 접근 지역에서 필수적으로 요구되는 선교 정보, 보안 문제 등을 다루고 보안 문제와 관련하여 각 팀의 웹 프로그래머들과 긴밀한 협력 관계를 유지하고 공동 연구를 한다.

찬양 팀은 각 나라 현지의 언어로 된 찬양을 제공하는 영역으로 먼저 시장을 조사하고 필요 시에는 현지 언어로 된 찬양 앨범을 자체 제작한다. 콘텐츠를 위한 구체적인 도움은 현지어 찬양 보내기 운동의 일환으로 'Our Song Ministry' 본부와 같은 곳에서 지원받을 수 있다.

현지어 찬양 보내기 아워송 사이트

긍휼 팀은 기본적으로 선교사 후원 정책에 맞추어 서비스를 제공하고 현지의 필요와 연결시킬 수 있는 사역을 소개하는 역할을 감당하는, 제공자와 수혜자를 연결하는 일종의 복덕방과 같은 역할을 감당하는 것이다. 이상과 같은 맥락을 볼 때 인터넷 선교는 단순하게 IT 전문가만이 하는 일이 아니라 인터넷을 매개체로 하여 모든 재능과 영혼을 사랑하는 마음을 가진 사람들이 모인 선교 연합체라고 인정할 수 있다. 인터넷 선교사의 선교 전략은 전문인 선교사와 사역의 내용이 동일 또는 유사하다.

2) 기능적 분야 주도

인터넷 선교사는 인터넷에 대한 비전을 가지고 현지 사역을 하는 선교사들과 사역을 진행하지만 꼭 인터넷이나 IT 분야의 전문가만이 현지 인터넷 선교 사역을 할 수 있는 것은 아니다. 현지 선교사들에게 인터넷 기술력과 기획력을 제공하는 것은 국내의 비 거주 인터넷 선교사의 우선되는 역할이라고 할 수 있겠다. 따라서 이러한 기술적인 부분을 공동으로 연구하고 주도적으로 개발하는 것이 바로 인터넷 선교사의 전문가로서의 역할이라고 할 수 있겠다. 디자인 부분도 각 현지에 맞는 디자인을 연구해야 할 것이고, 기독교가 쉽고 편하게 어필 될 수 있도록 끊임없이 노력해야 한다. 프로그래머들은 현지의 보안 상황을 면밀히 검토하고 보안적으로 시스템을 개발하여 인터넷 사역자들에 대한 박해와 공격을 막아 내는 임무를 수행한다.

전체 기획자들은 사역 본부와 긴밀히 협조하는 가운데 인터넷 사역의 전체적인 구도를 보아가면서 각 현지 팀의 역할에서 필요한 기획을 제공하고 조직할 수 있도록 한다. 기획은 보다 체계적이고 검증되어야 하며 다방면의 지식과 재능을 요구한다.

3) 본부 사역 선교사로서 동역

선교 사역의 현장은 현지이다. 그러다 사역 본부는 인터넷 선교 사역의 중추적인 역할을 섬기는 장소이다. 인터넷 선교사는 인터넷이라는 도구를 가장 적극적으로 활용하는 인터넷 선교의 중추라고 할 수 있다. 그들의 영역을 통해 보다 많은 비전이 정리되어 나누어지며 개발 연구가 거듭되어야 할 것이다. 사역 본부 사역자들은 각 전문 분야의 연구원으로서 세계 현지에 세워지고 운영될 인터넷 선교교회의 모델을 연구, 제작하고 테스트, 검증의 단계를 구축한다. 그러나 현지의 인터넷 사역이 발전하여 본부의 역할을 감당할 수 있도록 지원하는 것이다.

인터넷 선교사는 단순한 기술력 제공에 그치는 것이 아니라 인터넷을 매개체로 한 기술, 신학, 선교학적 배경을 가장 효과적인 전도 수단으로서 인터넷상에서 요리하고 소개하며 현지의 선교 사역을 보강케 하는 역할을 감당하는 것이다. 인터넷 선교사의 궁극적인 목적은 인터넷 상의 온라인 전도에만 그 의미를 두는 것이 아니라 온라인 상의 활동이 오프라인 상에 이어질 수 있도록 하는 역할을 감당한다.

4) 사역 구조를 국내에서 현지로

인터넷 선교에서 현지인들을 위한 인터넷 선교교회의 설립이 제일의 목적이라면 그 목적으로 위해 필수적으로 제공되어야 할 원동력의 기반을 만드는 일 또한 중요하다. 이러한 인터넷 선교 사역의 일환으로 세계 각지의 선교사들의 웹 디렉토리를 수집 연결하고 오프라인 상에서의 활발한 교류를 통해 선교사 네트워크를 형성하여 그들의 필요와 기도를 정리하고 모아 선교 전략을 세우고 필요한 부분을 지원하도록 하는 사역도 중요하다.

또한 국내의 인터넷 사역 관련 이외에도 내재되어 있는 선교의 비전을 소유한 영혼들을 모아 집결하여 선교지로 연결시키는 역할도 감당한다. 따라서 국내 거주 인터넷 선교사라 할지라도 자산의 파송지에 대한 확실한 이해와 비전을 가지고 정탐 여행, 교육 여행 등을 통해 단순한 비전 여행(Vision Trip)으로서가 아닌 짧은 시간이라도 효과적인 선교 활동의 열매를 거둘 수 있는 전문적인 선교사의 독특한 역할을 감당케 하는 것이다. 여기에서 우리는 단순한 비전 여행과 인터넷 선교사의 단기이지만 전문적이고 전략적인 선교지 방문의 의미를 달리해야 할 것이다. 그것은 바로 짧지만 굵은 흔적을 남기는 것이다.

5) 비거주, 거주, 전문인 선교사

비거주, 거주, 전문인 선교사는 자신이 서 있는 자리에서 선교를 위해 나름대로의 어려운 역할을 감당하고 있다. 자신들의 직업에 충실하면서 일정량의 선교 사역을 감당하며 빛도 없이 이름도 없이 뒤에서 애쓰는 섬기는 자의 모습이 되어야 할 것을 잊지 말아야 한다.

이러한 사역을 감당하기 위해서는 보다 철저한 영적 수양과 바탕이 있어야 하며, 나태함을 배제하기 위해 성경을 통한 양육과 교육이 지속적으로 공급되어야 할 것이다. 이들의 영성이 바탕이 되어 전공과 전문적인 기술력을 효과적으로 현지에 쏟아 내는 것이다. 현 시대의 전문인 선교사는 그 사역 비중을 넓혀 가고 있다.

2. 인터넷 선교 전문인 사역자를 세워야 하는 이유

교회 안에서 '인터넷 선교', '인터넷 교회'라는 말은 이제는 익숙한 단어가 되었다. 인터넷 사용자들은 DMB, 와이브로(Wibro)[42] 등의 첨단 기술을 통해 풍성한 콘텐츠의 세상 속에서 수많은 정보들로 부요하다. 그러나 "IT 코리아"지만, "IT 크리스천 코리아"는 아니라는 사실을 간과해서는 안 된다.

인터넷 세대는 10년의 주기를 통해 크게 변한다. 10년을 통해 인터넷의 새 역사가 창출된다. 아니 더 짧아질 수도 있으리라. 많은 교회들이 홈 페이지라는 개념도 없던 시절을 지나 이제는 대부분의 교회가 홈 페이지를 통해 정보를 전달하고 세상과 대화하고 있다. 전도와 선교에 적극적으로 인터넷을 도구를 사용하는 단체도 늘어나고 있다. 인터넷 선교회, 인터넷 교회, 인터넷 기독교 라이브러리, 인터넷 기독교

---

42) 와이브로[wireless broadband], 약어: wibro
핸드셋, 노트북, 개인 휴대 정보 단말기(PDA), 스마트 폰 등 다양한 휴대 인터넷 단말을 이용하여 정지 및 이동 중에서도 언제, 어디서나 고속으로 무선 인터넷 접속이 가능한 서비스. OFDMA/TDD(Orthogonal Frequency Division Multiple Access/Time Division Duplex) 방식의 광대역 무선 전송 기술을 사용하여 상하향 비대칭 전송 특성을 갖는 IP 기반 무선 데이터 시스템이다. 2.3GHz 주파수 대역의 고속 휴대용 인터넷 서비스이다.

쇼핑몰, 포털 사이트들이 존재한다. 하지만 인터넷과 IT 분야의 활용도를 물으면 정작 크리스천들은 대답하지 않는다. 혹은 기대는 많이 했지만 실망만 했다는 부정적 대답이 돌아 올 때도 있다. 이러한 현상 속에서 우리는 IT에 대한 기독인들의 올바른 이해가 인터넷 선교 제 2세대의 서두에서 필요하다고 본다.

첫째로 IT에 대한 바른 이해가 요구된다. IT는 교회 내에서 적극적으로 활용할 수 있는 하나님의 선물이다. IT, 즉 정보 기술(Information Technology)을 풀어서 말한다면 바로 선교와 전도이다. 구전, 양피지, 파피루스, 종이가 성경을 표현하는 도구로 이어져 왔다. 인터넷과 그 안의 콘텐츠 표현 기술은 그러한 역사를 잇는 표현 도구이다. 교회가 교회다워지고 풍요로워지는 사역 요소는 바로 "선교"이다. 전투에서 공군과 같은 역할을 하는 21세기의 그 길은 바로 인터넷 라인이다. 우리가 직접 가는 선교, 방문하는 전도가 있지만 인터넷은 21세기 현대인을 최대한 이해하며 다가갈 수 있는 선교의 도구이다. 특별히 복음 전파가 어려운 지역에는 침투가 가능한 수단이 되고 있다.

두 번째로 IT 2세대적인 교회 대응이 필요하다. 지난 10년간 교회는 일반 영리 업체를 통해 교회의 IT 사역을 주도케 하였다. 하지만 교회 홈 페이지는 보다 영적이어야 한다. 음란하고 현란하다고 배제하고 금기 시 하는 것이 아니라, 그 곳에 성령의 기름 부으심이 넘치기를 더욱 기도하자. 디자인이나 프로그램이 성령 충만한 가운데에서 교회를 세우듯이 경건하고 은혜 가운데에서 제작되어야 한다. 교회 홈 페이지들을 기대감을 가지고 제작하였지만 업체와의 커뮤니케이션이 잘 되지 않아 때로는 애물단지로 취급되기도 하였다. 따라서 가능하다면 교회 안에 IT 전문가를 세워야 한다. 어플리케이션을 만들고 중재하며 세속화 되지 않은 인터넷 사역을 추구해야 한다.

20년 전만해도 전문 찬양 사역자, 행정 교역자가 없었다. 그러나 현대 교회는 경영 철학을 하나님의 원리대로 활용, 행정 전문 교역자를 세우고 찬양 사역자들을 통해 전문적인 예배 사역을 펼쳐 나가고 있다. 이러한 현실 속에서 우리는 기독교 IT 전문 사역자가 요구됨을 알 수 있다. 지금까지의 일반적인 이해로 교회 내의 IT 사역은 인터넷 사용에 관심과 재능을 가진 젊은 청년들을 중심으로 한 자원 봉사 사역의 개념이 아니라 교회 내의 감초와 같이 모든 사역의 한 부분인 정보 관리, 전달, 리서치, 네트워크 망 유지, 구축, 교육을 전문적으로 섬기는 부서로 지정할 것을 제안한다. 비용에 부담스러워 하기보다 교회 내의 IT 전문인들을 동역자로 세우고 권한을 부여하며 전임 사역자와의 조화를 통해 다양하고 효과적인 네트워크 사역을 충분히 실현시킬 수 있다.

더불어 선교지에서 IT인은 특별한 권한을 부여 받고 있다. 선교사를 배척하는 선교지의 입장에서도 IT 전문가는 대 환영이다. 이것은 어쩌면 바울이 로마의 시민권을 가졌던 것과 같은 21세기의 특권이라고 말할 수 있다. IT 크리스천은 단순하게 결코 교회의 첨단화, 현대화만을 외치지 않는다. 오히려 그들은 자신들의 세속적인 일터, 지쳐 있는 IT 사업 속에서 하나님의 말씀으로 위로 받기를 원한다. 사역과 연결되지 않는 IT 사업은 쳐다 보기도 싫을지 모른다. 그들의 생각을 대변한다면 삶의 목표는 오히려 오프라인 상의 부흥이고 사이버 상의 성역을 만드는 것이 아니라 믿지 않는 자를 천국 백성으로 만드는 것이다. 그들은 단지 자신들의 재능이 선교 사역에 쓰임 받기를 원한다. 교회 리더십은 이러한 IT가 전통적인 선교 방식을 파괴하는 요소가 아니라 전통을 더욱 든든하게 하는 역할을 한다는 것을 알아야 한다. 이러한 개념으로 교회 안의 IT인들에게 그들만이 할 수 있는 분명한 영역을 제시하고 전문가를 세워 미래 사역을 준비하고 발전시켜야 할 것이다.

셋째로 이제는 콘텐츠 시대이다. 교회는 기술적인 발전에 기대하지 말고 보다 적극적으로 콘텐츠 개발에 관심을 가져야 한다. 인터넷 세상은 이제 CCU 세상, 콘텐츠 세상이다. 구글(Google)은 보다 방대한 지식 기반 구축을 위해 협력 업체에 막대한 인센티브를 제공하면서까지 그들과의 협력을 중요시 하고 있다. 하드웨어 기술은 날이 갈수록 발전하고 있다. 우리가 마음먹은 것은 모두 다 표현이 가능하다. 영화는 이제 우리 상상 이상의 표현이다. 기술은 엄청나지만 우리가 접할 수 있는 기독교 인터넷 콘텐츠는 얼마나 되는가? 인터넷을 위해 전문적으로 연구 개발된 콘텐츠가 얼마나 되는가? 우리의 차세대들은 핸드폰과 인터넷을 그들의 몸의 일부처럼 생각한다. 그들은 길을 걸으면서도 TV를 시청하고 세속적 콘텐츠에 몸과 마음을 맡겨 그것들과 대화하며 즐기고, 웃고, 울며, 감동한다. 하지만 우리가 그들의 마음에 들려줄 수 있는 기독교 콘텐츠는 무엇이고 얼마나 되는가? 믿는 자를 더 풍요롭게 하는 콘텐츠가 아닌 믿지 않는 자를 위한 콘텐츠는 어디에 존재하는가? 그들이 눈을 뜨면 묵상을 클릭하고 찬양을 들으며 말씀을 통해 상담 받고 바른 길을 찾도록 세상에 대응하는 양질의 콘텐츠를 공급해야 한다. 그것은 바로 전통 교회의 관심과 배려 속에서, 생각과 발상의 전환을 통해 건강하게 형성될 것이다.

인터넷 속에서도 존재하는 복음을 통해 우리는 성령의 역사하심을 발견한다. 인터넷을 통해 만나고, 생명을 얻으며 삶의 보람을 찾아 길을 걷는 사람들이 있다. 익숙하지 않거나, 만져지지 않아도 무시할 수 없는 사실이고 현실이며 증거이며 역사이다.

3. 기능적 구조

1) 기능적 전문가 집단의 모임

(1) 각 분야의 전문성 통한 협력

인터넷 선교 안에는 각 분야의 전문가들이 사역을 한다. 한 예로 인터넷 선교의 모델이 되고 있는 기독 사이트를 보면 상담, 찬양, 방송, 교육, 미술, 언어 등 각 분야의 전문가들이 콘텐츠 제작에 공헌한다. 이러한 상황에서 각 분야의 전문가들은 자신들의 분야만을 고집하는 것이 아니라 협력과 융합 속에서 최상의 콘텐츠를 제작한다. 또한 서로의 분야를 존중하고 협력하는 가운데에서 서로의 전문성을 이해하며 아름다운 크리스천들의 하모니를 이루게 된다. 모든 은사와 달란트는 하나님께서 선하게 창조하신 것이고 그 모든 것들이 영혼을 구하는 도구로 사용될 때 온전한 자리를 찾는 것이라고 할 수 있다.

(2) 개별 사역을 고려한 구조

인터넷 선교사는 각자의 시간 관리와 배치가 최대의 관건이라고 할 수 있겠다. 각자의 사역 이외에도 각 교회의 사역들이 있기 때문에 시

간을 배분하는 것이 어렵다. 그러나 인터넷 선교사로서의 개념을 최우
선으로 하여 각 직장과 교회에서의 사역을 임하는 것과 인터넷 선교
사역을 부속적인 입장에서 감당하는 것은 다르다고 본다. 따라서 인터
넷 선교사는 생활 전도자로서 각자의 삶의 터전에서 선교에 대한 불씨
를 제공하고 알리며 기도 요청을 하고 인터넷 사역 인프라를 형성하는
역할을 감당한다고 생각하여야 한다. 이러한 개념 속에서는 굳이 사역
을 몇 등분하여 부담감을 느낄 필요가 없다. 점심 시간에 직장의 동료
들에게 선교지의 사역을 전하고 기도를 요청하며 그들의 기술력을 지
원받도록 엮는 등의 사역이 바로 인터넷 선교사의 기본적 역할의 개념
이다. 우리는 개개인의 능력보다 그 이상의 넓은 네트워크를 형성함으
로써 그 에너지를 선교 현지에 제공하는 의무를 가진다.

(3) 매트릭스(Matrix) 사역 구조

매트릭스 사역 구조는 게레스 모건(Gareth Morgan)의 사회 이론
연구 중 조직 이론에 기초를 한 변형된 구조라고 생각할 수 있다. 그는
조직과 관리에 관한 많은 전통적인 생각들이 얼마나 당연시 되었는지,
특히 기계적이고 생물학적인 이미지에 기초하는지 제안한다. 그는 이
러한 전통적인 이미지 속에서 대안적 이미지를 창출하고자 하였고, 일
반적인 분석 방법을 통해 조직 관리와 개발을 위한 도구를 제공하고자
하였다. 인터넷 선교 사역을 위한 매트릭스 조직은 프로젝트 팀 구성
에 의한 보다 자율적이고 유기적인 조직이며, 중요한 결정 사항은 사
역 본부와 각 기능의 장들이 결정하고 관여하는 조직이다. 이 조직을
우리는 프로젝트 베이스 조직이라 일컫는다. 사역 본부의 각 팀은 본
부의 지도와 교육 하에 자율적으로 운영되며 각 나라별 팀은 파송 받

은 선교 현지를 중심으로 사역하게 된다. 또한 동시에 각 팀 안의 기능적인 부분들은 선교지별 팀장들이 이끌어 나갈 수 있는 능력의 한계가 있으므로 횡적으로 다시 만나 기능적인 연구와 개발을 도모한다. 따라서 매트릭스 구조상 팀장은 선교지별 팀장과 기능직별 팀장으로 나누어진다. 선교지 팀장은 아닐지라도 기능적인 부분에서는 전문성으로 팀장의 역할을 수행할 수도 있다. 따라서 선교지별 모임을 통해서는

인터넷 선교 사역 본부

────────── ↕ ──────────

	선교지	선교지	선교지	선교지
	↕	↕	↕	↕
본부 ↔	중보 ↔	중보 ↔	중보 ↔	중보
	↕	↕	↕	↕
본부 ↔	기획 ↔	기획 ↔	기획 ↔	기획
	↕	↕	↕	↕
본부 ↔	디자인 ↔	디자인 ↔	디자인 ↔	디자인
	↕	↕	↕	↕
본부 ↔	프로그램 ↔	프로그램 ↔	프로그램 ↔	프로그램
	↕	↕	↕	↕
본부 ↔	통신 ↔	통신 ↔	통신 ↔	통신
	↕	↕	↕	↕
본부 ↔	찬양 ↔	찬양 ↔	찬양 ↔	찬양
	↕	↕	↕	↕
본부 ↔	정보/긍휼 ↔	정보/긍휼 ↔	정보/긍휼 ↔	정보/긍휼

선교적인 사역을, 기능적 모임에서는 본부 사역, 중심 사이트 또는 메인 사이트를 중심으로 한 전문적 사역의 발전을 도모한다.

이상과 같이 현지 선교 사역 팀은 매트릭스 구조를 한 횡과 열의 조합을 통해 사역이 이루어진다. 종적인 각 선교지별 팀은 정기적인 월간 미팅을 통해 지속적인 교제와 현지를 위한 사역을 진행하고 횡적인 전문가 그룹의 모임은 분기별 미팅과 워크숍을 통해 발전시키고 연구한다.

AOL의 신임 CEO 조나단 밀러(Jonathan F. Miller)는 매트릭스 구조를 여러 중복 임무로 인한 비능률적인 면과 여러 지도자 아래의 비효율성을 들어 비판했지만 선교 사역은 직장과 같은 상하 구조가 아니기 때문에 오히려 이러한 매트릭스 구조의 사역이 현실적으로 가능하다.

2) 성경적 또는 선교적 지식 결여 부분에 대한 지속적인 교육

이러한 기능적인 선교 사역과 전통적인 선교 사역 부분의 효과적인 발전을 위해 지속적인 교육과 연구를 거듭할 것이다. 선교, 신학, 기술에 관련된 부분의 포럼과 세미나 및 워크숍을 통해 연구 개발하며, 자체적인 매뉴얼을 통해 보다 쉽게 알 수 있는 개념을 정립하여 전달한다.

이 분야는 앞으로 한국 교회 내에 아직 준비되지 않은 인터넷 선교 분야에 공헌할 것이며 대학 강의 수준의 신학적 바탕을 통해 펼쳐 나갈 것이다.

3) 새로운 개념에 대한 확신

인터넷 선교사의 개념은 비 거주 선교사 또는 전문인 선교사의 범주에 드는 것이다. 이 영역은 이미 각 단체에서 활발하게 진행해 온 선교사 모델이며 21세기의 창의적 접근 지역을 대상으로 선교하는 단체로서는 필수적인 선택이라고 할 수 있겠다.

이에 대하여 인터넷 선교사 자신이 자신감 있고 당당한 태도로 보다 책임감 있게 사역해 나갈 때 올바른 인터넷 선교사의 정의가 우리 스스로를 통해서 정립된다고 하겠다. 실제로 인터넷 선교사는 하나의 선교 단체로서, 또한 현지 파송 및 비 거주 전문인 선교사로서 적극적인 선교 활동을 통해 세계 선교에 이바지한다.

4. 각 팀 역할 세부

1) 중보 팀

한 나라를 놓고 눈물로 기도하며 기반을 마련하는 팀이다. 중보 팀을 중심으로 우리는 활발한 사역을 감당할 수 있다. 가장 먼저 본국의 네트워크를 통해서 중보 기도의 세력을 조성하는 것이다.

본 사역은 인터넷 선교 단체의 메인 운영 사이트를 통해 각 나라의 중보 기도 팀을 조성하고 섬기며 현지로부터 시시각각 제공되는 기도 제목들을 놓고 기도하는 막중한 의무를 수행한다. 또한 전체 사역에 있어서 정기 기도 모임과 같은 행사를 만들고 오프라인 상에서 섬기고 기획하는 임무를 맡는다. 이러한 사역은 대한민국 전체를 대상으로 할 수 있고, 전 세계를 대상으로 기도의 힘을 모으고 축적할 수 있는 가능성을 가지고 있다. 은사를 믿지 않는 신자는 없으며 모든 신자는 하나님의 영광을 위하여 은사를 사용해야 한다(고전 12장).

2) 통신 팀

각 나라별로 통신 팀을 지정하고 사역에 필요한 사항, 중보 기도 제목을 전달하고 전달받는다. 통신은 중요한 요소로서 사역 본부가 지정하는 선교지가 대부분 지리적으로 통신이 용이하지 않은 여건을 가지고 있다. 이러한 사항을 볼 때 통신을 통해 사역에 장애를 불러 일으킬 수 있으며 선교지와 본국간의 잘못된 커뮤니케이션을 통해 사역에 지장을 받을 수도 있다. 이러한 작은 실수나 잘못된 커뮤니케이션은 현지의 영혼들의 생명과 직결된 것이므로 섬세하게 진행해야 한다. 기본 수칙으로 메일 제목을 스팸과 구분되도록 구체적으로 사용하는 일, 내용을 짧고 명료하게 전달하는 법, 소속을 명확하게 밝히는 것, 답신은 가능한 한 신속하게, 첨부 파일의 자제, 유머는 신중하게 하는 등의 수칙이 있다.

가장 쉽게 사용할 수 있는 MSN의 메신저를 통한 통신은 서로간에 내용상 오해를 불러 일으킬 수 있는 여지가 많기 때문에 상당한 주의를 요구한다. 정기적이고 진지한 자세로 체계적인 통신 진행이 요구된다. 또한 각 팀의 통신원들은 각 사역을 통해 주고 받은 문건을 기록으로 저장해야 하는 의무를 가진다. 이것은 사역을 통해 발생할 수 있는 사고의 경로를 확인할 수 있게 하기 위함이다. 인터넷이 확산되고 발전하면서 단순한 해킹뿐 아니라 통신 관련하여 피싱과 보트(BOT) 등 여러 가지 사이버 범죄가 발생해 사용자들을 공격한다. 기도로 무장하고 기술로 막아내야 할 것이다. 평소 조금만 신경 쓰면 정보 보호 수칙을 생활화하고 사이버 범죄를 피할 수 있다. PC 옆에 안전 수칙 정도를 적어 놓는 것도 도움이 될 것이다. 아울러 귀찮다고 보안 패치를 안 했다가 낭패를 당하는 일 등을 막는 선봉장이 되어야 할 것이다.

3) 기획 팀

기획팀은 웹 분야를 통해 각 인터넷 선교회를 위한 전체적인 웹 기획을 비롯하여 각 팀당 세부적인 부분의 수정과 유지 콘텐츠에 대한 기획을 한다. 이 부분은 현지의 파송 선교사 또는 협력 선교사와 면밀히 검토하고 발 맞추어 나아가야 하는 사항이다. 일반적으로 기획은 기획 그 자체인 독창성, 치밀함, 기발함이 포함된 발상, 그 아이디어를 문서화 하는 기획서, 완성된 자료를 최종적으로 팀원 및 의사 결정자에게 설명하는 프레젠테이션의 세 요소로 구성되어 있다. 요소 중 어느 하나가 누락되어도 구성이 완료되지 못한다.

또한 일반 기획 부분으로서 찬양 팀을 위한 기획 또는 중보기도 팀을 위한 행사 기획, 선교 팀 모집 기획 등 현지 사역, 그리고 인터넷 선교 사역 전반의 사역을 위한 아이디어 뱅크가 된다. 나아가 현지 아웃리치를 위한 각 팀별 기획을 준비한다.

4) 디자인 팀

디자인 분야는 각 팀의 분기 또는 선교지의 요청에 따라 그림과 디자인 등을 교체하는 임무를 맡는다. 인터넷 선교교회는 기본적으로 단체들이 템플릿(Template)을 통해 운영할 수 있기 때문에 디자이너와 프로그램 등의 전문 분야 전공자는 전체 회의를 통해 횡적인 매트릭스 구조 속에서 더 많은 빛을 발하게 된다.

표현을 위한 창의력 그리고 그 창의력을 위한 표현력은 디자인 팀이 지녀야 할 가장 기본적인 자질이다. 풍부한 창의력이 결여된 표현력은 단지 기교적인 기술에 그치고, 어설픈 표현력으로는 창의적인 아이디어의 진면목을 보여 줄 수 없다. 또한 디자인 그룹은 각 현지의 인터넷 상황과 디자인 선호도를 조사 연구하여 가장 최적의 인터넷 선교교회 디자인을 제공하기 위해 노력한다. 현지의 컴퓨터, 디지털, 네트워크, 웹 기반의 특성과 제약 조건, 환경을 이해하고 그 환경 속 사용자들의 성향을 파악하고, 웹 디자이너들과 팀의 구조 속 역할에 대한 스스로의 명확한 정립이 필요하다.

5) 프로그램 팀

프로그램 분야는 특별히 현지의 보안을 고려한 안정적인 프로그램을 제시하고 연구 발전시키며 디자인 그룹과 같이 횡적인 구조 속에서 더 많은 활동을 감당하게 된다. 국가기간시설 보안조정센터(NISCC)의 자료를 인용한 어느 자료에서는 아시아 해커들이 돈이 되는 자료 및 정보를 빼내기 위해 영국 정부기관과 기업체 컴퓨터 네트워크를 공격한다는 보고가 있다. 해커가 웜, 피싱메일, 보트 등 악성 프로그램을 인터넷에서 유포하면 인터넷에 연결된 모든 국가 내 정보 시스템과 네트워크가 악성 프로그램 확산으로 속도가 느려지는 것을 비롯해 여러 가지 피해를 보게 된다. 따라서 인터넷으로 대변되는 사이버 공간은 국경 없이 하나의 공간으로 인식하고 대응하는 것이 필요하다는 목소리가 커지고 있다.

프로그래머가 많지 않은 상황에서는 한 나라를 담당한 프로그래머는 다른 나라의 사역을 보조할 수 있는 권한을 갖는다. 보안 관련 업무도 프로그램의 영역에 포함시킨다. 보안 정책 관련 연구 및 대책 마련 또한 프로그램 팀의 주관 하에 진행되어야 할 것이다.

6) 정보 팀

선교적인 지식과 정보를 종합 분석하고 보유하는 역할을 감당한다. 통신 팀으로부터 받은 내용을 정리하여 전체에게 뿌려 주는 역할을 감당하는 것이다. 또한 선교 현지의 인터넷 인프라와 발전 상황에 대해 수시로 조사 정보를 입수하고, 현지의 상황을 메인 페이지 상에 또는 인트라넷을 통해 리포트 형식으로 정기적으로 보고한다. 기자가 되어서 그 나라의 상황과 현실을 파악하고 기사화해서 알리는 의무를 갖는다. 또한 선교 마인드를 고취시킬 수 있는 교육에 대한 정보도 함께 수집 제공한다. '고도원의 아침편지'로 유명한, '아침편지지기' 고도원 집사는 소위 '전문 글쟁이'이다. 그의 편지는 북한을 제외한 러시아, 우즈베키스탄, 멕시코, 아프리카 등 해외동포들에게도 큰 인기를 끌고 있다고 한다.

그리고 사역 본부의 선교사 후원 정책에 의거하여 혜택을 소개하고 제공한다. 그리고 선교지에 필요한 사항 중 여러 협력 업체와 연결시킬 수 있는 부분은 최대한 협력할 수 있도록 주선하고 배려하는 것도 임무 중의 하나이다.

7) 찬양 팀

현지어 찬양이 없는 나라의 콘텐츠로 제공할 수 있도록 한다. 먼저 각지에 흩어진 각 나라의 현지어 찬양을 수집하여 인터넷 선교교회를 통해 제공한다. 만약 현지어 찬양이 제작된 것이 미비하다면 국내 사역자들을 중심으로 현지어 찬양 앨범을 제작한다. 제작에 있어서도 일방적인 제작이 아니라 민족음악학(Ethnomusicology)에 근거한 연구 기반을 통해 보다 선교지를 위한 적응력 있는 찬양 제작을 위해 노력

한다. 구체적인 도움은 기획팀과, 현지어 찬양 본부와 연계하여 진행
한다.

현지어 찬양 녹음-큐브

제10장
인터넷 사역 영역별 적용

1. 목회자

목회자들이 가장 관심이 있을 분야는 네트워크 형성, 정보 관리, 정보 수집 등의 영역이다. 심방은 목회의 필수 요소이다. 그런데 웹으로도 우리는 실제적인 영적 교감을 이룰 수 있다. 젊은이들이 많이 출석하는 S교회 홈페이지는 디자인에 신경을 쓰지 않는 듯하다. 조금 재미있게 과장한다면 마치 담임 목사님이 직접 제작한 듯한 수준의 홈 페이지를 보유하고 있다. 그러나 교회 홈페이지의 조회수는 놀랄 정도로 굉장히 높다. 효율적인 면을 비교하여서 보았을 때 제작과 운영을 위한 예산을 상대적으로 높은 교회와 비교했을 때 결코 뒤지지 않는 조회수를 보여 준다. 그 결정적인 이유는 담임 목회자가 직접 답 글을 일일이 달고 관리하기 때문이라고 믿는다. 이러한 친밀감은 목회에서 가장 중요한 것으로 대형 교회 목회자라 할지라도 단순하지만 웹 상에서의 이러한 친밀감을 교인들에게 제공할 수 있고 관계를 유지케 한다.

인터넷을 통한 여러 영역의 상담 채널의 운영 또한 가능하다.

　데이터 관리 면에 있어서는 우선 교적 관리를 인터넷을 통해 진행하면 보다 편리할 것이다. 인터넷 상에 교회 인트라넷을 설치해 놓을 경우 즉각적인 입력과 체계적인 관리 시스템을 통해 통계가 틀려져 매년 데이터 클린징(Data Cleansing)을 해야 할 필요가 없을 것이다. 따라서 오프라인 상에서 유지하는 근대적인 방법보다 효과적인 교적 관리를 보장한다. 그 외에 교적 관리뿐 아니라 회의록, 사역 자료 등을 웹 상에 수집, 분류, 보관해 둘 수 있다. 이렇게 수집된 자료는 인터넷이 제공, 연결되는 어느 지역에서든지 확인과 사용이 가능하다.

　끝으로 목회 데이터 관리가 용이하다. 일종의 미니 인트라넷[43]을 구축하게 되면 웹 상에 각종 회의록 및 기획 자료를 올려 놓으면 전임 사역자가 바뀌어도 이전의 사역 데이터를 유지 보유할 수 있게 된다. 따라서 업무를 인계할 때 따르는 비효율적인 손실을 최대한 막을 수 있다. 편리하고 정기적인 백업 시스템만 안착이 된다면 장기적으로 사역 노하우를 유지하여 기획 손실 및 사역 에너지 손실을 최소화할 수 있다. 또한 개인적인 폴더를 사역자들이 교회 내에서 각각 부여받는다면

---

43) 인트라넷[intranet]
컴퓨터 통신 프로토콜(protocol)인 TCP/IP와 브라우저, 전자우편 등 인터넷의 기간(基幹) 기술을 이용한 기업 내 정보 통신망(LAN). 인터넷이라는 표준 환경을 기업 내부의 통신망에 응용함으로써 서로 다른 시스템을 사용하는 데서 오는 장애나 전용 통신망 운용에 드는 높은 비용 문제를 해결할 수 있다. 인트라넷을 사용하기 위해 반드시 인터넷에 접속해야 하는 것은 아니며, 반대로 LAN의 일부가 인터넷에 접속되어 있어도 LAN 자체에 TCP/IP 프로토콜이 사용되고 있지 않으면 인트라넷이라고 할 수 없다. 인터넷을 위해 개발된 표준 소프트웨어를 이용함으로써, 종래의 네트워크 시스템에 비해 저렴한 비용으로 도입할 수 있다. 또 단계적으로 네트워크를 확장해 나갈 수도 있다. 인터넷에 접속할 경우에는 자체 네트워크 내의 정보를 보호하기 위해 외부의 불법 접근을 차단하는(fire wall) 시스템 설치가 필요하다.

각자의 자료를 담아 두고 어디에 있든 인터넷이 연결, 가동되는 지역에서는 자신의 자료실 및 라이브러리로서의 활용이 충분히 가능하다.

교회로 향하는 발걸음이 뜸해진 성도의 마음을 열 수 있는 가장 확실한 방법은 일회성 행사에서 벗어나 성도에게 사랑과 관심을 직접 표현하는 것이다. 이를 위해서 인적 사항 관리는 기본이고 문자 메시지도 가능한 교인관리 프로그램으로 불리는 소프트웨어만 잘 활용해도 방법이 될 것이다. 그 외에도 자신의 전문 분야를 통해 생각과 지식 그리고 정보를 공유 함으로 도움을 주고 목회적인 에너지를 얻을 수 있는 통로가 되는 사이트를 집적 전문적으로 운영할 수도 있다. 그 어떤 형태와 성격이든지 자신이 현재 진행하고 있는 오프라인 사역과 병행하며 기존의 사역에 날개를 다는 것이라고 생각할 수 있다.

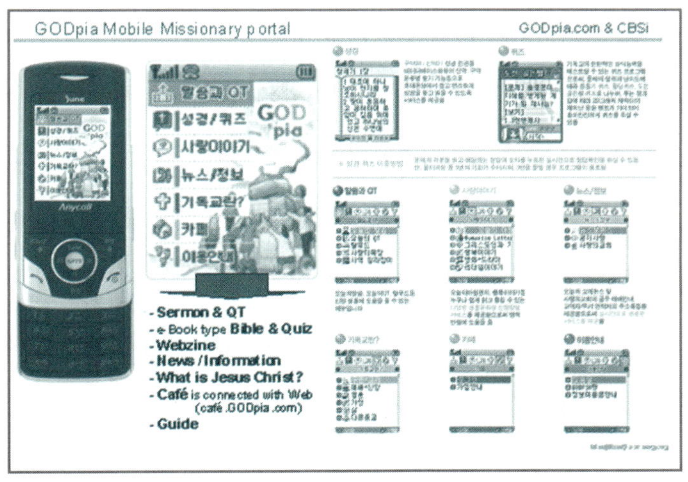

갓피아 모바일 목회 시스템

2. 가정

　인터넷은 어린이들이나 청소년들에게서 뗄래야 뗄 수 없는 삶의 도구가 되었다. 게임, 싸이월드, 블로그, 이메일, 온라인 쇼핑 시스템 등을 통해 그들은 삶을 호흡하고 문화를 만들며 대화한다. 기독교 청소년들이라고 삶이 특별히 다르지 않다. 유명한 수련회에서 긴 줄이 늘어서 있는 부스를 발견하게 되면 어김없이 인터넷 서비스를 받기 위한 청소년이나 대학생들임을 알고 놀라게 된다. 그 잠깐의 수련회 기간도 참지 못하고 인터넷을 통해 자신의 메일을 확인하거나 심지어 조금 심한 경우는 실시간으로 싸이월드를 관리하기도 한다. 거의 중독 수준이라고 해도 과언이 아니다.

　인터넷에 지나치게 몰입하는 사람들은 대체적으로 인터넷을 떠나 있으면 초조하고 불안해 하며 자신이 활동하고 있는 인터넷 세계에 대한 궁금증에 시달린다. 또한 평상시에도 우울하거나 허전할 때 특별한 목적 없이 인터넷에 접속하여 시간을 보내려는 경향이 있다. 가정에서 부모들은 이러한 현상에 속수무책으로 바라만 보고 있지는 않은지 생각해 보아야 할 것이다. 특별히 우리가 관심을 가지고 보아야 할 상황은 중독성이 강한 콘텐츠가 인터넷을 만난 경우 즉 인터넷 게임 중독과 같은 경우이다. 성인들의 경우에는 사이버 주식 거래 등이 있다. 또한 성적 사이트에 대한 몰입이 있다. 인터넷 게임 중독, 포르노 중독 현상 등을 막기 위해서 그저 어릴 때부터 인터넷을 집에 두지 않고 금지시킨다고 될 일 아니다. 집에 인터넷이 없다고 청소년에게 인터넷을 차단시킬 수 있는 만만한 세상이 아니기 때문이다. 집에서 못한다면 돈을 들고 PC 방에 가서 얼마든지 할 수 있다. 이러한 청소년들의 인터넷에 대한 이해를 위해서는 철학이 필요하고 목회적으로 하나님께서 주신 인터넷이라는 좋은 도구에 대한 성경적 이해를 시켜 주는 것이 먼저 요구된다. 세상에 끌려가는 것이 아니라 세상을 이길 힘을 길러 주는 것이다. 그리고 기독 청소년들이 성취감과 사명감을 가지고 사역할 수 있는 역할을 인터넷 사역을 통해서 만들어 주면 좋을 것이다. 작지만 보람 있는 사역의 모델을 통해서 기독 청소년들은 스스로 인터넷 사역에 대한 절제 능력을 습득하고 실제적으로 선교를 위해 보탬이 되는 모델을 제시 받음으로 미래의 비전을 제시 받는 데에도 큰 도움이 될 것이다.

가정에의 사역을 효과적이고 성공적으로 이끌어 내기 위해서는 먼저 부모들의 역할이 가장 중요하다. 그들이 먼저 생활 속에서 이끌어 낼 수 있는 인터넷 사역에 대한 이해와 관심을 갖고 건전한 습관을 통해 삶과 사역이 분리되지 않는 가운데 자녀들이 일생을 통해 자연스럽고 즐거운 사역을 창출해 낼 수 있는 기반을 제공하면 좋을 것이다.

3. 교회 학교

교회 학교에서는 여러 가지 역할을 통해 도움을 주고 받을 수 있다. 먼저 교회 학교의 교육 시간을 인터넷 세상을 통해서 연장할 수 있다. 교회 교육은 대부분 주일 하루, 한정된 시간을 통해 이루어지고 그나마도 여분의 시간은 교사와 학생, 학생과 학생간의 친교에 치중한다. 실제로 어린이, 청소년들이 말씀과 기독교적인 세계관을 배우기에는 기독교 교육 및 성경 공부 시간이 턱없이 부족한 것이 우리가 가진 기독교 교육의 현실이다. 이러한 장애를 우리는 인터넷 교육 시스템 및 기술 활용을 통해서 어느 정도 해결할 수 있다.

교회마다 홈페이지를 구축하고 있지만, 담임 목사의 설교 업데이트 및 교회 행사 광고 이외에는 다른 소스 제공에 대한 배려와 관심이 비교적 적다. 하지만 교회 학교가 적극적으로 교회 홈 페이지를 일백 퍼센트 활용할 때 교회 교육을 위한 효과를 극대화 시킬 수 있을 것이다. 기독교 교육 콘텐츠는 거창한 것에서 출발하지 않아도 존재가 가능하다. 소형 교회라고 할 수 없는 것이 아니다. 교회의 규모나 예산을 통해 인터넷 사역을 하는 것이 아니기 때문이다.

대기업의 과자만이 맛있는 것이 아니다. 허름하고 작지만 그 지방에서만 만드는 빵이 맛있어서 전국에서 그 맛을 잊지 못하고 찾아오는 사람들이 줄을 잇는 빵집이 있다. 또한 뉴욕과 보스턴을 잇는 그레이하운드 버스 가격은 55달러다. 리모 라이너(Limo Liner)는 일반적으로 55개 좌석이 있는 버스 내부에 28개 좌석만을 설치한 최고급 버스를 운행하면서 '비즈니스 클래스 버스'를 표방했다. 왕복 가격은 그레이하운드에 비해 두 배가 넘는 138달러이다. 마지막으로 펑와 버스(Fung Wah Bus)는 터미널도 없고, 좌석은 70개나 되고, 다리를 뻗을 수도 없이 좁아 몹시 불편하다. 대신 저렴하게 20달러만 지출하면 뉴욕에서 보스턴간을 왕복할 수 있다. 기존에 그레이하운드로 통일돼 있던 버스 시장은 리모 라이너로 트레이딩 업 그리고 펑와 버스로 트레이딩 다운을 통해 급격하게 재편되기 시작했다.[44]

이처럼 중, 소, 대형 교회들이 자신들이 만들어내는 콘텐츠의 가치

---

44) 닐 피스크, 마이클 J 실버스타인, 보스턴컨설팅그룹 역, 트레이딩 업 (서울: 세종 서적).

에 대한 이해가 분명하다면 각기 사역의 한계를 뛰어 넘을 수 있다고 본다. 절대 콘텐츠는 존재하지 않고 그것을 위한 절대 환경 또한 존재하지 않는다. 중, 소형 교회는 할 수 없다는 논리는 마치 큰 교회 건물을 가진 교회만이 교회 본질의 사역을 할 수 있다고 믿는 논리와 같다. 그러나 한 예로 교사와 학생들이 함께 나누는 큐티 나눔을 열정이 있다면 얼마든지 성공적으로 운영할 수 있다. 인터넷을 통해 큐티 나누는 일이 잘 될 수밖에 없는 것은 다른 교회의 유명한 강사나 선생님이 있는 것이 아니라 나와 상관 있는 바로 나의 선생이 그곳에 있기 때문이다. 교회학교 학생들은 교사나 담임 목사와의 대화, 상담 및 QT 나눔을 통해 영적인 생활에 도움을 얻을 수 있다. 인터넷을 통해 상담을 받을 수도 있고 좀 더 구체적인 플랜을 가지고 교회 학교를 위한 규모 있는 아카데미를 제작, 지원, 운영할 수도 있다. 이러한 것들이 전문적인 구성과 영역을 통해서 구축된다고 생각하면 어려운 일이 되겠지만 실제적으로는 그렇지 않음을 우리는 깨달아야 할 것이다. 기술적인 영역은 얼마든지 적은 비용 또는 단순한 기술 습득만으로도 운영 및 제작이 가능하고 자신에게 관심과 취미로서의 가치가 있다고 여겨지면 활용도가 더욱 높아질 것이다. 또한 복잡하고 발전적인 기술적 요소는 아웃소싱(Out Sourcing)을 통해서 충분히 해결할 수 있는 부분이다.

4. 선교 단체

선교 단체에서는 먼저 선교사들과 본부와의 교류와 선교사들끼리의 정보 공유에 가장 큰 관심을 가지고 있다. 많은 선교지를 위한 자료들이 제작되고 있지만 통합되지 않고 중복으로 이루어진다. 한 예로 한

곡의 찬양이 각기 다른 버전으로 번역되어 불려지고 있는 일도 있다. 나눔과 나눔을 위한 통로가 존재한다면 이러한 부분을 보완하여 보다 효과적인 사역을 이루어 나갈 수 있을 것이다. 선교사 리서치를 통해 얻어진 결론은 선교지의 선교사를 위한 시스템 구축은 참으로 시급한 사역 중의 하나라는 것이다. 실제로 선교지는 전 세계에 퍼져 있고 그러한 사역 환경을 극복하고 교류와 정보 공유를 도울 수 있는 것은 인터넷이다. 선교 단체는 인트라넷 시스템 등을 통해서 전체적인 관리와 운영에 도움을 얻을 수 있다. 보안 문제에 민감한 선교 정보는 기술적으로 보다 안정적인 지원을 받을 수 있는 인트라넷 시스템을 통해 선교사의 생사가 달려 있는 해킹과 보안의 위험에서 충분히 벗어날 수 있다.

두 번째로 필요한 부분은 선교사들에게 정보를 제공하는 것이다. 인터넷을 통해 이제 각 선교지의 선교사들은 정보에서 고립되는 현상을 피할 수 있게 되었다. 물리적으로 책 한 권을 보내는 일은 현실적으로 쉬운 일은 아니다. 잘 포장해서 선교지로 보낸 책이 결국 두 달이 지나서 다시 돌아오는 경우도 있고 그나마 돌아오면 다행으로 보낸 사람도 받을 사람도 모르게 행방 불명이 되는 경우도 허다하다. 각 선교지의 상황과 여건이 다르다. 본국에서는 별 것 아닌 읽을 거리라 할지라도 선교 현지에 나가게 되면 상황이 달라진다. 자국어로 쓰인 신문 한 장이 그렇게도 반가운 것이 바로 선교 현지의 현실이다. 이러한 가운데 선교사들을 위한 주석 자료, 기독교 관련 자료, 전도용 자료, 양육 교재, 묵상 자료, 신학 자료, 설교 자료, 신앙 자료, 사전 자료, 선교 현지 관련 자료, 현지어 번역 자료, 논문, 신문, 단행본 등을 공급하고 목회에 도움이 되는 부수적인 자료, 즉 클립 아트, 각종의 파워 포인트

템플릿(Template), 일러스트, 행정 포맷 템플릿(Template) 등을 정기적으로 업데이트 해서 선교사들을 돕는 일은 그 무엇보다 시급하고 실제적인 선교사 지원 방안이라고 믿는다. 선교사들이 건강해야 선교지가 건강해진다. 선교사들이 든든해야 선교지가 든든해진다. 이러한 인터넷 라인을 통한 자료 제공 시스템은 더욱 발전하여 동영상으로 제작된 선교사 전용 인터넷 교육 시스템으로 발전될 수 있다. 선교사들은 본국과 단절된 기분으로 그저 선교지의 영혼들을 위해 영적인 양식을 지속적으로 퍼주기만 하는 것이 아니라 자신들도 삶과 사역을 지속할 수 있는 영적인 양식을 인터넷 상에서 공급을 받음으로 인하여 더욱 안정적인 선교 사역을 할 수 있을 것이다. 미래에는 필요를 예상하고 관련 자료를 종합해 제공하는 '지능 소프트웨어' 등의 신기술을 통해 이러한 사역을 보다 효과적으로 지원하게 될 것이다.

끝으로 선교 단체별로 운영되고 있는 홈 페이지들의 활성화이다. 선교 단체의 홈 페이지는 동원 문제와 바로 직결된다. 잘 운영되는 홈 페이지를 통해 선교 인력이 동원 될 수도 있고, 다른 한편으로 동원된 선교 인력들의 동향을 파악하는 공간이 되기도 한다. 이러한 관점에서 선교단체는 화려한 디자인보다는 관리와 유지가 편리하고, 각 단체의 파송 선교사들이 선교지에서도 쉽게 잘 접속이 되도록 간결한 디자인을 선택하는 대신 꾸준하고 값어치 있는 각 선교 단체 만의 정보 및 교육 자료들로 유저들을 유치하는데 관심을 가져야 할 것이다. 선교에 관심 있는 성도들은 지금도 파묻혀 있는 각 선교 단체들의 선교 정보들에 목말라 있다.

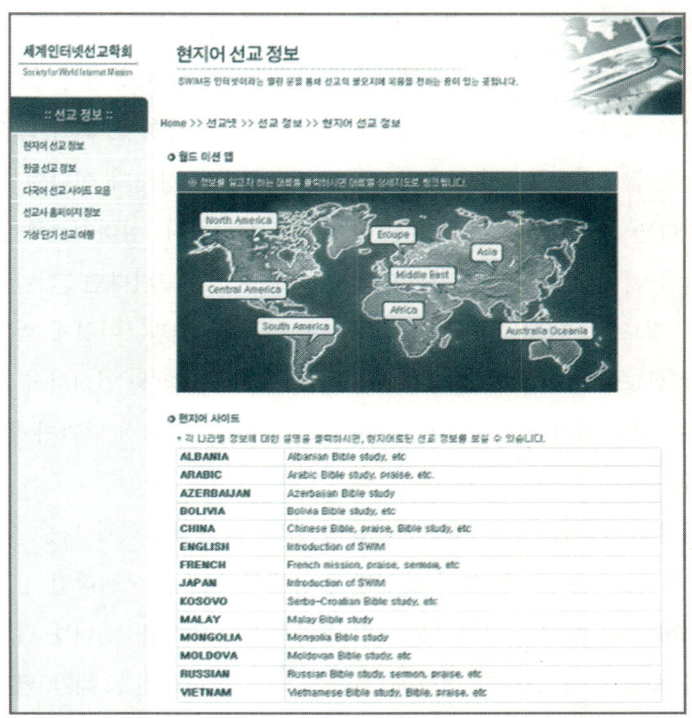

선교 단체 선교 정보 자료실

5. 분야별 인터넷 선교

1) 인터넷 상담 선교

인터넷 상담 선교 분야는 앞으로 보다 체계적으로 발전되어야 할 소중한 분야이다. 각 포털 사이트마다 상담 전문 단체와 연계하여 인터넷 상담실을 운영하는 것을 볼 수 있는데 아주 바람직한 일이다. 학교와 연계되어 운영되는 전문 상담 단체들은 전공한 상담학과 학생들을 인터넷 상담실에 배치하여 사역을 할 수 있게 배려하고 사역의 내용을 실천 학문적인 점수로 인정하여 학점을 이수케 하기도 한다. 인터넷 상담은 참으로 상담가들의 최전방 사역지라고 생각한다. 만약 스스로 목숨을 끊고자 하는 사람이 가장 최후에 서 있는 장소가 어디일까 생각한다면 그곳은 바로 인터넷 앞이 아닐까 생각한다. 심리적으로 많은 문제를 가진 사람이 상담실까지 찾아와서 문을 두드린다면 그는 이미 어느 정도의 치유가 이루어진 것이 아닐까 생각한다. 이렇게 인터넷 상담 선교에 관심이 있는 전문가들은 그 중요성을 더욱 인식하고 보다 전문적이고 체계적인 방향과 노하우를 가지고 발전시켜 나가야 할 것이다.

인터넷 상담을 통한 테크닉은 분명 일반 상담 테크닉과 다를 수 있다. 그 큰 이유 중 한 가지로 인터넷 상에서 상담은 오프라인 상담과 비교하여 볼 때 커뮤니케이션 방법이 다르기 때문이다. 인터넷 답글을 통한 상담은 그 표현과 설득에 제한이 있고 잘못하면 오해가 되거나 서로 어긋나는 커뮤니케이션을 통해 상담과 내담에 실패할 가능성이 있기 때문이다. 사소한 말 또는 문장 하나로 내담자는 큰 상처와 실망을 느낄 수 있다.

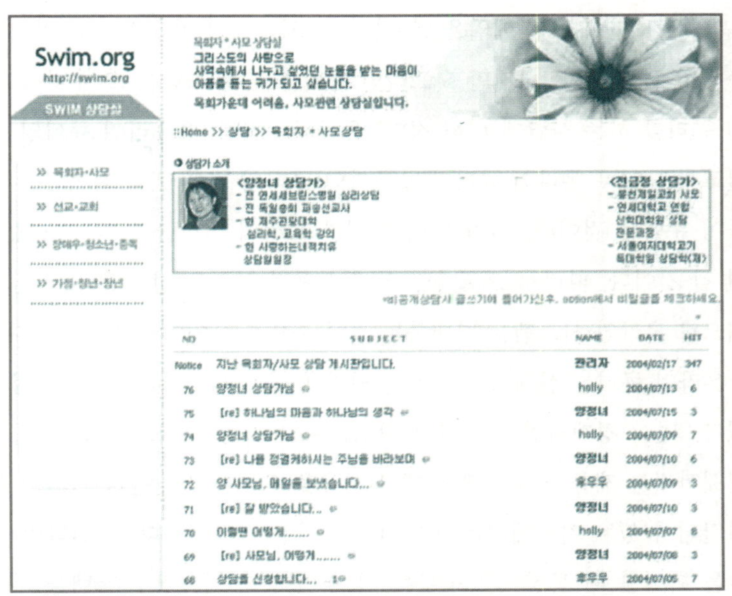

상담을 위한 최전방–인터넷 상담 선교

2) 인터넷 묵상(큐티) 선교

오프라인 상의 큐티 선교는 이미 많은 성공 사례를 속속 보이고 있다. 하지만 그러한 큐티 사역의 기본이 되었던 것이 바로 인터넷을 통한 큐티 사역이다. 인터넷 큐티는 편리하게도 매일 자신이 원하는 시간에 큐티 말씀을 제공해 준다. 사이트를 찾아 들어가는 번거로움도 친절한 시스템인 메일링을 통해 해결해 준다. 또한 웹 상에서는 오프라인과는 달리한 채널에서 한 가지의 큐티 뿐만 아니라 다양한 종류의 큐티를 무료로 제공 받을 수 있다. 하지만 메일링 큐티를 받아보는 모든 사람들이 받은 큐티를 가지고 은혜를 받는 것은 아니다. 실제 경험을 통한 통계로 볼 때 만약 10만 명이 큐티를 받아본다면 그 중 10%인

1만명 정도만이 큐티 메일을 열어본다고 생각하면 비율에 대한 이해가 충분히 될 것이다. 하지만 오프라인 큐티를 하는 사람은 그 수가 온라인 큐티를 하는 사람에 비해 적다. 온라인 큐티와 오프라인 큐티의 연결고리는 바로 온라인 큐티가 오프라인 큐티의 기본과 출발 여건을 만들어 준다는 것이다. 저변 확대를 위한 포석의 역할을 한다고 이해하면 될 것이다. 따라서 오프라인 상에서 큐티 사역을 진행할 경우 필수적으로 온라인 시스템을 병행하는 것이 중요한 요인이라고 생각한다.

온라인 큐티는 실제적으로 많은 영역에 쉽게 접근할 수 있는 장점이 있다. 먼저 경제적인 면에서의 장점으로 온라인 서비스를 받을 경우 현재까지는 제공하는 단체 측에서 비용을 요구하지 않는다. 인터넷이 연결되어 있는 지역에서는 어디서든지 사용이 가능하다. 원한다면 메일을 확인할 때 묵상으로 하루를 열 수 있도록 메일링 시스템을 적극적으로 활용해야 할 것이다.

묵상 사이트를 통해서 얻을 수 있는 또 하나의 열매는 묵상 나눔터이다. 묵상 나눔터는 자신이 그 날 그 날 나눈 묵상의 글들을 서로 공유하고 받은 은혜를 함께 나누는 곳을 말한다. 글을 꼭 잘 쓰는 사람이 아니라도 진솔하게 받은 은혜를 함께 나눌 때 연령과 위치에 상관없이 많은 신앙적 공감대를 형성케 한다. 인터넷상에서 펼쳐지는 묵상 나눔터는 그 나눔의 영역과 연령이 제한되지 않기 때문에 때로는 미국과 한국에 있는 사람이 서로의 은혜를 나눌 수 있고, 20대 청년과 60대 장년이 함께 교제하고 묵상하며 기도할 수 있는 소중한 통로가 되기도 한다. 묵상 나눔터에 소개되는 진솔한 간증과 큐티 나눔은 때로는 유명 강사의 강의나 칼럼보다 더욱 깊이 있고 현실감 있는 은혜를 전달하기도 한다. 실제로 묵상 나눔터는 인터넷 포털 사이트의 인기 카테고리이기도 하다.

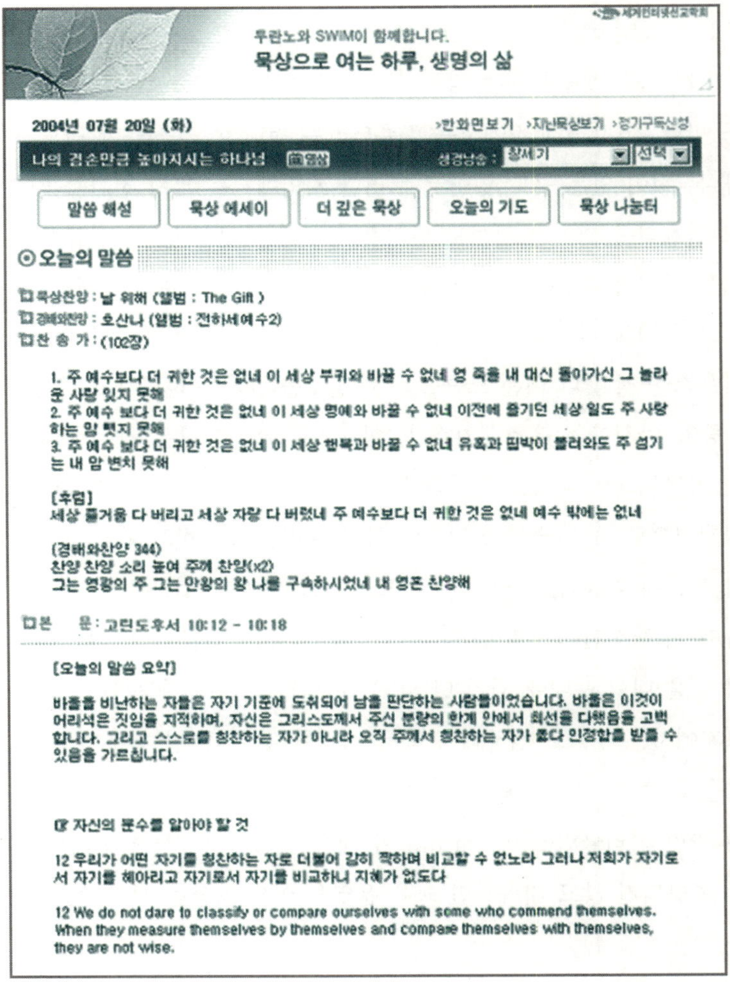

인터넷 QT 선교

6. 인터넷 현지 선교

1) 컴퓨터 선교

인터넷의 모체가 되는 컴퓨터는 전도와 선교의 중요한 도구가 되기도 한다. 어떤 선교지에서는 컴퓨터라는 첨단의 도구를 한 번도 구경해 본 적이 없는 곳도 있어서 그러한 지역에서는 그저 전기를 연결하고 컴퓨터를 켜기만 하여도 탄성을 자아내는 곳도 있다. 컴퓨터 사용법을 강의하며 선교 사역을 펼치는 한 사역자는 교육 과정에서 '마우스로 클릭을 하세요' 라는 말을 했을 때 학생들이 컴퓨터의 모니터에 마우스를 척 갖다 대는 모습을 보고 실소를 금치 못하였다고 한다.

중앙 아시아의 우즈베키스탄, 아프가니스탄과 같은 곳은 제조보다는 실크로드의 역사를 되살려 무역을 국가 산업으로 앞세워 국가에서 정책적으로 IT 기술을 장려하여 국가 발전을 도모하고자 하는 입장이기 때문에 컴퓨터, 인터넷 사역 또는 사업을 통한 접근은 비교적 용이하다. 구체적인 방법으로 인터넷 카페, 컴퓨터 학원 등의 설립, IT 센터 등을 대학교 내에 세워 연계하는 사역과 접근이 가능하다. 어느 선교지에서는 무료로 컴퓨터 교육을 시행할 경우 몇 달 전부터 미리 예약을 해야 할 정도로 인기가 많은 사례도 발생한다. 컴퓨터 관련 교육은 관련 커리큘럼(Curriculum)이 계속 업그레이드가 요구되는 특성상 추방되지 않고 지속적인 교육 운영을 어느 정도는 보장받을 수 있다.

아제르바이잔 컴퓨터 & 인터넷 선교

2) 인터넷 의료 선교

인터넷을 통한 의료 선교는 이미 유행하고 활발하게 진행되고 있는 의료정보학(Medical Informatics)이라는 학문을 통해 그 근거를 찾을 수 있다. 첨단의 기기를 이용하여 환자의 가정에 맥박, 혈당 등을 측정할 수 있도록 하고 특수 제작된 의복이 환자의 건강 상태를 일일이 상시 점검하여 병원에 연결된 웹을 통해 보고하게 된다. 원래 이 기술과 시스템은 병원이 바로 코 앞에 있어도 진료를 위해 방문하기 꺼려하는 부유한 환자들에게 각광을 받는다고 한다. 간단하게는 인터넷 홈 페이지를 통해 우리는 자신의 증상에 대한 간단한 처방을 얻을 수 있다. 이에 그치지 않고 보다 진보적인 전문 기기를 활용한다면 환자가 병원을 찾지 않아도 자신의 상태를 자가 측정하여 그 자료를 인터넷을 통해 전송함으로써 큰 효과를 거둘 수 있다. 인터넷 상의 의학 정보는 간단하게는 동영상 또는 사진 촬영에 의한 자료 제공과 이에 대한 문답을 통한 진료가 있을 수 있고, 보다 정밀한 검진을 위해서는 맥박, 혈압, 혈액 검사 등을 할 수 있는 전문적인 측정 시스템이 부가되고 인터넷 시스템과 연결된다. 인도네시아에 살인적인 해일 '스나미(Snami)'가 있었을 때 전 세계의 많은 의료진들이 사고 현장에 도착하기도 전에 수 많은 희생자들이 목숨을 잃는 일이 있었다. 이러한 상황을 본 의료진들은 간단한 구급 조치만 했었더라도 환자들의 목숨을 구할 수 있었다고 말하며 안타까움을 전했다. 이렇게 응급 구조 상황에서 의료정보학을 기반으로 하는 시스템이 미리 구축이 되어 사전 교육이 되어 있고 긴급 운영 시스템이 구축되어 있었다면 한 명의 생명이라도 더 구할 수 있었을 것이다.

또한 이러한 인터넷 의료 선교 시스템은 네트워크를 형성하여 선교지의 선교사를 온라인, 오프라인 상에서 진료 받게 하는 기반을 형성한다. 전 세계에 있는 의료 관련 크리스천들을 중심으로 하여 개인이 일 년간 자신의 에너지나 소득의 1%를 나누는 운동을 통해서도 그 의료적 도움을 통한 파급 효과는 클 것이다. 오늘도 선교지에서는 선교

사들과 그 가족들을 포함하여 이러한 의료 혜택을 간절히 기다리고
있다.

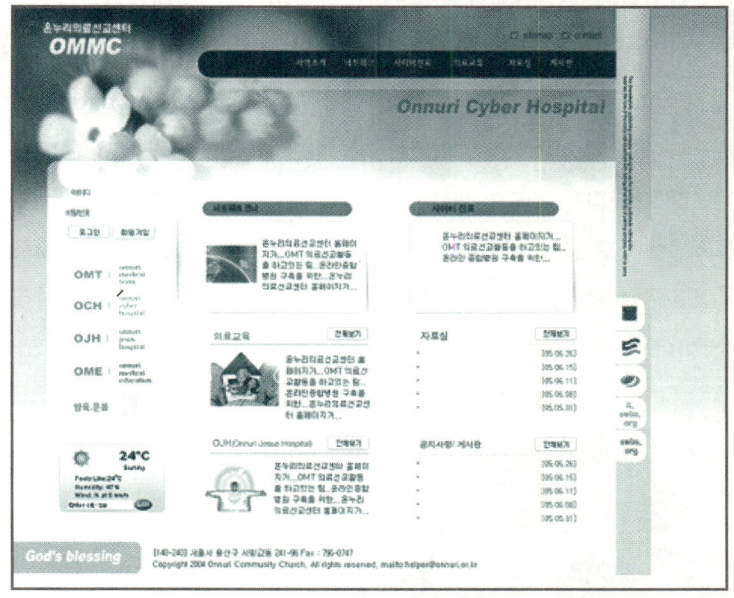

원격 진료 시스템-사이버 병원

3) 인터넷 방송 선교

어느 날 페루에서 사역하고 있는 한 선교사가 급하게 방문하였다.
그 이유는 남미에 확산되고 있는 한국 이단들을 막기 위한 몸부림에서
였다. 한국의 이단들은 거짓된 환상을 앞세워 남미인들을 현혹시키고
있다. 그러나 그들의 물량 공세를 막을 수 있는 전통적인 선교사들의
힘은 너무나 무력하다. 이러한 상황에서 인터넷 방송을 선택한 현지의
방송 선교 사역자들이 증가하고 있다. 공중파 방송 채널은 선교 현지
에서도 구입 또는 임대하여 운영하기가 부담스럽지만, 운영 시 재정적

부담이 적으며, 인터넷 시스템을 통해 방송을 언제 어디서나 들을 수 있으며 한 번 보고, 들으면 재방송이 어렵거나 불가능한 공중파 방송 여건에서 언제든지 반복해서 보여 주고 들려 줌으로 계몽을 하는 데에는 인터넷 방송이 효과적이라는 것이다. 선교 현지에서 이단들은 주로 TV 방송을 통해 사기성 메시지를 전달하고 있는데 인터넷 선교 방송들은 이러한 요소들을 낱낱이 밝혀 웹 상에서 표현함으로 그들이 경각심을 갖고 진리를 깨닫게 되는 효과를 거두게 한다. 또한 경제적인 운영 측면에서도 긍정적인 결과를 기대하고 있다. 앞으로 남미를 대상으로 하는 인터넷 방송 사역은 그 영역과 폭을 보다 적극적으로 넓혀갈 예정이다.

인터넷 방송–약속의 땅& 남궁송옥

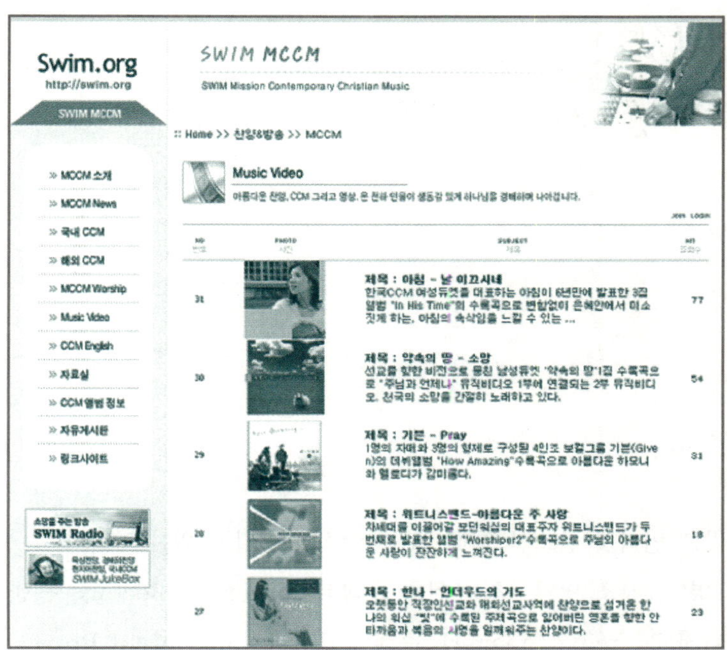

Swim.org
http://swim.org
SWIM MCCM
SWIM MCCM
SWIM Mission Contemporary Christian Music
:: Home >> 찬양&방송 >> MCCM
Music Video
아름다운 찬양, CCM 그리고 영상. 온 천하 만물이 생동감 있게 하나님을 경배하며 나아갑니다.
MCCM 소개
MCCM News
국내 CCM
해외 CCM
MCCM Worship
Music Video
CCM English
자료실
CCM 앨범 정보
자유게시판
링크사이트
SWIM Radio
SWIM JukeBox
제목 : 아침 - 날 이끄시네
제목 : 약속의 땅 - 소망
제목 : 기븐 - Pray
제목 : 워트니스밴드-아름다운 주 사랑
제목 : 한나 - 언더우드의 기도

인터넷 미디어 선교

제11장
인터넷 선교의 전문 기술 영역

맞춤 인터넷 선교의 영역으로는 수집과 전달을 위한 영역, 단순 작업 영역, 창조 영역, 즉 콘텐츠 콜렉터(Content Collector), 콘텐츠 매니저(Content Manager), 콘텐츠 프로바이더(Content Provider)의 영역 그리고 커뮤니티 플래너(Community Planner)와 웹 플래너(Web Planner)의 기술적, 기획적 영역이 있다. 이러한 영역들은 자신의 성향과 관심 그리고 사역 환경 및 조건에 따라 자율적으로 선택할 수 있다. 각 세부 영역을 좀 더 자세히 알아 보도록 하자.

1. 콘텐츠 콜렉터(Content Collector)

수집과 전달을 위한 영역을 위한 적임자를 찾는다면 자신의 성향이 모으는 것을 좋아하고 모아진 것을 통해 만족감을 얻는 스타일이면 좋겠다. 자신이 직접 콘텐츠를 제작하지는 않지만 좋은 글이나 그림 영상물을 발견해 내며 어느 정도의 편집 능력이 있다면 이 사역을 위한 헌신이 가능하다. 수집가들은 수집된 것을 잘 정돈하기를 좋아하는데 마찬가지로 웹 콘텐츠 콜렉터의 경우에도 무조건 수집만 하는 것이 아니라 수집된 내용을 잘 선별하고 정리하여 독자들에게 잘 전달되게 하는 데에도 큰 사역적 성취감을 가질 수 있다. 또한 제공이 승인된 콘텐츠를 찾는다든지 찾기 어려운 귀한 콘텐츠를 제공하는 것은 이러한 사역 영역 안에서의 기쁨이 아닐 수 없다. 저작권법이 강화되는 현 시대에서 네트워킹을 통해 양질의 기독교 콘텐츠를 승인 받아 제공하는 것은 앞으로 더욱 비중 있어지는 사역의 영역이라 할 수 있을 것이다. 이러한 사역을 하는 사역자들은 앞으로 저작권 관리와 관련한 지식을 가지고 보다 폭 넓고 체계적인 네트워킹을 통해 작가들의 저작물들을 효과적으로 소개하는 메신저로서의 사역을 하면 좋을 것이다.

실제적으로 이 영역의 사역은 이미 많은 블로거들을 통해 소개되고 있다. 프로 블로거들을 통한 전문적인 내용의 글들이 실린 블로그들이 있는 반면 일반 블로거들은 다이어리 형식으로 자신의 간단한 일기를 남기거나 대부분 다른 사람의 글이나 그림, 사진을 웹에서 발췌하여, 흔히 쓰는 표현으로 '펌글'로 소개하는 것이 대부분이다. 이러한 일들을 '블로깅(Blogging)'이라 표현하는데 이 또한 인터넷 사역 기술의 한 영역으로 다른 사람의 저작물로 자신을 알리고 표현하며 메시지를 전달하는 데 큰 도움을 주는 것이 사실이다. 이러한 수집가들은 훗날 자신이 직접 저작한 자료를 소개하고 싶은 충동을 갖게 되고 실제로 많은 블로거들이 더 이상 다른 사람의 정보 및 자료를 퍼 나르는 것에 염증을 느껴 부족하더라도 자신이 직접 저작한 자료를 전달하게 되는 경우가 있다. 이러한 자료가 처음에는 질적인 면에서 조금 부족하더라도 나중에는 발전하게 되어 어느 정도의 독자층을 확보하고 활발하게 활동하는 경우도 있음을 우리는 간과해서는 안 된다. 훌륭한 창작은 모방에서부터 유래한다는 말이 있다. 다른 사람들의 저작물을 통해 자신을 발전시킬 수 있다.

이러한 수집가들이 실제로 능력을 더욱 창의적으로 발휘하는 영역이 있다면 그것은 분류, 편집과 콘텐츠 재배치를 통한 웹 편집 능력이다. 블로그라도 모두 같은 블로그가 아니다. 어떤 블로그는 나름대로의 개성 있는 제목을 붙이고 깔끔한 분류 및 편집을 통해 독자를 끌고 각각의 이름 붙인 제목들이 담겨진 내용과 큰 연관성을 가지고 그것이 결국 독자들에게 감동과 느낌을 주는 요소라는 것을 나중에 깨닫게 된다. 이러한 점이 창조적인 이름을 짓는 네이밍(Naming)을 통한 관심 유도 방법이다. 또한 전혀 엉뚱한 내용이 한 카테고리 안에 들어 있지 않도록 세심한 배려가 있고 사진 및 자료가 각 영역에 맞게 올려져 있을 때 독자들은 메시지를 전달하고자 하는 주인의 입장과 생각을 보다 빨리 간파할 수 있게 된다. 이러한 능력은 전문 웹 기획자의 영역으로 들어가는 입문으로서 이러한 기술이 발전하면 웹 플래너로서의 역량을 다지게 된다. 작은 몸짓에서 결국에는 큰 운동력이 생성된다고 이해하자.

혹자는 블로깅에 큰 의미를 두고 있지 않지만 블로깅은 어쩌면 이해에서만 그치지 않은 실제적인 인터넷 선교를 위한 가장 초보적이 입문 단계라고 이해하면 좋을 것이다. 웹을 단시간에 이해하기는 어렵다. 자신의 생활이 되고 호흡이 되어야 하는데, 몇 시간 컴퓨터 앞에 앉아 있는다고, 몇 번 관련 강의를 듣는다고 그러한 능력이 생기는 것은 아니다. 그것이 웹의 생리이다. 웹을 알려면 며칠, 몇 달간의 익숙해지는 수련 시간이 필요하다. 처음에는 생소하다가도 블로깅을 하다 보면 웹 전반적인 움직임과 생리, 내용에 익숙해진다. 초보자의 경우 심지어는 웹에서 알려 주는 이용안내 글을 파악하는 데에도 시간이 걸린다. 용어 자체도 생소하다. 하지만 블로깅은 그러한 시작을 보다 효과적으로 지원하며 가장 매력적인 것은 강습비가 전혀 들지 않는다는 것이다.

또한 블로깅을 통해서 우리는 독자를 끌어 모으는 마케팅 원칙을 배우기 위한 기본 단계에 입문하게 된다. 어린이들도 어떤 음악을 통해, 어떤 콘텐츠를 통해, 어떤 오프닝 멘트(Opening Meant)를 통해 사람들이 자신의 블로그에 관심을 갖게 되는지 안 되는지를 파악하게 된다. 단순한 작업처럼 보이지만 실제로 웹 홍보 마케팅을 배우게 되는 것이다. 자신을 알리는 작업, 자신의 콘텐츠를 통해 메시지를 전달하고 의견을 알리고 또는 자신의 콘텐츠를 웹 상에서 전달하는 기본적인 노하우를 이러한 콘텐츠 컬렉터의 영역에서 배우게 된다.

2. 콘텐츠 매니저 (Content Manager)

두 번째로 우리가 생각할 수 있는 영역은 단순 작업이다. 사이트 운영에서 관건은 신속한 업 데이트와 관리이다. 많은 사이트들이 초기 단계에 수많은 비용과 에너지를 투입해 놓고도 효과적인 성공을 하지 못하고 금방 폐쇄해 버리는 경우가 있다. 그렇게 지출하여 허비되는 비용은 상상을 초월한다. 기독교계에서 그러한 예산 낭비는 있을 수 없는 일이다. 그것은 웹을 마치 전통적인 사업 형식으로 이해했기 때문이다. 처음에 비용을 많이 들여 최고급의 설비와 서비스를 하면 많은 사람들이 그 가게에 올 것이라고 생각한다. 그러한 운영이 지속된다면 문제가 없지만 대부분은 그렇지 않다. 웹은 오히려 한 단계 한 단계 쌓아 나가는 전략이 필요하다. 처음에는 조금 부족한 시작을 했더라도 조금씩 관리하고 성실한 업 데이트를 통해 유저들에게 좋은 인식을 심을 것이 거대한 선 투자보다 나을 수 있다. 웹 사역에 있어서 업 데이트와 관리는 생명이다.

이러한 중요한 역할을 하는 것이 바로 이 관리자의 영역이다. 이들로 인해 사이트 성공의 기본이 달려 있다고 보면 된다. 한 예로 어떤 어린이를 위한 사이트에 음란 사이트 스팸 글이 올라왔다. 그 스팸 글은 사이트에 꽤 오래 올려져 있었고 급한 마음에 관리자에게 연락을 했더니 연락이 되지 않았다. 이미 그 스팸 글은 많은 사람들이 클릭을 한 후였고 아마도 사이트를 찾는 유저가 대부분 어린이일 것이므로 어린이들도 문제의 음란 사이트에 접근을 했을 것이라고 보인다. 결국 비밀번호를 알아내어 직접 지웠다. 이렇게 장기적인 관리 대책이 없다면 그 사이트는 죽어 있는 것이나 마찬가지이다. 스팸 글 등을 통해 파괴되는 사이트를 지키는 것을 생명을 지키는 것처럼 해 주어야 한다.

또한 콘텐츠 콜렉터들이 제공하는 콘텐츠를 보여지게 하는 것 또한 바로 이 단순 기술자들 즉 콘텐츠 매니저의 영역이다. 콘텐츠를 웹에서 관리자 모드를 통해 올리고 내리는 작업은 단순하고도 지루한 일이다. 매일 또는 정기적으로 필수적으로 해야 하는 일이다. 하루라도 밀리거나 날짜를 어기게 되면 큰일이 난다. 단순하지만 신경을 꽤 많이 써야 하는 사역이다. 웹 사역에서 본다면 가장 낮은 곳에서 하는 일이고 일하고도 티가 많이 나지 않는 작업이다. 하지만 그러한 점에 이 사역의 매력이 있다. 이러한 분야에 재능이 있는 사람이 당연히 있을 수 있다. 세상에는 복잡한 것만 좋아하는 사람이 있는 반면 단순한 작업을 좋아하는 사람도 있다. 하나님께서는 모든 사람에게 각양의 재능과 능력을 주셨다.

이제는 웹 관리자의 영역이 전문 영역으로 인정 받는 시대가 왔다. 이전에는 자원 봉사자로 해 왔던 일들이지만 이제는 이 사역이 얼마나 민감하고 중요하며 중심이 되는지를 깨닫고 각 사이트를 운영하는 업체들이 전문 웹 관리자, 콘텐츠 매니저들을 채용하기에 이르렀다. 이제는 이러한 영역을 지원하는 인터넷 선교사의 경우도 마찬가지로 자부심을 가져야 할 것이다.

관리자의 역할로는 우선 웹 에티켓, 윤리 전반을 공부하여 전문 분야로 발전시킬 수 있다. 최근 인터넷 세상의 윤리들이 급속히 무너지고 있다. 최근에는 네티즌(Natizen)들의 악플(악성 리플)에 견디지 못한 모 여자 댄스 가수가 스스로 목숨을 끊은 사건이 있었다. 공격형 댓글을 남기는 악플러들에 대해 전문가들은 그들의 심리 상태에 대해 습관성 악플을 다는 것은 중독이며 이것은 중단하면 금단 현상까지 생긴다고 한다. 이에 대해 정신병의 일종으로 치료가 필요하다고 심각하게 조언한다. 악플을 다는 사람들의 분류를 보면 '소심한 패배자' 형이 있다. 그들은 매사에 현실에 자신감이 없고 열등감에 시달리며 내부적으로는 자신이 피해자라고 생각한다. 세상과 사람들에 대하여 분노하지만 실제로는 표출하지 못하며 현실이 아닌 온라인 상에서 상상을 통해 온갖 화풀이를 하며 댓글, 악플로 분노를 표출한다. '자아 혼란형'은 자신이 좋아하는 스타나 어떤 브랜드에 대해 지나치게 집착해 대상과 경쟁 관계에 있는 스타나·브랜드를 자신의 적으로 간주한다. 다음은 '전투적 독선가형'이다. 이들은 오직 자신의 생각과 가치만이 옳다고 믿고 이를 다른 네티즌들에게 강요한다. 그러다 상대가 이를 받아들이지 않으면 경멸하고 헐뜯고 저주한다. 이러한 웹 상의 모든 중독은 즉

각적인 만족을 준다. 만약 상대방이 이성을 잃고 더욱 감정적으로 악플에 대해 반응할 때 더 쾌감을 느낀다. 소위 말려 든다고 하는 것이다. 이러한 부류는 상대방에게 더 강한 반응을 얻고자 점차적으로 자극적이고 공격적인 악플을 생각하고 남긴다. 이러한 악플러를 현명하게 대응하는 방법으로는 일단 스스로의 문제점을 발견할 수 있도록 고립시키는 방법을 제안한다. 그리고 크리스천의 입장에서 감정적으로 맞설 것이 아니라 그리스도의 사랑으로 품고 이해하고 그들을 위해 기도하는 마음과 시각이 필요할 것이다. 실제로 악플러들이 제일 무서워하는 것은 자신에 대한 공격이 아니라 오히려 무반응이다. 상대방이 기대하지 않았던 의외의 반응을 보일 때 오히려 당황하게 될 것이다. 더불어 현실적으로 사이버 세상에 현실감을 부여하기 위해서는 일정 수준의 인터넷 사용자의 실명 정보를 공개할 필요가 있다고 본다.

앞으로는 이러한 상황에 대처할 수 있는 인터넷 선교 사역자들이 많아져서 전문적으로 그 사례를 연구하고 반박할 수 있는 기독교 웹 윤리 분야를 보다 체계적으로 개발하고 정리하여 보다 아름다운 하나님의 웹 세상을 만드는데 기여할 수 있다. 세상의 웹 사이트들은 어떻게 하면 더 많이 유저들이 자신들의 웹 사이트에만 머물러 있게 하려고만 한다. 오히려 유저들이 중독되도록 사이트들은 여러 가지 매혹적인 요소들을 만들고 있다. 도박성, 중독성 게임을 개발해 내고 있다. 하지만 이러한 영역에서 콘텐츠 매니저로서 인터넷 선교 노하우를 기반으로 하여 지침서를 만들고 계몽 운동을 할 수 있다. 관리자로서의 사역 영역을 뛰어넘어 진정한 콘텐츠 매니저가 되는 것이다.

이들의 기본 업무로는 정기적인 사이트 관리가 있다. 스팸 머신 (SPAM Machine)을 통해 하루에도 수많은 스팸성 메일들이 사이트를 침범한다. 같은 기독교 단체인데 엉뚱한 카테고리에 자신들의 홍보 글을 올려 놓을 때에는 정말 실망스럽고 난감해진다. 교회나 기독교 단체가 이러한 기본적 웹 에티켓을 지키지 않을 때 때로는 참으로 무례하다는 생각까지 하게 된다. 교계는 이러한 인터넷 예절에 대한 심각한 논의와 생각을 해야 한다고 본다.

콘텐츠 업 데이트 또한 단순하지만 계획과 기획이 필요하다. 효과적인 업 데이트를 위한 프로그래머와의 긴밀한 교류도 콘텐츠 매니저의 중요한 사역이라고 할 수 있다. 콘텐츠 매니저는 웹 사역을 섬기는 듬직한 발이다. 발이 상하면 아무데도 갈 수 없듯이 맏형과 같은 든든한 역할을 바로 이 콘텐츠 매니저가 담당한다고 이해하면 좋을 것이다.

다른 한 편으로 콘텐츠 매니저들이 인터넷 상 대화를 이해하기 위해 알아두어야 할 필수적인 것이 있는데 그것은 외계어의 존재이다. 우리가 인터넷을 새로운 공간으로 이해하는 것에 부합하듯이 새로운 언어가 인터넷 세상 속에서 탄생하고 있는 것이 현실이다. 청소년들의 대화에서 이러한 인터넷 외계어가 빠지면 대화가 되지 않을 정도의 수준이다. 외계어를 이해하지 못하면, 조금 과장해서 말한다면 대화의 단절이 초래될 수도 있다. 인터넷 선교에 관심이 있다면 인터넷 외계어에 대한 이해와 이를 대응하는 방안 등에 관심을 가져야 할 것이다.

최근 '현피(現+Player kill)'란 단어가 신문지상에 처음으로 등장하였다. 이 말은 사전에도 나와 있지 않은 말이기에 뜻을 알기가 처음에는 상당히 어려웠다. '현피' 실제의 격투를 뜻하는 이른바 인터넷에서 네티즌들이 사용하는 채팅 용어, 외계어다. 인터넷의 진화와 더불어 인터넷 언어도 계속 진화하고 있다. 인터넷 상에서, 답글, 댓글로 다투던 두 고등학생 둘이 서울 도심 한 복판에서 난투극을 벌였다. 그리고 더욱 놀라운 사실은 이 두 사람이 싸우는 것을 옆에서 지켜 보던 네티즌 수십 명은 말리기는커녕 심지어는 사진까지 찍어서 인터넷 상에 게재하기까지 하였다. 참으로 어이 없는 일이다. 이에 더불어 네티즌들은 '현피'를 직접 본 것은 처음이라며 한 마디로 열광했다.

이것이 현재 인터넷에서 비롯된 상황이 발전되어 일어나고 있는 현시대 상황이다. 이러한 현상은 이 시대 황폐화 된 인터넷 공간의 현실이라 할 수 있겠다. 비정상적이고 회복이 필요한 문화 현상을 앞에 두고 인터넷 사역자들의 기도 가운데 변화되는 역사가 그 영혼들에게 임하기를 소원한다.

인터넷에서 사용하는 이른바 채팅 용어는 온라인에서만 이용되는 것이 아니라 오프라인에서도 실제로 사용된다. 그리고 그 말들은 인터넷을 통해 널리 반복되어 사용되면서 그 말의 뜻과 색이 변하고 단어 자체도 바뀐다.

가끔 인터넷에서 도저히 그 뜻을 이해하거나 짐작할 수 없는 글이 기성 세대를 혼란스럽게 할 때가 있다. 그러한 때에는 글자의 기록된 뜻에 주목하기보다는 모양에 주목해야 한다. 'OTL' 혹은 'OTZ' 란 단어는 바로 '좌절했다' 란 뜻이다. 글자에서 보여지는 사람이 무릎을 꿇고 엎드려 좌절하는 모습 바로 그 모습을 알파벳으로 표현한 것이다. 이 표현은 외국에서도 쓰인다. 바로 국제 통용 가능한 외계어인 셈이다. 어쩌면 이 외계 문자의 근원은 한국에서 그 시작이 이루어졌는지도 모른다. 어떤 유명 포탈 사이트의 카테고리 제목의 하나로도 사용되는 'KIN'은 영어가 아니라 한글 '즐'이 옆으로 누운 모양이다. '즐'도 원래 게임에서 유래한 말이다. 사이버 공간에서 만난 사람들이

'즐거운 게임을 하라' 는 인사를 주고 받았다. 그것이 나중에는 사용자들의 귀차니즘을 통해 '즐' 한 마디로 줄었다. 그리고 더 후에는 상대방을 무시할 때 사용하게 됐다. "더 이상 대꾸도 하기 싫다" 또는 "꺼지라"란 부정적인 의미로 변형되었다.

새로운 외계어들은 특정 웹 사이트에서 탄생하는 경우가 다반사이다. 가장 많은 인터넷 신조어가 태어나는 곳은 카메라 판매 전문 웹 사이트인 디시 인사이드다. '방법하다' 라는 말에 대한 재미있는 일화가 있다. 디시 인사이드에 어느 날 허름한 골판지에 매직으로 쓰여진 글이 쓰인 것이 찍힌 사진 한 장이 사이트에 소개가 되었는데 그 사진 속 글귀는 "내 방석을 가져간 녀석들은 자수해라. 그러지 않으면 내가 방법 한다. 내가 방법 하면 손 발이 오그라들고"라는 내용이 쓰여져 있었다. 아마도 노점상을 하는 어느 노인의 방석이 누군가에 의해 없어지고 노인이 방석을 가져간 사람에게 되찾을 요량으로 그렇게 협박성의 글을 써 붙여 놓은 것 같은데 방법이라는 말은 그 지역 사투리도 아닌 어디에서도 근거를 찾을 수 없는 말이었다. 그 사진이 소개된 후 네티즌들 사이에서는 '저주하다', '처벌하다' 라는 뜻으로 '방법하다' 라는 말이 떠돌게 되었다. '쎄우다' 는 '하다' 라는 뜻을 가진 외계어 이고, '관강시키다' 는 '무시하고 망신 주다.' 라는 뜻을 담고 있다. 이러한 외계어는 그 뜻을 어디에서도 찾을 수 없고 실제적인 체험 이외에는 알 길이 없다.

물론 외국에도 외계어는 존재한다. 방법과 유사하게 미국에서는 '디스' 라고 하는데 이것은 'Disrespect' 의 줄인 말이다. 이 말에 대한 에피소드는 유명한 전설적인 래퍼 투팍(2pac)과 BIG의 팬들간의 인터넷 상의 언쟁으로부터 시작되었다. 서로의 랩이 뛰어나다는 팬들간의

도를 넘어선 경쟁이 결국 '디스'라는 응징의 표현으로 발전되었고 웹 상에서 피 튀는 혈전으로, 나중에는 온갖 종류의 실제 싸움으로 발전 되었다. 두 래퍼는 그러한 이유에서인지 멀지 않은 훗날 이러한 온라 인에서 비롯된 사소한 분쟁 속에서 결국 모두 사망하게 되었다. 그 후 '디스'는 인터넷 상의 공포의 표현이 되었다.

최근 화제가 됐던 '된장녀'는 다음(DAUM) '아고라'에서 나왔다. '된장녀'는 원래 '젠장녀' 즉 경멸하고 혐오의 뜻을 담은 비속어였는 데 발음이 변형되어 냄새 나는 '된장녀'로 세속적이고 고급을 좋아하 며 돈 밝히는 명품 족 강남 여성들을 비하하는 표현이 되었다. '된장 녀'에 이어 '된장녀'와 반대로 돈 없고 궁상스러운 남성을 뜻하는 '고 추장남' 등이 유행어가 되었다. 그 외에도 "헬륨 풍선 몇 개면 강아지 가 하늘에 뜨는지 실험하다 강아지가 실수로 날아갔다"며 갓 태어난 강아지를 매달아 하늘로 날려 보냈다는 '개풍녀', 까칠하다는 '사포 녀', '시청녀', '개똥녀', '엘프녀', '인형녀', '대사관녀', '달팽이 녀'가 있다. 인터넷에서 일반적으로 사용하는 단어는 네티즌들의 습 성에 따라 시간이 갈수록 점차 짧아지는 경향과 특징을 보이고 있다. 예를 들어 '스샷'은 '스크린 샷'이 줄어든 형태다. 이 말은 컴퓨터 화 면을 그림 파일로 저장한 것을 말한다. 요즘 방송 등에 자주 등장하는 단어는 '안습'이다. 이 말의 뜻은 '안구에 습기가 차다'라는 뜻이다. 눈물이 날 만큼 슬프거나 안타까움, 민망함을 당한 사람을 보며 불쌍 한 마음을 갖는다는 것을 의미한다.

끝으로는 여성들이 관심이 많은 '쌩얼'이다. '쌩얼'은 화장을 하지 않은 맨 얼굴을 말한다. 이러한 외계어를 중심으로 한 인터넷 세상의 문화는 인터넷 선교에 관심이 있는 크리스천들이 외면하거나 무시, 분리, 간과해서는 안 되는 선교 영역이고, 분명 공동의 과제로 인식하여 주도하고 계몽해야 할 부분이라고 믿는다. 많은 국어 학자들은 변형되는 한글에 대해 우려를 나타내고 있다. 그러나 이에 굴하지 않고 오늘도 네티즌들은 그저 단순한 즐거움이라며 건강한 삶을 영위하는데 해가 될 수 있는 정체 불명의 웹 외계어들을 대중의 무관심 속에서 계속 탄생시키고 있다.

3. 콘텐츠 프로바이더(Content Provider)

그 다음 영역으로는 콘텐츠 프로바이더의 역할이 있다. 콘텐츠 프로바이더는 기본적으로 다른 사람의 콘텐츠를 단순하게 옮겨 나르는 것이 아니라 자신이 직접 창작물을 제작하는 경우를 말한다. 한국의 디지털 콘텐츠는 개도국 수준이라고 한다. 미국과 유럽, 일본 등 선진국뿐만 아니라 중국 등 후발 경쟁국들도 콘텐츠와 소프트 웨어 부분을 육성하기 위한 다양한 전략을 수립하고 있다. 창작하는 일에 사람들은 간혹 두려움을 갖고 있다. 하지만 이것은 어쩌면 하나님의 창조 원리에 위배되는 생각일 수 있다. 우리는 하나님의 형상대로 지음을 받았다. 창조는 하나님의 영역이다. 하나님과 하나님을 닮은 인간들만이 할 수 있는 영역이다. 사단은 창조의 능력이 없다. 대신 그는 하나님께서 창조하신 모든 것을 찌그러뜨리는 능력이 있을 뿐이다. 그렇게 찌그러뜨려 놓은 것을 예수 그리스도께서 다시 펴시고 회복시키셨다. 우리는 그러한 원리 가운데에서 하나님의 지으심 대로 누구든지 창작의 재능을 가지고 있다고 강력하게 믿는다. 하나님 안의 인간 모두는 예술가이고 창작자이다. 그 영역은 단순하게 글 쓰는 일, 그림 그리는 일

등의 예술 영역에만 국한되지 않는다. 세상 만물 모든 영역 위에 서 있는 사람들이 아름다운 기독교 콘텐츠를 제공할 수 있다고 생각하면 분명 그렇게 된다고 믿는다.

기독교 콘텐츠는 꼭 성경의 인물, 내용, 등장 또는 표현되는 콘텐츠만으로 간주하는 것이 아니다. 그것은 어쩌면 이분법적인 사고이다. 우리 앞에 펼쳐진 창조된 이 세상이 비성경적이지 않다. 왜곡되고 찌그러진 모습이 비성경적이지 하나님께서 지으신 원래의 세상 모든 것은 아름답다. ‘비즈니스가 왜 성경적이지 않은가?’ 라고 질문하기 보다 그것을 하나님께서 원래 주신 목적대로, 원리대로 사용하지 않을 때 이것이 비성경적일 수 있지만, 원래의 목적대로 사용될 때 이것은 성경적이라고 대답한다. 이러한 원리에서 우리는 이 세상 모든 것이 하나님의 원래 주신 목적대로 사용되는 사역의 모델을 알릴 수 있고 그 모델을 통해 사역 방향을 제시하고 콘텐츠를 제작한다면 그것은 분명 성경적인 내용의 긍정적인 기독 콘텐츠가 되는 것이다.

한 예로 “비즈니스가 성경적인 콘텐츠를 위한 주제가 될 수 있는가?”라고 질문했을 때 우리는 물론 “가능하다”고 대답할 수 있다. 교회 사역 중 ‘꿈이 자라는 땅’ 이라는 어린이 부서를 맡았던 시절, ‘공감 예배’ 라는 타이틀의 어린이 기독교 세계관 교육 포맷을 만들어 어린이들과 행복하고 즐거운 시간을 가졌었다. 공감 예배는 하나님과 어린이와 부모님이 함께 마음을 나누며 드리는 예배로 한 달에 한 번씩 담당 교역자가 어린이들을 위한 예배를 위해 설교하는 것이 아니라 전문 직업을 가진 학부모나 교사가 설교자가 되어 자신의 재능이나 직업을 통해 세계를 소개하고 성경적인 바른 세계관 모델을 제시하여 어린이들이 세상과 교회를 잇는 적용과 비전을 갖도록 도움을 주는 예배였다.

한 번은 비즈니스를 하는 교사이신 어느 집사의 순서가 되어 스텝진은 효과적인 공감 예배 진행을 위해 어린이들에게 집에 있는 것 중에 아끼는 것이나 좋은 것이지만 자신이 사용하지 않는 물건을 가져오게 한 다음에 설교 대신 물건을 판매하고 구입하게 하였다. 물론 상황을 이해하기 위한 설명과 말씀이 함께 제공되었다. 결과는 참으로 잔잔한 감동이었다. 어린이들은 이 예배를 통해 물건을 구입하는 것이 인간의 삶 속에서 얼마나 중요한 일임을 알게 되었고 물건을 판매한 어린이는 좋은 물건을 정직하고 저렴하게 판매하였을 때 자신의 상품을 구입하는 어린이들이 얼마나 기뻐하는지를 보고 물건을 판매하는 사람으로서의 기쁨과 보람을 실제로 체험하게 된 것이다. 또 다른 한편으로 어린이들은 자신이 성실하게 구입한 상품을 자신의 부모님께 자랑하고 판매한 아이들 또한 뿌듯한 마음으로 정직하게 거래하여 상대방에게 물건 이상의 기쁨을 선사한 자신의 업적(?)을 자랑하였다.

장사하는 일을 천시하는 우리나라 풍조 속에서, 이것은 세상 직업으로서 이것저것 다 해 보고 할 것 없을 때 최후에 해보는 영역이 결코 아니다. 직업에 귀천이 있는 것도 아니고 교회 내에서 또는 관련하여 비즈니스 하는 일을 부끄러워해서도 안 된다. 그것이 원래 하나님께서 주신 목적대로 사용되게끔 교육해야 한다. 예를 들면 어린 시절부터 나는 훌륭한 크리스천 비즈니스맨이 되겠다고 서원했을 때, 그 서원이 목회자가 되겠다고 하는 서원과 동일한 가치로 인정받아야 한다. 세상의 모든 직업이 동등하고 공평하게 인정되어야 한다는 말이다. 한 번의 교육과 공감 예배를 통해서 실현은 어려울 것이다. 하지만 이러한 개념으로 모든 성도들이 기독교 세계관이 스며 있는 웹 콘텐츠 들을 더욱 많이 제작해 나갈 때 우리 안에서 건강한 기독교 세계관을 통한 복음 전파의 온전한 개념이 우리 모두의 마음 안에 건강하게 자리 잡힐 것이다.

뉴스 제공을 통한 웹 운영

　　이러한 관점에서 볼 때 크리스천의 모든 관심과 참여 영역을 기독교 콘텐츠화 할 수 있다. 음악을 하는 사람들은 자신들의 재능을 통해 수많은 음원을 제작하고 그것을 전 세계의 잃어버린 하나님의 영혼들을 위해 복음을 전하는데 헌신할 수 있다. 의사들을 자신들의 의학적 지식과 기술을 통해 예를 들면 재난 사항이 일어난 지역에 긴급히 자신들의 지식을 온, 오프라인을 통해 공급함으로써 죽어가는 부상자들에게 실제적인 도움을 줄 수 있다. 글을 쓰는 사람들은 글을 쓰는 일로, 꽃꽂이 전문가는 자신들의 꽃꽂이 사진, 꽃꽂이 방법 교육, 요리사는 요리 레시피 제공과 요리 동영상, 그 외에 목공 기술 강의, DIY 강의, 정신과 상담, 일반 상담, 전기 기술 강좌, 영어 강좌, 컴퓨터 강좌, 단편 영화, 뮤직 비디오 제작 등으로 사역을 펼쳐 나갈 수 있다. 결국 교육, 콘텐츠 자체, 커뮤니티 등을 통해 무궁무진한 정보 형성이 가능하고 다양한 기획 의도와 방향을 통해 다각도로 인터넷 시스템과 웹을 통해 제시될 수 있다. 그러한 콘텐츠는 크리스천의 창조적인 능력을 통한 사랑의 열매이다.

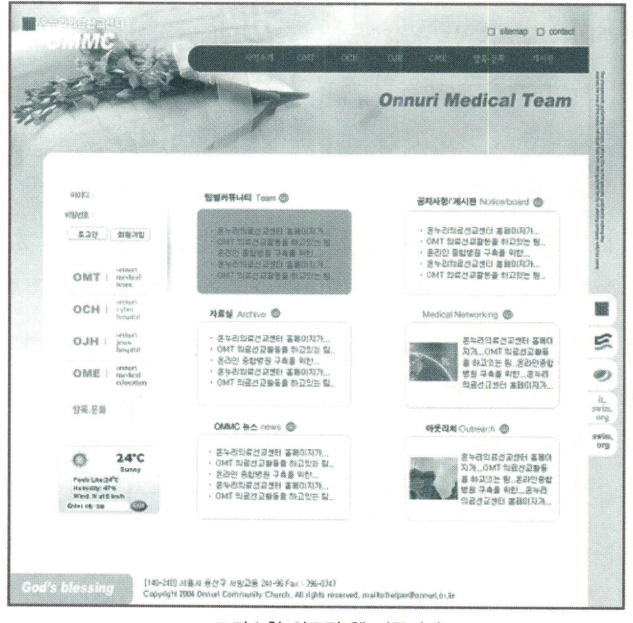

크리스천 의료진 웹 커뮤니티

콘텐츠 프로바이더의 콘텐츠 제작 영역은 콘텐츠 자체 제작을 통한 영향력, 커뮤니티 운영, 교육 체계 구축, 라이브러리 구축, 독립 사이트 등의 운영 및 제작에서 웹 기술 분야를 제외한 영역으로 분류된다. 첫 번째로 콘텐츠 제작 자체로서의 역할이 있다. 인터넷 콘텐츠는 크게 텍스트, 동영상, 음성, 그림 파일, 사진 파일로 나누어진다. 여기에 좀 더 발전하여 플래시가 첨가된 작품, 이러닝(e-Learning) 시스템을 통한 교육 프로그램이 부가된다.

자신의 콘텐츠를 웹 콘텐츠화 하는 것은 부담을 가질 필요가 없다. 서점에 가면 작가들만 책을 쓰는 것이 아니다. 각종 전문인들이 자신들의 전문 서적을 출간한다. 하지만 글을 직접 쓰는 능력만이 콘텐츠를 창출해 내는 것이 아니다. 전통적으로 한국인들은 프로페셔널이 아닌 아마추어를 경시하는 경향이 있다. 조금만 뒤집어서 생각한다면 오늘의 아마추어는 결국 내일의 프로이다. 한 예로 귀여니라는 필명의 작가가 쓴 『그 놈은 멋있었다』나 또 다른 인터넷 인기 소설 『엽기적인 그녀』의 경우 웹을 통해 소개된 아마추어 집필진들을 통한 공전의 히트작이라고 할 수 있다. 이러한 저작물들은 한국을 벗어나 동남아시아 지역에서까지 인기 몰이를 하고 있다. 요즘과 같이 다양한 문화가 공존하는 시대에는 무엇이 아마추어이고 무엇이 프로인지 영역 구분이 모호해지는 경우도 있다. 우리가 생각할 때 어디까지가 기독교 콘텐츠의 영역이 될 수 있는가 하는 관점에 있어서 새로운 제품에 관심을 가지는 부류인 얼리 어답터(Early Adopter)들의 관심 분야 내용, 전문적이지 않은 아마추어 요리 레시피, 아마추어용 교회 꽃꽂이 제작 방법, 신종 스포츠의 룰 안내, 역사 및 장비 소개, 자동차에 관련된 정보 소개, 오토바이 관련 정보 소개, 스킨케어, 폴딩 자전거 정보 소개, 자동 시계 정보 소개, 웰빙 라이프 소개 등등 어떤 영역이든 웹 안에서 사람들에게 관심을 주면서 성경적인 기독교 콘텐츠화 시킬 수 있다. 또한 자신이 관심이 있는 분야라면 장기적으로 양질의 콘텐츠를 만들어 낼 수 있다.

이제 기독교 사이트라 해서 묵상, 찬양, 설교만 웹 상에 올려놓고 제공하고 서비스하는 시대는 지났다. 하나님의 것을 세상으로부터 되찾아 오는 과정이 필요하다. 이러한 각종의 양질의 건강한 기독 콘텐츠들은 각 사이트들과의 조직적인 연계를 통해서 제공이 가능하다.

두 번째는 커뮤니티 콘텐츠가 가능하다. 콘텐츠는 꼭 전문적인 지식으로만 형성되는 것이 아니다. 교회에서 찍은 사진, 서로가 주고 받은 내용 심지어는 건강한 답글 또는 댓글도 때로는 즐겁고 행복한 콘텐츠가 될 수 있다. 어떤 모티브를 통해서 하나의 모임이 형성되었다면 그 주제를 통한 커뮤니티 형성은 불가피하다. 그러면 그렇게 모인 사람들을 통해 시간이 갈수록, 모임이 활성화 될수록 서로의 교류를 통해 생산된 대화, 회의 내용 등의 콘텐츠가 더욱 진보할 수 있고 결국 그 커뮤니티 사이트 자체가 하나의 큰 콘텐츠 영역이 되는 것이다. 커뮤니티 콘텐츠에 대한 이해와 인식, 그리고 값어치에 대한 재발견이 필요한 시점이다.

세 번째는 도서관이다. 작품의 질을 인정 받은 자신의 수준 높은 저작물만을 모아둔 전문 사이트를 말한다. 이것은 창작 의욕이 높고 어느 정도 수준에서 검증된 전문 예술가들이 주로 채택하는 웹 운영 방식이다. 이것 또한 어떤 영역이든 사역을 위한 운영 모델 제시는 인터넷 선교의 원칙에 위배되지 않는다. 자신의 포트폴리오가 될 수도 있고 여러 단체나 개인이 연계한 웹 형태일 수 있다. 교회 홈페이지에서 대부분 목회자 설교 중심의 업 데이트가 이루어지는 것을 볼 때 커뮤니티 사이트와 이러한 도서관 사이트 형식을 합한 것 같다고 본다. 도서관의 각 페이지는 메시지를 전달하는 개별적 창구를 말한다. 개인 사이트와 다른 것은 개인을 드러내기보다는 창작된 작품에 포커스를 맞추는 것이 차별화 된다.

아름다운 그림과 글의 조합–전자 전도지 "디지트렉"

다음은 이러닝(e-leaning) 사이트이다. 이것은 단순한 콘텐츠의 개념에서 보다 복합적이고 광범위한 영역을 말한다. 쉽게 이해하기로는 웹 사이트를 통한 다양한 강좌 사이트를 의미한다. 이러닝(e-leaning) 사이트는 기술적으로도 쉽지 않고 체계적인 플랜과 운영 정책이 요구된다. 하지만 교육적인 콘텐츠를 보유한 경우라면 큰 효과를 거둘 수 있는 강력한 영역이다. 바쁜 현대 사회에서 현대인들의 지식 충족을 위한 욕구는 나날이 증가하지만 시간이 충분하지 않은 것이 현실이다. 이러한 현실 속에서 온라인 상에서 등록만 한다면 자신이 원하는 시간과 장소에서 편리하게 동영상 강의를 통해 지식을 습득하는 것은 매력적인 일이다. 하지만 동영상 강의는 오프라인 강의에 비하여 집중력이 저하되는 등의 단점을 상대적으로 가지고 있다.

마지막으로 개인 사이트이다. 이곳에는 자신의 콘텐츠보다는 자신

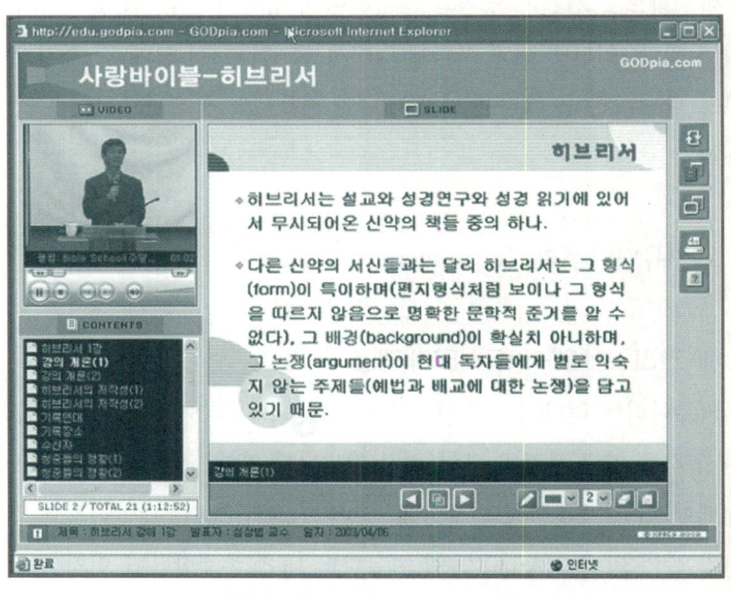

사랑의 교회 이러닝(e-learning) 사이트

을 알리는데 즉 자신에 대한 소개 및 자신을 중심으로 한 팬 커뮤니티를 콘텐츠화 해서 스스로의 정보를 전달하는 사이트를 말한다. CCM 가수나 기독 연예인 등의 사이트들이 그러한 범주에 속한다고 할 수 있다. 그들은 그들 자체가 콘텐츠의 주체이기 때문에 그러한 사이트를 운영할 수 있다고 본다. 일반 크리스천에 있어서도 이러한 사이트가 얼마든지 가능하다. 다만 생각과 발상의 전환이 필요할 뿐이다. 일부에서 생각하는 것처럼 사역자들의 개인 사이트를 부정적으로만 보아서는 안 될 것이다.

4. 웹 플래너(Web Planner)

마지막으로 컨텐츠 영역과 병행하여 구성되어야 할 웹 플래너의 역할이 있다. 인터넷 선교 사역에 있어서 웹 플래너는 크게 두 가지 영역으로 나뉘어진다. 그것은 웹 플래너와 커뮤니티 플래너로서의 두 영역이다.

1) 커뮤니티 플래너(Community Planner)

(1) 크리스천 웹-커뮤니티의 개념

커뮤니티는 하나의 목적이나 모습을 함께 만들어 나가는 것이다. 다른 생각을 가진 사람이 굳이 특정 커뮤니티 안에 속하는 경우는 없다. 선택에 대한 자율성이 서로간에 보장되기 때문이다. 일반적으로 만약 반감을 가진 안티(Anti)가 웹 커뮤니티 내에 존재한다면 먼저 화합을 위해 노력하고 사이트의 운영 원칙에 의거하여 서로 또는 커뮤니티가 상처 받지 않도록 퇴출로 정리할 수 있을 것이다. 하지만 기독교 커뮤니티 내의 분열은 분명 크나 큰 아픔을 초래한다. 비 온 뒤 땅이 굳는다고 분열 후 다시 회복을 체험할 수 있을 것이다. 하지만 그렇다고 해서 이러한 커뮤니티 분열에 대해 낙관하는 것은 암에 걸린 후 하나님의 은혜로 치유되었는데, 그 체험이 너무나 귀하고 은혜로워 사람들에게 "암에 걸려도 괜찮고 한 번 걸려 봐도 좋겠다" 라고 권하는 어불성설과 같다. 예수님은 일곱 번씩 일흔 번이라도 용서하라고 말씀하셨다(마 18:21-22).

교회적으로 웹 커뮤니티를 이해할 때 원칙을 가지고 모든 사람들의 있는 그대로의 모습을 이해하고 받아 들일 때 온전한 하나의 공동체가 만들어질 수 있다. 작고 세세한 특징들 모두를 하나 하나 일일이 맞출 수는 없다. 심지어는 한 날 한 시에 태어난 쌍둥이마저도 다른 성향을 가지는 것을 볼 때 우리는 개인이 가진 각기 다른 특성을 이해하고 사역을 하는 것에 그 포커스를 맞추어야 할 것이다. 마치 각각 사람의 손가락 지문이 서로 다른 것처럼 우리 개개인의 특성과 성향, 기질과 관심은 각양 각색이다. 각 성향들을 있는 그대로 존중하고 이해하며 나아가야 할 것이다.

크리스천의 웹-커뮤니티는 실제적으로 교회로서의 역할을 감당한다. 만남과 교제, 예배와 교육이 실제로 구현이 되는 곳이기 때문이다. 인터넷 교회를 통해 오프라인 교회에서 할 수 있는 모든 일 중 되지 않는 것은 성례전 뿐이다. 하지만 인터넷 커뮤니티는 오프라인 교회를 대신할 수 없음을 전제해야 한다. 인터넷 예배를 통해 헌금까지 모금하는 미국의 어느 사이버 교회는 인터넷 교회의 확산을 막는 부정적인 요소이다. 이러한 부류의 사이버 교회는 오프라인 상의 교제를 부정하는 집단으로 필자가 주장하는 인터넷 교회와는 전적으로 그 성격이 다르다. 사이버 교회가 활성화 되는 현상을 보고 보수적인, 전통적인 목회자들은 인터넷 교회에 대한 부정적인 견해를 가지고 심지어는 교회 내 인터넷 사역 부서 설치를 막는 일도 있었다. 그러나 인터넷을 통한 선교, 전도 사역 및 교회 커뮤니티 형성은 교회 홈 페이지 및 각각의 영역별 사이트들을 통해 충분히 효과를 거둘 수 있는 영역이기 때문에 오히려 양성되어야 한다.

또한 웹 커뮤니티는 제자 양육의 효과적인 수단이다. 바쁜 현대 사회 가운데에서 사람과 사람이 만나는 일이 점점 쫓기는 시간 때문에 어려워지고 있는 것이 현실이다. 하지만 인터넷을 통해서 우리는 매일 정해진 시간에 나의 신앙 멘토(Mentor)를 만날 수도 있고, 내 신앙의 동반자를 양육할 수도 있다. 오프라인 상에서의 미팅이 더욱 효과적이겠지만 이렇게 온라인 상의 미팅이라도 지속할 때에는 오프라인 상의 미팅 못지않은 친밀감 형성을 위한 효과를 거둘 수 있다.

크리스천 웹-커뮤니티는 오프라인 활동과 연결된다. 결코 웹 안에서만 미팅을 한다고 웹 안에서만 만남이 이루어지는 것이 아니라 인간의 특성 상 웹에서 만남을 갖는 어느 정도의 시간이 지나면 얼굴을 마주 대하고 싶고 실제적인 만남을 갖고 싶은 것이 사람의 마음이다. 따라서 대부분의 웹 유저들은 온라인 상의 만남에서 발전하여 결국 오프라인 미팅을 더욱 자주 갖게 된다. 교회는 이러한 온라인 미팅을 극대화하여 오프라인 미팅과 교제의 시간 마련에 더욱 활성화할 수 있는 기반을 형성하는 것이다.

(2) 구현 법칙

첫 번째로, 목적과 방향에 맞는 크리스천 커뮤니티를 구축하여야 한
다. 아무리 디자인적으로 훌륭한 페이지, 기술적으로 화려한 구현이
웹 상에 되어 있다 하더라도 그 홈 페이지의 목적과 방향이 애매모호
하다면 우리는 사이트 내에서 길을 잃고 말 것이다. 그 페이지가 비록
단순하다 하더라도 명료하고 확고한 목적과 방향 제시를 할 수 있다면
그 페이지는 이미 50%의 성공을 보장 받은 것이라고 생각할 수 있다.
그리고 그 목적이 자신의 능력(Seeds)과 정확히 일치하게 되는 것 또
한 중요하다.

두 번째로는 리더를 세워야 한다. 홈 페이지는 무형의 단체가 아니
기 때문에 선명한 운영 원칙과 리더십이 성패의 관건이다. 전체적으로
관리 지식이 있고 기술적 이해와 운영 원칙을 습득한 리더십이 크리스
천 홈 페이지의 성패를 좌우한다. 인터넷 상의 교회는 일반 교회와 운
영 원칙에 있어서 별반 다를 것이 없다. 적극적인 리더십이 능력 있는
사이트를 운영하게 하는 중요한 요인이 된다. 성경적 지도력은 그리스
도의 몸을 세우기 위한 목적으로, 하나님의 사람들이 더불어 함께 사
역하여 세상을 복음화 하도록 이끄는 임무를 말한다(엡 4:11-13; 마
28:18-20)[45].

세 번째로, 차별화되고 특화된 서비스를 만들어라. 경제 원리에 있
어 '콘셉트 차별화 원칙'의 핵심은 게임의 룰을 변화시켜 시장 지배력
을 확보하기 위한 것이다. 한국 지형에 맞춰 설계된 애니콜이 우리에
게 적합하다는 콘셉트는 상대적으로 모토로라가 미국의 평야 지대에

---

45) 빌도나휴, 송영선 역, 윌로우크릭교회 소그룹 이야기 (서울: 디모데, 1996), 41.

맞춰 설계되었기 때문에 한국에서는 통화 성공률이 낮을 수 있다는 암시적은 의미를 내포하면서 소비자의 인식에 자리한 모토로라의 영역을 지속적으로 공략하였다.[46] 일반적으로 각 교회 홈 페이지들은 대부분 비슷비슷한 배치 및 구조, 목적과 방향성을 가지고 운영된다. 때로 비교했을 때 다수의 페이지가 동일하게 천편일률적으로 교회 소개, 교역자 소개, 설교, 커뮤니티, 자료실 등으로 구성되어 있음을 발견할 수 있다. 하지만 이러한 구조에서 또한 중요한 목적을 유지하는 가운데 일반화된 전형적인 웹 구성을 조금만 탈피한다면 특화된 흥미로운 사이트들이 만들어질 수 있다. 단순하게 교회의 외형적인 요소만을 전달하는 것이 아니라 흐름과 철학 그리고 분위기를 알릴 수 있는 방법이 얼마든지 있다. 제목을 하나를 붙여도 참신한 타이틀이면 유저들에게 더욱 관심과 흥미를 유발할 수 있을 것이며 지루하지도 않을 것이다. 내용도 콘텐츠 자체를 통해 관심을 갖고 유저들이 스스로 찾아 들어오게 유도한다면 보다 효과적인 인터넷 사역의 노하우라고 말할 수 있을 것이다. 한 예로 교회 홈 페이지에 영어나 중국어를 가르쳐 주는 코너를 설치할 경우 그 반응은 가히 폭발적이다. 순식간에 몇 천 명의 유저들이 방문하는 것을 실제로 목격하게 될 것이다.

네 번째로 리더를 최대한 관리, 육성하라. 리더십은 한 사람만의 전유물이 아니다. 각 영역의 리더십들을 인정할 때 각 영역의 시너지 효과가 폭발적으로 일어날 것이다. 사역은 절대로 혼자서만 해나갈 수 없다. 특별히 인터넷 사역은 각 영역의 기술과 콘텐츠, 페이지들이 조화를 이루고 함께 발전해 나가는 그림을 요구하기 때문에 팀 사역의

---

46) 조서환, 추성엽, 32-39.

기본기를 다져 나갈 수 있다. 또한 최고 리더십의 중간 리더십 관리는 영적인 지도 능력과 웹 기술에 대한 이해와 사역을 통해 얻은 노하우를 통한 요령이 있어야 할 것이다. 유저들이나 웹을 방문한 성도들을 격려하는 시간과 좀더 적극적으로 나아가야 하는 때의 강조는 발전을 위해서는 필수적이다.

다섯 번째, 커뮤니티 활성화 및 지속 방안을 유지하라. 지속적인 기획과 혁신적인 콘텐츠 개발만이 운영의 노하우이다. 별것 아닌 것 같은 아이디어도 시기가 맞으면 큰 효과를 거두는 경우가 있다. 작은 아이디어, 지나가는 생각들을 무시하지 말고 무엇이라도 좋으니 사이트가 정지되어 있는 느낌을 유저들에게 주지 않도록 보다 생동감 있는 신규 콘텐츠 배치와 커뮤니티 운영을 위한 열정이 절대적으로 필요하다. 기도하며 끊임없이 개발하고 엄선된 콘텐츠를 공급하고 가능하면 퍼부어야 한다. 물론 양보다는 질이다.

여섯 번째로 핵심 커뮤니티 콘텐츠를 육성하고 전문 커뮤니티를 활성화하라. 커뮤니티는 다양한 콘텐츠 배치가 필요 없다고 생각할 수도 있지만 그렇지 않다. 커뮤니티 페이지에서도 얼마든지 다양한 카테고리를 형성할 수 있다. 커뮤니티 멤버들의 특성과 성향, 취미 등을 파악해서 리더십을 배치하고 고유의 사역을 펼쳐 나갈 수 있도록 이끌어 주는 것도 중요한 일이다.

일곱 번째, 온라인과 오프라인이 연계되는 서비스를 구축하라. 온라인 서비스에 충실함은 결국 오프라인의 결실로 이어진다. 온라인 이벤트 및 서비스는 작은 것에 불과한 것이지만 이미지와 커뮤니티의 성향과 성패를 좌우하는 중요한 지표가 됨을 명심하자. 또한 온라인 서비스와 오프라인 서비스의 연결고리를 가져야 한다. 온라인에서 발급하는 쿠폰 등은 다운로드를 통해서 얼마든지 쉽게 시스템화 할 수 있다. 하지만 한 예로 싸이월드의 도토리처럼 온라인에서 혜택을 받게 하는 것은 기술적으로 쉬운 일은 아니다. 이에 라디오 방송국에서 응모하면 선물을 보내 주는 것과 같은 행사 등을 가지는 것은 쉬우면서도 유저들에게는 유쾌한 시간을 마련해 주는 것이다.

여덟 번째, 회원들이 최대한으로 커뮤니티에 대한 멤버십을 갖게 하라. 커뮤니티의 최고의 생명력은 회원들끼리의 결속력이다. 그것은 잘 뭉쳐지지 않는 흙과 같아서는 안 되고 점성이 있는 진흙과 같이 뭉쳐져야 한다. 그러한 흙이 좋은 모양을 빚어내는 것이다. 멤버십에 대한 소중함을 알게 하고 그에 대한 혜택과 배려가 최고 운영진 측에서 있어야 할 것이다. 잘 정리된 회원 목록 즉 데이터 베이스를 보유하는 것 또한 중요한 일이다.

마지막으로 새로운 기술을 적용하고, 신속한 커뮤니티 채널을 확보하라. 새로운 기술에 대한 대응이 늦더라도 새로운 기술에 대한 이해가 있어야 한다. 새로운 기술이 모두 필요한 것은 아니다. 넓디 넓은 웹 세상에서 우후죽순격으로 서비스하는 커뮤니티들 속에서 결국 생존하는 사이트는 단 하나이다. 그렇다면 웹 운영자가 굳이 다른 사이트에서 블로그 서비스를 한다고 많은 비용을 들여 블로그 솔루션을 구입할 필요는 없다. 기술보다는 기술에 대응한 아이디어로 간단한 게시판을 통해서도 블로그와 같은 효과를 거둘 수 있다. 또한 다른 커뮤니티 채널과의 교류와 연계도 자신의 커뮤니티를 보다 풍요롭게 하는 지름길이다. 특별히 교회는 하나님 안에서 하나된 연합체이다. 이러한 연합체가 "헤쳐 모여"를 어색해 할 필요는 없다고 생각한다. 우리는 인터넷 세상 안에서 각각 모였다가 전체가 함께 모이는 일에 익숙해질 수 있다.

(3) 특성

동일하거나 유사한 직업, 관심 분야, 가치관, 라이프 스타일 등을 가진 사람들이 모여 온라인과 오프라인을 통해 교류하고 다양한 네트워크를 형성하는 것이 바로 인터넷 커뮤니티의 특성이다. 이러한 커뮤니티가 생성될 수밖에 없는 이유는 쉬운 이동의 자유, 즉 탈퇴와 가입의 용이함이 웹 상에서는 보장되기 때문이다. 쉽게 가입하고, 단시간에 많이 모일 수 있지만 빠져 나가는 원리와 진행도 동일하다. 쉽게 모이고 쉽게 빠져 나간다. 이러한 특성을 충분히 이해하고 민감하게 대처하는 것이 성공적인 웹 커뮤니티 플래너의 역할이 될 것이다.

회원들의 자발적인 참여와 활동을 통해 정보를 생성 또는 공유하며 커뮤니케이션을 유지해야 하는 특성을 이해하자. 웹 커뮤니티는 어느 한 사람만의 독창적인 아이디어나 생각으로 운영되는 것이 아니라 평범한 많은 사람들이 정을 나누며 움직여 나가는 공동체이다. 한 사람의 기발한 생각보다는 열 사람의 보편적인 아이디어가 보다 효과적일 수 있다. 이러한 사역 원리와 개념 속에서 우리는 가급적 회원들이 자발적으로 사이트를 운영하게 하고 가능하다면 회원 모두가 커뮤니티의 리더십이 되어서 역할을 분담하고 각 영역에서 활동할 수 있도록 한다면 가장 좋은 기반 구축이라고 생각한다.

우리는 웹 커뮤니티를 통해 온라인을 통한 휴먼 커뮤니티 구성의 실제를 접하게 된다. 온라인은 결코 냉랭한 기운이 맴도는 기계적인 세상이 아니다. 그곳에는 배려와 사랑, 헌신과 축복, 기름 부으심과 성령의 움직임, 존재하는 영과 생각, 지식과 철학 살아 있는 실제적인 세상이다. '사이버' 라는 말이 '가상' 이라는 뜻과 동일하게 인식되어서 인터넷 세상이 무가치한 것으로 여겨지던 한 때의 오류가 있었지만 인터넷 세상은 오프라인과 연결되는 실제적인 세상이다. 나를 대신 한 아바타가 겪은 가상의 사건만 남는 곳이 아니라 실제의 일들이 체험되는 곳이고 사랑을 나누며 은혜를 체험케 한다. 현실 공간과 마찬가지로 사이버 공간에서도 타인의 시선을 통해 인정받고자 하는 경향은 강하게 나타난다. 주로 전자우편, 채팅, 게임, 토론 게시판, 홈페이지 등을 통해 다른 사람에게 자신이 보내는 관심의 정도를 의식한다. 이들은 자신에게 쏠리는 관심의 정도를 전자우편 수, 자신이 게시판에 올린 글의 조회 수, 홈 페이지의 방문자 카운터나 방명록을 통해 느낀다.[47] 그 곳은 회원간의 교류 및 의사 교환을 위해 다양한 기능과 공간을 제공한다. 손쉽게 정보를 교환하고 마음을 나눌 수 있는 공간이 마련된다는 것을 사역에 있어서 큰 장점이다. 또한 회원제를 통해 회원의 신상 보호 및 정보 교환이 가능한 점도 긍정적인 요소이다. 회원들간의 상호 결속력 및 충성도를 유지하게끔 하는 것이 중요하며 차별화 또는 전문화를 바탕으로 하는 커뮤니티 관리 운영을 위한 이해도 있어야 할 것이다.

효과적인 커뮤니티 운영을 위한 주소록 관리-파란세이

---

47) 홍윤선, 123.

(4) 커뮤니티 구성 요소

먼저 커뮤니티의 운영 목적이 분명해야 한다. 그 다음으로는 모임을 위한 장소가 있어야 하는데 이 장소는 바로 웹 상의 공간이고 웹 페이지가 제작이 되어 있음을 의미한다. 웹 페이지는 집, 머무는 공간, 보여 주는 공간, 소개하는 공간과 같은 역할을 한다. 그 다음으로는 회원의 프로파일에 대한 철저한 관리이다. 처음에 그 양이 적다고 하더라도 시작부터 관리 정책이 있어야 한다. 그렇지 않으면 나중에 파일을 다시 정리하고 다시 전체를 뒤집어야 하는 일이 반복될 수 있다. 역할에 대한 분담을 명확히 하자. 이러한 것이 명시되면 서로 놓치는 일이 없게 되며 각자의 역할에 따른 성취감을 얻게 되고 사역을 효과적으로 이루어 나갈 수 있다.

다음으로 리더십 관리와 이해에 대해 생각해 보자. 리더십은 한 사람의 권위에 집중되기보다는 성공적인 커뮤니티 운영을 위해 모두가 움직이고 행한다는 생각과 이해에서 출발할 것을 권한다. 조지 바나(George Barna)는 "미국 교회는 강력한 리더십이 없어 영향력을 잃고 있다. 원인은 리더십 부재이다. 리더십보다 중요한 것은 없다"고 했다.[48]

서로간의 원활한 활동과 사역을 위한 인터넷 사역 에티켓을 위해 연구하고 배려하는 것도 중요한 사항이다. 인터넷 에티켓은 중요하면서도 간과되는 부분이다. 무분별한 답글, 댓글 즉 고의적 악플로 인해 많은 상처를 받는 사람들이 늘어나고 있다. 악플에 의한 피해자의 심리적 고통은 많은 사람들을 끊임없는 자살에 이르게 할 정도로 심각한

---

48) *George Barna, Leaders on Leadership* (Ventura: Venture Books, 1997), 18.

수준이다. 이러한 현상은 무심코 길을 가다가 모르는 사람한테 갑자기 욕을 먹거나 구정물을 뒤집어 쓴 것과 같다고 말한다. 악플은 모든 사람들이 접근할 수 있는 웹 공간에 공공연히 노출되어 있으므로 오프라인 상에서 많은 대중에게 모욕당하는 것과 다를 바가 없다. 인터넷의 가상 현실에서는 자신의 글이 곧 자신을 대신하는 아바타(Avata) 역할을 하기 때문에 악플로부터 받은 심리적 충격이 실제로 겪은 모욕과 거의 동일한 느낌을 준다. 실제 사례에서 악플에 의한 피해자가 정신적 공황 상태에 빠지기 쉽고, 심지어 자살 충동을 느끼게 되는 것도 이 때문이다. 전문가들은 특히 우울증을 앓고 있는 사람들은 정상적인 사람들에 비해 스트레스를 견디는 힘이 무척 약하기 때문에 일반적으로 아무렇지도 않을 말도 그들에겐 치명타가 될 수 있다고 보고한다. 따라서 크리스천들을 중심으로 일반 대중들을 향하여 댓글을 다는 문화를 형성하고 기본 질서가 있음을 인식시키는 등의 섬세한 배려가 요구된다. 그 외에도 정기적 행사, 특별 이벤트 등을 통한 꾸준한 배려, 실생활과 연계된 서비스를 통해 급조되거나 몰아치지 않는 단계적으로 탄탄한 그룹 형성은 성공적인 커뮤니티 페이지 운영을 위한 키 포인트라고 할 수 있다.

(5) 커뮤니티 관리 운영 정책

효과적인 운영을 위해서는 커뮤니티 관리 및 지원 정책, 운영 지침을 마련하는 것이 좋다. 커뮤니티 관리, 운영 기준 마련은 발전적인 사역을 돕는데, 예를 들면 커뮤니티 약관, 규칙 등이 그 예이다. 커뮤니티에는 수없이 많은 사람들이 오고 가며 그 사람들의 성향은 운영자들이 미쳐 예기치 못했던 성향을 가진 사람들로 채워질 수 있다. 그러한 상황에 미리 대비하여 원칙을 만들어 놓는다면 사역 진행이 보다 수월할 것이다.

커뮤니티 지원 기준 및 원칙 마련 또한 중요한 포인트이다. 사역 및 동역을 하다 보면 오프라인 미팅이 필요하고, 보다 진보적인 사역을 펼쳐 나가기 위해서는 재정적, 영적인 지원의 균형과 그 지원을 위한 원칙이 필요하다. 정기적인 사역을 위한 기도 모임을 유지하는 것이 좋고 그 원칙을 지켜 나갈 수 있도록 하는 것이 좋다. 또한 정기 모임, 모임에 대한 재정 지원 및 지원 액수 책정도 이 영역에서 고려되어야 한다. 커뮤니티 시삽(System Operator) 및 운영자 관리 정책, 커뮤니티 운영자 관리도 병행되어야 하며 지속적으로 커뮤니티 운영자와의 미팅 및 면담을 시도함으로써 피드백을 듣고 그 결과를 통해 보다 발전적인 커뮤니티 사이트를 운영할 수 있다. 가능하다면 모든 피드백 채널을 동원하여 연령별, 상황별로 적합한 운영 기반을 형성할 수 있으면 좋다.

(6) 커뮤니티 활성화를 위한 노력

먼저 홍보에 치중하여야 하다. 사이트 제작에만 열을 쏟고 결국 사이트 홍보를 하지 못하여 에너지를 모두 소비한 채 지쳐 버리거나 업데이트의 불충분으로 사이트의 생명이 단축되는 경우를 볼 수 있다. 다양한 프로모션 수단들 중에서 인터넷만큼 빠르고 저렴하면서도 인터렉티브(Interactive)한 커뮤니케이션 매체는 없다. 이러한 상황에서 축적된 에너지를 통한 사이트 홍보가 오히려 성공을 위한 50%의 생명력을 가진다고 인식한다면 좋을 것이다. 구체적인 예로 일반 명함과 같은 매체로 자신의 사이트를 소개하는 소위 사이트 명함을 제작하

여 운영진들이 자신과 사이트를 소개하는 도구로 사용한다면 좋을 것
이다. 운영진이 자신을 소개할 때 사이트 소개도 같이 하게 되는 것이
고, 한 사람을 통해 소속되는 영역에서는 그 사이트가 홍보가 된다고
볼 수 있다. 그 외에도 이벤트를 시행하거나 선물을 주는 등의 홍보 행
사가 병행될 수 있다. 홍보에 도움이 되는 모든 것을 동원할 수 있다.
타 사이트 게시판 홍보는 전통적인 사이트 홍보 방법이다.

　이용자와 공감대를 형성하는 것 또한 중요한 부분이다. 한 예로 S
회사는 해충 박멸로 유명한 회사이지만 자사의 홈 페이지가 해충 박멸
에 관심이 없는 네티즌들에게까지 인기 있는 것으로도 유명하다. 이
회사에 특별한 기술적인 서비스가 존재하는 것도 아니다. 단지 모든
사원들이 자기 회사 홈페이지의 운영자가 되어서 답글을 달고 모든 유
저들을 고객들로 간주하고 그들과 대화하는데 소홀하지 않는다는 점
이 다르다. S 회사의 사이트에는 "바퀴벌레를 먹을 수도 있나요?" "바
퀴벌레 같은 국회의원들은 어떻게 박멸하지요?"라는 조금은 황당한
질문들이 가끔 올라온다. 하지만 직원들은 특별히 담당자가 정해져 있
지도 않음에도 자율적으로 그러한 장난기 있는 질문을 향하여 친절하
고 진솔하며, 성의 있으며 센스가 가미된 답변을 제공해 주므로 긍정
적이고 진취적인 회사의 이미지를 손쉽게 대변하고 있다.

세스코 로고

　각각의 운영자들을 자극하는 것도 커뮤니티를 발전시키는 방법이

다. 하지만 이러한 경쟁은 분명 선의의 경쟁이 될 것이다. 신선한 경쟁의식은 발전적인 결과를 낳을 수 있다. 또한 책임의식을 고취시키는 방법이 있는데 사이트에 사진, 프로필을 올리고 권한을 부여하는 것도 책임감을 고취시키는 한 방법이 될 것이다. 개인 코너를 부각하는 명함을 제작 발급하는 것 또한 좋은 방법이 될 수 있다. 게시판 프로모션 전략, 이벤트를 통한 경품 제공, 정기적인 뉴스레터, 이-메일 활용, 인기 포털 사이트를 통한 홍보 등이 커뮤니티 활성화를 위한 방법이 될 수 있다. 그러나 이메일 마케팅은 불특정 다수를 상대로 한 무분별한 스팸메일 발송이나 바이러스 등의 유포로 사회적인 문제를 야기하고 있다.

(7) 커뮤니티 가드너(Community Gardner)를 위한 제언

첫 번째는 스스로 기쁨을 얻어야 한다. 짐 칼턴의 저서 『애플:음모와 자가당착과 사업상 실패에 얽힌 숨은 이야기』에 따르면 애플의 리더들은 조직 내 혈관을 따라 흐르는 열정을 통제할 수 없었다. 기술에 대한 사랑이 애플의 모든 중심에 있었지만, 사랑이 드러나는 방식은 상이하면서도 대립적인 양상을 띠었다. 모든 사람들이 제품에 열광했고, 엔지니어들은 제품을 디자인하는 데 열정적이었고, 마케팅 종사자들은 제품을 포장해서 선전하는 데 열정적이었으며, 판매사원들은 제품을 파는 일을 즐거워했다.[49] 만약 인터넷이 아무리 선교를 위해, 사역을 위해 좋은 도구가 된다고 할지라도 자신이 그 사역을 위한 도구에 애정과 관심이 없다면 인터넷 선교 사역은 오래가지 못할 것이다. 이러한 사역

---

49) 리처드 창, 이원진 역, *성장의 비밀 열정 경영* (서울: 위즈덤하우스, 2001), 57.

을 위한 열정을 갖는데 다행히 인터넷 사역의 특징은 처음에는 잘 모르고 출발했다 하더라도 나중에는 관심을 갖기 쉽게 되며, 전문가가 아니더라도 전문성을 어렵지 않게 가질 수 있다는 장점이 있다.

두 번째로는 공정하고 엄격한 관리 체제를 유지해야 한다. 형평성이 어긋난 서비스를 제공할 경우에 좋은 일을 하고도 유저들에게 불편한 마음을 제공하게 될 수도 있다. 가장 좋은 서비스는 공정하고 형평성 있는 베풂과 배려이다. 너무 잘 하려고 해도 좋지 않은 말을 듣는 경우가 있다. 무엇인가를 주려 한다면 한없는 애정을 주려고 노력하자. 끊임없이 이용자 및 회원들을 관찰하고 관리하는 것은 애정의 첫 발걸음이다. 이러한 관심이 모아져 결국 이용자들 사이에 친밀감이 고취되고 관리자에 대한 신뢰감이 형성되어 서로 기도하고 마음을 나누는 교회 커뮤니티의 단계까지 발전하게 되는 것이다.

끝으로 이용자들과의 대화도 요령 있게 해야 한다. 같은 말이라도 짧게 끊어서 하게 되면 오해할 경우가 있다. 인터넷 상에서의 표현은 결국 짧은 글로서 결정되는 것이기 때문에 더욱 오해의 여지가 있다. 단답형으로 짧게 답을 하는 것도 관리자들이 절대적으로 피해야 할 것이다. 마음과 의도는 그렇지 않음에도 듣는 사람이 다른 뉘앙스를 가질 수 있기 때문이다. 좀 더 섬세하게는 받은 메일의 효율적 관리를 위해 중요한 편지와 답변이 필요한 편지 등을 분류한 폴더 정리를 하고, 답장을 보낼 때에는 필요하다면 받은 메시지를 붙인 새 메일을 보내며, 비슷한 메일을 보낼 때에는 보낸 편지함을 활용하고, 메일을 처음 받으면 바로 주소록을 작성하는 습관 등이 효과적인 커뮤니케이션을 제공할 것이다. 이상과 같이 유저 성향에 따른 끊임없는 변화 노력, 그들을 위한 긍휼한 마음과 기도야말로 성공적인 커뮤니티를 운영하는 최고의 기술이라고 할 수 있겠다.

(8) 맺음말

커뮤니티 운영은 사람을 관리하는 것이다. 커뮤니티는 사람들이 모여 활동하는 공간으로 그들 나름대로의 문화를 만들기도 하며 오프라인 사회의 문화를 그대로 투영하기도 한다. 이러한 원리를 적용하여 우리는 효과적인 동원력을 발휘하여 웹 상의 사역이 오프라인 상의 사역으로 연결되는 시너지 효과를 거둘 수 있다. 인터넷 세계, 웹 세상은 너무나도 공정하다. 심은 만큼 거두어 지고 관심과 배려를 베푼 만큼 격려의 박수소리는 돌아올 것이다. 특별히 인터넷 선교 교회를 운영하는 입장에서 기도와 섬세한 관심이 기술적인 지원보다 더욱 요구된다.

2) 웹 플래너(Web Planner)

웹을 구성하는 요소로는 기획, 디자인, 개발(프로그래밍), 리뷰의 단계를 거쳐서 완성된다고 볼 수 있다. 웹 기획자는 이러한 사역에 대해 전체적이고 전반적인 모든 상황을 파악하고 이해해야 한다. 실제적으로 웹 기술 사역의 총괄 리더십의 역할을 하는 영역으로 전문적인 지식 배경이 있다면 더할 나위 없이 좋겠지만 그러한 기술적인 경험과 지식에 대한 배경이 없다 하더라도 웹 기획자로서의 사역 운영이 얼마든지 가능하다. 창의력과 상상력을 개발하라. 웹 기획자는 기능적인 영역에 지식이 많은 것보다 지혜가 많고 독특하고 기발한 아이디어가 많으면서도 일반적인 추세 및 보통 사람들의 평균적인 감각에 대한 이해가 있어야 한다. 보유한 아이디어에 있어서 너무 앞서가도, 너무 뒤어도 웹 사역에서는 문제가 될 수 있기 때문이다. 상상력을 개발하는

데에는 장기적 관점에서 예술 체험 즉 미술관이나 음악회를 다니는 일, 패션, 라이프 스타일, 음식 등 다양한 분야의 잡지를 읽는 일, 낙서하는 습관, 자신의 방, 사무실 등에 '나만의 창조공간'을 만드는 일, 황당한 아이디어라도 모아두는 '메모장' 사용 등이 도움이 된다. 또한 일반 기획의 경험과 연륜이 있다면 웹 기획의 영역에서도 실력을 발휘하고 자신의 역할을 충분히 발휘하는 케이스를 많이 발견하는 경우를 보며 도전 받을 수 있다.

사역의 전체를 보는 눈, 과거, 현 시대 및 미래의 변화를 읽는 능력, 그리고 독특한 창의력이 일반 웹 기획자가 가질 수 있는 능력이라면 여기에 더하여 운영을 수월하게 하는 비즈니스 감각과 영적으로 이끌어 갈 수 있는 능력이 첨가되기를 인터넷 선교를 위한 웹 기획자의 역할을 감당할 미래의 인터넷 선교사들에게 당부하고 제안한다. 모든 것을 기도 가운데에서, 예를 들어 디자이너가 디자인을 시작할 때도 웹 기획자가 전체적으로 디자이너들의 영성을 잘 감지해야 한다. 어려울 때는 격려하고, 휴식이 필요할 때는 배려하며, 제작을 시작하는 단계에서는 모니터라 할지라도 진심으로 안수하고 기도해야 한다. 또한 페이지 제작을 시작할 때 웹을 통하여 하나님께서 원하시는 온전한 능력이 쏟아져 나올 수 있음을 경험을 빌어서 말해 주어야 한다.

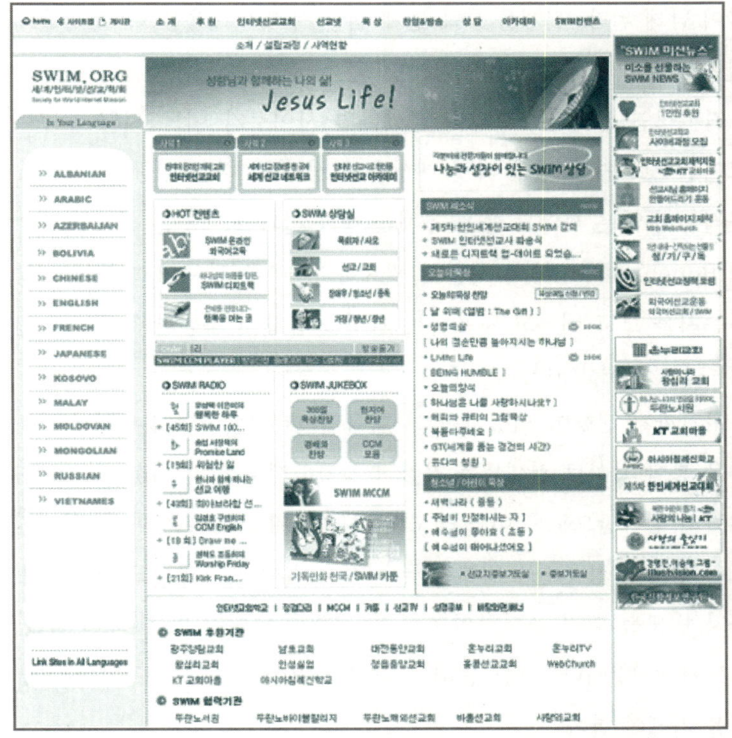

세계인터넷선교학회 메인 화면

(1) 사이트 기획

구체적으로 사이트를 기획하기에 앞서서 충분한 기획 회의의 시간과 브레인 스토밍(Brain Storming)이 요구된다. 기획 회의의 핵심은 바로 목적을 세우고 인터넷 선교적인 전략을 확립하는 것이다. 목적과 방향성이 잡혀지면 거의 절반은 완성한 것이라고 해도 과언이 아닐 것이다. 인터넷 선교 사역에 있어서 '선포'가 완성되는 것이 가장 중요하고 탄생된 비전의 기준에 맞추어서 내용을 충실하게 채워 나가는 일만이 남게 된다. 진행을 통해 얻게 되는 사역의 내용은 한 번에 끝나는 일이 아니라 반복적인 일이다.

기본적인 브레인스토밍이 끝났다면 사이트가 어느 지역 누구에게 보여질 것인지에 대한 타깃 대상을 설정하고, 다른 성공적인 또는 성공적이지 않은 사이트 등을 통해 진행과 결과를 배우는 철저한 벤치마킹(Benchmarking)의 시간이 필요하다. 다른 단체나 개인이 어떻게 하는지를 보고 배우고 차용하는 과정을 통해서 훌륭한 창조물이 탄생할 수도 있는 것이다.

여기까지 진행이 되었다면 그 다음 단계로는 통계 분석, 시장 조사 등을 통한 사이트 컨셉트를 가급적 정확하게 확인하는 것이 중요하다. 대략의 생각만으로도 어느 정도의 사역 범위를 가늠은 할 수 있겠지만 보다 정확한 성공률을 위해 조금 시간이 걸린다 하더라도 철저하게 사용자 빈도를 미리 조사하여 사역을 진행해 나아갈 때 더욱 충실한 사이트가 될 것이다. 또한 통계에 의해 철저한 시스템을 구축하는데 만전을 기해야 한다.

끝으로 디자인의 방향성, 메뉴 구성, 인터페이스 구성 등에 대한 밑그림을 먼저 그리는 것이 중요하다. 이러한 밑그림은 한 번 그려 놓으면 수정이 어려우므로 반복하고 시간이 소요되더라도 가급적 완벽하고 장기적으로 운영이 가능한 원본을 얻어내는 것이 좋을 것이다. 기능적으로 편리한 웹 페이지를 만드는 일도 중요하다. 모든 페이지에서 각각의 페이지들에 연동이 가능하고 쉽게 파악할 수 있으며 원하는 위치로 이동이 용이하게 하는 기능적인 배려에 따른 기능 배치가 기본적으로 설치되어 있어야 할 것이다. 사용자의 입장에서 구성된 효율적인 콘텐츠 배치 및 구조의 정리는 오랜 경험을 통한 실제적인 지식을 통

해 얻어진다. 또한 하고자 하는 사역에 대한 이해가 충분하면 충분할
수록 더욱 안정적이고 편리한 구조를 제공함으로 보다 성공적인 웹 사
역의 첫 발을 내디딜 수 있을 것이다.

효과적인 콘텐츠–사랑의 교회 e-Book

(2) 콘텐츠 기획

사이트 기획이 웹 전반 골격을 세우는 것이라면 실질적으로 유저들
을 끌어 모으고 내실을 키우는 것은 콘텐츠의 양과 질에 달려 있다.
"운영하는 웹을 통해서 무엇을 제공하고 얼마나, 어떻게 업 데이트
(Up-Date) 할 것인가?"에 대한 고려가 성공적인 사이트를 운영하는
관건이 된다. 홈 페이지 디자인이 훌륭해서 사이트를 찾아오는 경우도
있을 수 있지만 그러한 방문의 빈도는 처음 한 번 내지는 몇 번에 그치
고 만다. 하지만 처음에는 별 것 아닌 것 같았던 사이트가 알고 보니
실속 있는 콘텐츠들로 가득 차 있고, 그 콘텐츠들이 매일 또는 정기적

인 시간에 따라 업 데이트가 될 때 유저들은 매력을 느끼고 꾸준히 접속하게 되는 결과를 낳게 된다. 좀 더 구체적으로 인터넷 선교의 성공을 위한 핵심 키인 콘텐츠 기획을 위한 제언을 해 본다.

첫 번째로 콘텐츠 제작 및 운영을 위한 브레인스토밍의 시간이 충분하게 요구된다. 생각은 기발하고 좋은 아이디어라 할지라도 그것이 실현 가능한 것이 아니라면 그 제안은 아무것도 아닐 수 있다. 실제적으로 운영자의 주위에서 네트워크를 통해서 운영 가능한 웹 콘텐츠 영역의 한계를 정하고 그 영역권 내지는 밖이라 할지라도 너무 멀지 않은 영역 안에서 운영이 가능하도록 실질적으로 시스템을 설정하는 것이 필요하다. 그리고 아무리 좋은 콘텐츠를 많이 배치하려고 해도 기술 영역에서 충실한 뒷받침이 되지 못한다면 실제적인 운영이 불가능하게 된다. 실제적으로 운영 가능한 영역을 섬세하게 정하는 것이 이 사역 분야에서 요구되는 제일의 요소이다.

그 다음으로는 운영을 위한 적절한 콘텐츠를 선정하는 단계에 이르게 된다. 먼저 "콘텐츠의 운영 목적과 타깃(Target)이 적합한가?"에 대한 고려, 지속적 운영에 대한 구체적인 계획이 있어야 하고 웹 페이지를 통해 운영했을 경우 부딪칠 수 있는 법적 문제 등을 고려해야 한다. 특별히 음원, 동영상 등 저작권법이 강화된 현재 시점에서 사전에 이러한 고려가 없었다가는 어렵사리 사이트를 오픈 하고도 금방 문을 닫아야 하는 불미스럽고 안타까운 경우가 발생할 수도 있다.

다음 단계로는 선정된 콘텐츠를 분류하는 것이 중요하다. 아무리 좋은 밥상이 차려져 있어도 먹기 좋게 차려 있지 않으면 무엇을 먹어야 할지 모르게 젓가락만 상 위를 맴도는 일이 생긴다. 또 너무 많은 음식을 한 밥상 위에 올리면 나중에 두고두고 먹으면 좋을 맛있는 음식마저도 질려 버리고 만다. 지식을 잘 전달하는 것도 좋은 지식을 제작하는 것만큼 중요한 비중의 사역이다. 카테고리 분류가 명확해야 사용자들이 만족감을 가지고 단계적으로 자신들이 원하는 정보를 얻어 갈 수 있고 커뮤니티 유저들은 보다 많은 관계를 형성할 수 있게 된다.

마지막으로 메뉴에 대한 기획 즉 메뉴 구조도, 사이트 맵 제작과 PPT와 DOC 등을 이용한 스토리 보드를 작성하면 된다. 전체적으로 구조 도면을 그리고 페이지가 완성되었을 경우에는 같은 기획 내용을 사이트 맵으로 활용할 수 있도록 완벽한 기획을 한다. 스토리 보드는 파워포인트(PPT)로 구성하면 디자이너들이 내용과 진행 사항을 전달받기가 쉽겠지만 그러한 것이 용이하지 않다면 굳이 파워포인트를 배우는 시간으로 웹 기획을 위한 에너지를 낭비하지 말고 단순하게 하얀 백지에라도 펜으로 그려서 스토리 보드를 완성하는 손쉬운 방법도 있다. 그렇게 제작된 기획안이라 할지라도 정보 전달은 얼마든지 가능하다. 물론 디자이너들이 익숙하지 않은 필기 및 그림으로 짜증을 낼 가능성은 있다. 조금 넉넉한 예산이 확보가 된다면 타블릿(Tablet) 노트북 또는 가격이 저렴한 타블릿 기능을 수행할 수 있는 하드웨어를 활용하여 손으로 그렸지만 파일화 할 수 있는 도구를 활용하면 전달과 수정이 용이하게 진행될 수 있다.

(3) 프로그램 기획

프로그램 기획은 먼저 서버를 결정하는 것에서 시작한다. 서버 결정을 어떤 것으로 하느냐에 따라 앞으로 향후 웹 운영의 중요한 방향이 정해진다. 이러한 사항은 자금력, 보안, 관리를 먼저 고려해야 한다. 자금이 부족한데 기본적 설치 비용과 운영에 비용이 많이 드는 시스템을 무리해서 선택할 필요는 없다. 시스템들은 각양의 장단점이 있기 때문에 전문적인 지식과 함께 오랫동안 고려하는 것이 좋다. 보안 또한 차후 웹 사이트 운영 시 중요하게 고려해야 하는 부분이다. 특별히 선교지를 대상으로 사역을 진행할 경우에 보안 문제는 인터넷 선교 사역 운영의 핵심과도 같은 영역이라고 할 수 있다. 선교사들에게 있어서 보안 문제는 생명과 직결되기도 한다.

프로그램 기획의 순서로는 서버 운영 체계 결정〉웹 서버 결정〉웹 프로그램 결정〉웹 DB 결정의 단계를 거쳐 완성된다. 서버는 다음과 같이 구성되어 있다.

유닉스 계열: Linux, UNIX, Solaris 〉아파치 서버 〉PHP, JSP 〉
MySQL
윈도우 계열: NT, win 2000, wi n2003 〉IIS 서버 〉ASP, JSP 〉
MS-SQL

프로그램 기획 부분을 좀 더 자세하게 고려한다면 사이트에 구현되어야 할 프로그램 요소를 결정하는 단계가 중요하다. 각각의 개인화 서비스를 어떻게, 어떤 수준으로 제공할 것인가를 고려하고, 게시판의 종류 선정 및 운영 사이트의 성격에 따른 프로그램 구성을 설정해야 한다. 예를 들어 쇼핑 몰, 커뮤니티 사이트, 신문사 사이트는 각각의 성격이 다른 만큼 설치되는 프로그램도 다르다. 프로그램 설치는 결국 비용으로 연결될 수도 있다. 하지만 선교나 사역을 목적으로 하는 페이지의 경우 널리 알려진 제로보드와 같은 비용이 들지 않는 프로그램을 활용함으로써 그 비용을 최대한 절감할 수 있다. 제로보드는 교회 홈 페이지나 사역을 위한 커뮤니티 페이지에서 필요한 대부분의 모든 기능을 지원하는 편리한 프리웨어 솔루션(Free-wear Solution)이다. 또한 특별히 상용화되어야 할 프로그램이 있다면 자체 개발을 위해 고려하고 고심하기보다는 어느 정도의 예산을 책정하여 외주를 주는 것이 보다 경제적이고 효과적인 방안이라고 생각한다. 웹 프로그램 기획 분야의 마지막 단계로는 DB 구축, 플로우 차트(알고리즘) 제작, ERD 제작, 프로그래밍 작업의 순서로 진행된다.

(4) 디자인 기획

디자인은 사이트의 운영 목적과 내용 전반을 웹을 접하는 유저들에게 최초로 전달하는 가장 큰 영역이라 할 수 있다. 전체 디자인, 색, 아이콘 하나 하나가 운영하는 웹 사이트의 성격을 말해 준다고 볼 수 있다. 또한 첫인상을 지정해 준다. 내용을 알기 전에 그 웹 사이트의 내용을 미리 알 수 있게 하는 근거가 된다. 디자인을 구성하는데 있어서 먼저 편의성을 고려해야 한다. 아무리 멋진 웹 사이트라 할지라도 어디로 들어가야 하는 지도 모르게 난해하게 제작된 웹 페이지 구성을 해 놓았다면 그것이 의도적이든지 그렇지 않든지 간에 그 사역 본질에 대한 효과는 반감되고 말 것이다. 사용자는 웹 사이트의 정체성, 기능, 유용성을 한 눈에 훑어보고, 원하는 것만 살펴본 후, 그 과정 중 불편하거나 번거롭다고 느끼면 미련 없이 떠난다.[50]

UI(User Interface)에 따른 심미적 요소를 고려하는 것이 디자이너의 영역이다. 유저 및 타깃의 성향 분석을 토대로 색상 컨셉트를 지정

---

50) 최미선, xi.

(통일성, 일관성, 채도 등)하는 것이 중요하다. 인터넷 선교에 있어서 나라별로 선호하는 컬러가 있다. 어떤 나라는 빨강색을 금기 시 하는 반면 어떤 나라는 모든 것, 예를 들어 배경, 아이콘 컬러, 글씨 등을 붉은 색으로 지정하기를 선호하는 나라가 있다. 색 배열의 일관성도 중요한 부분이다. 맞지 않는 두 가지의 색, 즉 보색 대비는 예술성이 있을지는 몰라도 웹 사이트를 접하는 유저들의 시선을 불안정하게 만들 수 있다. 차라리 특정 사이트의 제작 목적을 기반으로 색을 아주 많이 사용하여 나름대로의 예술성을 추구하는 일은 있을 수 있다. 하지만 일반적으로 인터넷 선교를 위한 사이트는 예술성보다는 먼저 편의성이다. 정확한 정보 전달이 가장 중요한 수단이 된다. 잘못하면 정신 분열 증상 초기를 보이는 사이트로 오해 받을 수 있으니 색 선정에 있어서 신중하자. 또한 디자이너의 영적인 상태가 드러날 수도 있다.

폰트 선택에 있어서는 가독성을 고려하여 기본 폰트 위주로 지정하고 자간 및 행간, 문단 간격 등 통일되게 하는 것도 중요하다. 이 때에는 CSS라는 기능을 사용하면 되는데 홈 페이지 디자인에 있어서도 워드의 기능처럼 설정을 하면 한꺼번에 일괄적으로 간격을 맞출 수 있다.

인터페이스는 일반적인 인터페이스와 독창적인 인터페이스로 나뉘어진다. 일반적인 인터페이스는 사용자들에게 부담감을 주지 않고 편리하게 보이지만 창의성이 떨어지면 관심을 유발하지 못한다. 그리고 오랜 동안 인터페이스를 유지한 경우 인터페이스를 바꾸는 것을 꺼리게 되는데 그 이유는 한 번 인터페이스를 바꾸게 되면 이전의 사용자들은 새롭게 인터페이스에 익숙해지는 시간이 요구된다. 그 시간만큼 유저를 잃게 되기 때문에 웹 운영자들은 변화에 대한 고려를 하게 된다. 창의적인 인터페이스는 처음 들어오는 유저들에게 상상력과 관심을 유발하게 되어 관심을 모으는 효과가 있다. 하지만 연령이 높은 유저들에게는 그러한 창의적인 인터넷 페이스를 채택한 웹 페이지의 사용이 어려울 때가 있다. 마치 숨은 그림 찾기 식, 알기 어려운 도형, 사진 또는 문자로 이루어진 인터페이스는 때로는 유저들에게 짜증을 유발하기도 한다. 이렇게 창의적이고 편의적인 면을 고려한 상태에서 인터페이스가 만들어질 때 유저들은 보다 안정적으로 웹 사이트를 사용할 수 있다. 이것은 아주 기본적인 웹 서비스의 일환이라고 이해하면 된다. 결론적으로 쌍방향 시각 언어 창조자인 웹 디자이너는 웹 사이트의 정체성, 콘텐츠의 유용성을 빠르게 전달할 수 있는 창의성을 발휘하고, 사용자의 웹사이트 탐색을 쉽게 도울 수 있는 인터렉션(Interaction)으로 사용성을 제공해야 한다. 이를 위해 웹 디자이너는 사용자가 쉽게 이해할 수 있는 쌍방향 시각 언어 수준을 이해하고, 시각 요소가 언어로서 그 기능을 수행할 수 있는 조건들을 충분이 파악하고 이해해야 한다.[51]

(5) 관리자 모드 기획

자체 제작 프로그램이 기반이 된 웹 사이트는 관리자 전용 페이지가 필요하게 되고 이에 대한 기획 또한 고려되어야 한다. 인터넷 선교를 위한 웹 사이트들은 제작하는 것이 중요한 것이 아니라 제작한 후 다음 단계의 사역이 중요하다. 제작 초기 이전의 시점부터 앞으로의 장기적인 사역 계획을 체계적으로 세워야 제작 후 또는 웹 사이트 운영

---

51) 최미선, X.

후 다시 제작하는 번복을 면하고 실속 있고 효과적인 사역을 지속할 수 있다. 보다 높이, 멀리 볼 수 있는 위치에서 웹과 운영 기획을 하는 깊이 있는 사역 마인드가 중요하다. 관리자 모드 프로그램은 무료로 사용할 수 있는 제로보드 등의 간단한 게시판으로 설치를 할 경우 설정에 따라 운영할 시에는 사용 방법이 어렵지 않지만 그래도 운영 원칙은 필요하다. 어떤 게시판을 어떤 상황, 어떤 웹 페이지에서 사용할 것인가에 대한 고려가 체계적으로 있어야 한다. 그렇지 않을 경우 한 타이틀의 웹 페이지에 여러 가지 게시판이 구별 없이 사용될 수 있고, 그러한 경우 체계 없는 사이트라는 느낌을 줄뿐더러 운영상 효과적이지도 않다. 귀찮다고 무심하게 아무 게시판이나 붙이는 것이 아니라 빌려 쓰는 게시판 보드라 할지라도 정책을 만들고 운영 플랜을 제작하여 원칙에 맞게 설치하는 자세가 필요하다. 제로보드 게시판에도 수많은 서비스 종류가 있다. 그러한 것만 소개하는 책도 한 권 분량이 될 정도이다.

첫 번째로 관리 인력 그리고 기술적 지식 수준을 고려한 기능에 대해 프로그램 설치 기획이 되어야 할 것이다. 너무 복잡하고 어려운 관리자 설정이라면 보다 편리하고 알기 쉽게 누구든지 이해할 수 있는 관리자 세팅으로 바꾸어야 한다. 관리자는 연세가 많으신 분이 또는 어린이 또는 청소년이 될 수도 있기 때문이다. 그리고 관리자 설정에 대한 이해가 어렵다면 그것을 이해하기 쉽게 설명한 매뉴얼을 제작하면 좋을 것이다.

두 번째로 관리자 모드 로그인 등 보안 대책을 수립 및 운영하는 것이 중요하다. 회원 정보, 콘텐츠 등의 유출을 방지하고 보안에 신경을 써야 안정적인 서비스가 제공되고 유저들에게도 신뢰감을 줄 수 있다.

로그인 시스템을 통해 사이트를 운영할 경우 정기적인 패스워드 교환 및 유출에 대한 관리가 필요하다. 서버 보안에 대한 이러한 부분은 전문적인 업체에 아웃소싱을 주는 것을 권면한다. 보다 안정적이고 철저한 보안을 원한다면 전문 업체가 지켜 주는 것이 확실하다.

마지막으로 게시판, 회원 관리, 쇼핑몰 등 각 요소에 알맞은 기능 구현을 요구에 맞게 해야 한다. 좋은 기능이라도 쓸데없이 이곳 저곳에 부가 기능을 설치하게 되면 잘 사용하지도 않으면서 산만하고 짐스러운 코너만이 자리하게 된다. 그것보다는 깔끔하게 사용되는 기능만으로 웹 사이트를 부각하는 것이 효과적인 운영을 위한 더 좋은 방법이 될 것이다.

(6) 상호 업무 맵(Map)

효과적인 진행을 위해서는 전체적인 기획안을 먼저 제작, 검토한 후 그 기획안을 전체가 공유하는 것이 중요하다. 그 다음에는 작업 진행 스케줄 표를 작성하고 작성된 스케줄 표에 맞추어 각 영역에 배치를 한다. 실패한 사역의 한 예로 디자인이 끝난 후 프로그램 기획을 제작 실무자에게 넘겨서는 안 된다. 그렇게 하면 디자인이 끝난 후 한참이 지난 후에야 프로그램이 완성이 될 것이다. 그만큼의 시간을 제작 과정에서 낭비하게 된다. 디자인과 프로그램 기획에 대한 오더는 작업 실무자들에게 파트별로 동시에 내려져야 한다.

그룹 업무 배치가 이루어졌다면 먼저 디자인 가이드를 작성한다. 이 부분은 디자인 팀에서 이관 받아 전적으로 운영한다고 생각하면 된다. 이 때에 디자인 팀 기획은 개발 팀 및 기획 팀과 항상 공유되어야 한다. 웹 사이트 프로젝트를 위한 시안을 디자인 팀에서 제작한 후에는 여러 가지 시안을 검토한 후 리스트 별로 리뷰 하는 것이 중요하다. 이 시간에는 전체 기획 팀 및 프로젝트 관련자가 함께 모여서 시안 설정을 전체적으로 그리고 단계적으로 고려하는 것이 중요하다.

시안이 설정이 되면 디자인 작업이 선택된 시안을 기준으로 완성되고, 완성 후에는 최종 확인한 후 HTML코딩을 위해 웹 개발팀으로 이관하고 최종적으로 웹 관리 팀으로 안착시킨다. 이즈음에서는 페이지가 거의 완성되고 운영을 위한 최종적인 기본적인 준비가 완료되었다고 볼 수 있다. 하지만 이 단계까지로 웹 사이트 프로젝트 제작 및 운영을 위한 준비가 모두 다 끝났고 볼 수는 없다.

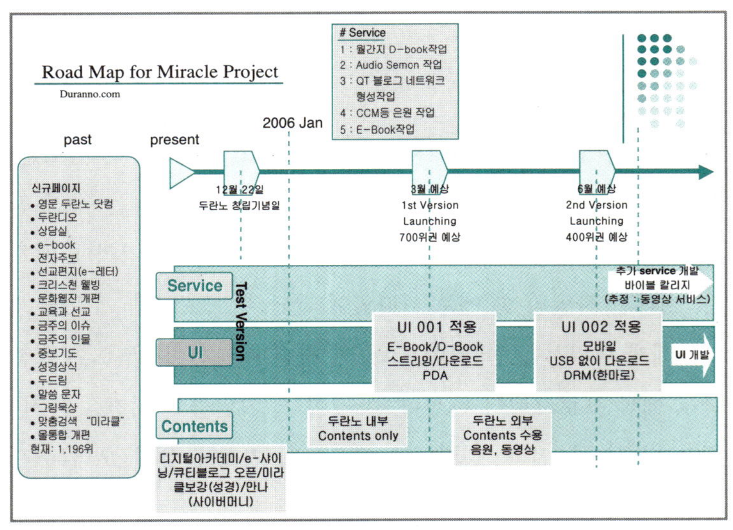

상호 업무를 위한 로드 맵(Road Map) 예

(7) 운영

이제부터 실제적인 운영을 위한 기획이 필요하다. 물론 이 단계의 기획도 프로젝트 초반 단계에서 이루어져 있어야 한다. 이제는 이 기획에 대한 실행의 시간인 것이다. 웹 사이트를 위한 인력을 배치하고 후속 조치를 위한 끊임 없는 기획안이 마련되고 실행되어야 할 것이다. 이를 위해서는 데이터베이스를 통한 유저들의 성향 조사가 운영의 기초적인 기반이 되어야 한다. 또한 이 조사는 정기적이어야 하고, 정기적인 점검 시스템이 뒷받침이 되어야 한다. 무턱대고 사역을 진행하는 것보다는 타깃 대상과 웹 사이트를 사용하고 있는 커뮤니티의 성향을 조금이라도 더 파악하고 사역을 진행하는 것이 중요하다. 성향에 따른 콘텐츠 기획이 꾸준히 운영 정책 속에서 배치되어야 하고 개편은 정기적으로 시행이 되어야 한다. 보다 나은 서비스 추구를 위해 프로그램, 디자인, 콘텐츠, 오프라인 서비스 부분에 대한 끊임 없는 연구가 실행으로 연결되어 보강되어야 하고, 장기적인 계획을 통해 기술력 보강 및 프로그램 업 그레이드가 이루어지며, 최고의 디자인을 위한 노력이 정기적으로 뒷받침되어야 할 것이다.

최종적으로는 홍보 기획안이 필요하다. 웹 사이트 홍보 기획은 일반 사역 홍보 기획 또는 선교 동원 사역과 별반 다르지 않다. 목표를 위한 기도 모임과 공감대 형성, 비용 투자가 홍보 및 동원 효과와 연결된다. 비용이 없다면 아이디어로 승부를 걸어야 하고, 조금만 부지런하다면 비용과 아이디어가 없이도 홍보할 수 있는 방법이 있다. 게시판을 활용하는 것이 그것이다. 하지만 스팸성 메일링은 자칫하면 홍보의 반감을 가져 올 수 있으니 심각하게 고려하기 바란다.

(8) 맺음말

사이트 구축 기획은 전투선들의 함장과 같은 역할을 한다. 인터넷 선교 영역의 가장 높은 곳에서 미래적인 감각을 가지고 진두에서 지휘하는 것이다. 선교 현장의 리더가 인터넷 선교사로서 역량을 발휘하기 위해서는 웹, 콘텐츠 제작 및 커뮤니티 운영 기술자들을 연합시키고 배치하는 기술이 필요하다. 그저 재정만 지원하고 알아서 하겠지 하는 마음을 가지고 교회 홈 페이지를 제작 또는 인터넷 선교 사역을 감당하기보다는 목회자가 직접 섬세한 관심을 가지고 웹 페이지를 기획하고 인터넷 선교 사역을 진행하는 것이 중요하다. 실제로 그 페이지를 사용하는 것은 본인임에도 모든 기획을 막연하게, 그저 자신의 전공 분야가 아니니 어려울 것이라는 생각으로 전문업체에게만 맡기는 인터넷 선교 및 교회 웹 사역 방식은 이제 배제되어야 할 때라고 생각한다. 인터넷 기획은 특별한 기술을 가진 사람의 분야가 아니라 인터넷 선교에 비전과 관심을 가진 '누구나'의 영역이다. 특별히 교회 지도자들이 이 인터넷 선교 및 교회 웹 사역을 위한 기획력을 확보하여 보다 진보적이고 효과적이 목회와 사역을 감당하기를 소원하는 바이다.

제12장

인터넷 방송의 전문 기술 영역

1. 필요성

인터넷 방송은 이제 시대적 요청에 의해 차세대 선교의 선두 주자가 되었고 그 영역 중 한 분야인 미디어 선교를 위한 필수적인 도구가 되었다. 인터넷 방송(Internet Broadcasting)이란 인터넷과 기존 지상파 방송의 통합적인 개념으로서 다양한 용어로 쓰이고 있다. 이는 웹과 방송의 합성어를 사용하여 '웹 캐스팅(Webcasting)', 사이버 공간에서 이루어진다 하여 '사이버 캐스팅(Cybercasting)', 개인 방송이 가능한 점에서 '개인 방송(Personalcasting)' 이라고도 한다.[52]

이제 인터넷 방송은 특수한 단체나 전문 방송국의 전유물이 아닌 누구나 일반적으로 운영할 수 있는 편리하고 친근한 선교를 위한 중요한 수단이 되었다. 비용 면에 있어서도 이전에 일반적으로 생각하던 방

---

52) 박성호, 129.

송국 설립 및 운영 규모가 아니라 예를 들어 단순한 인터넷 라디오 방송을 시작으로 사역을 시작한다면 성능 좋은 마이크 한 대, 컴퓨터, 인터넷 시스템만 있다면 인터넷 라디오 방송 사역을 얼마든지 시작할 수 있다고 본다. 물론 방송 콘텐츠 내용에 대한 수준 차이는 제작 여건과 상황에 따라 많이 나겠지만 여기서도 성공적인 방송의 관건은 하드웨어적인 것이 아니라 결국 소프트웨어 즉 콘텐츠의 내용에 있다고 보아야 하겠다.

인터넷 방송은 분명 선교적인 측면에서 평가해 볼 때 효과적인 전달 수단이다. 시간이 흐를수록 텍스트 위주로 제공되는 정보들에 유저들은 점점 흥미를 잃어 간다. 단순한 글자만을 읽도록 정보를 제공하는 기반에서 단순한 정보라 할지라도 다양한 플래시와 동영상이 가미가 된다면 유저들에게 정보를 이해하는데 보다 나은 집중력과 흥미를 유발케 한다. 특별히 요즘 세대들은 동영상이 빠져 있으면 흥미를 느끼지 못한다. 핸드폰으로도 쉽게 동영상을 촬영할 수 있으니 인터넷 방송을 통해 보다 나은 진보적인 정보를 발전하는 기술을 통해 기대할 것이다. 정보를 전달 받고, 보고, 듣고, 느끼는 감각과 감정 이해가 이전 세대와는 비교할 수 없을 정도로 변화하고 발달하여 있다. 인터넷 방송은 이렇게 현 시대 선교 사역에 일반화되어 이전까지 부담으로 여기던 비용과 기술 두 가지 면에서 탈피하여 사역의 진보적인 비전을 설립하는데 자유롭게 한다.

그렇다면 이제부터는 수준 높은 인터넷 선교를 위한 콘텐츠 제작의 개념과 방송 소스 수집의 방법에 대해서 알아 보기로 하자. 하지만 한 가지, 인터넷 동영상 및 다양한 방송 소스의 링크 방식에 대해서는 고려하지 않기로 한다. 링크를 선호하는 사역자도 있지만 링크는 어디까지나 자신의 사이트가 아니다. 다른 사역자의 사이트를 연결해 놓은 것뿐이다. 선교적 내용을 공유하는 사역 부분에는 이의가 없지만 인터넷 선교 사역을 보다 안정적이고 전문적으로 이끌어 가려는 입장에서 치명적인 것은 사역의 주체로서 콘텐츠 배치를 마음대로 바꿀 수 없다는 것이다. 콘텐츠를 보유하고 있는 사이트 주체가 링크 주소라도 바꾸어 버리면 하루 아침에 "페이지를 표시 할 수 없습니다"라는 내용 하얀 페이지가 뜨는 난감한 경우를 맞게 된다. 그러한 경우 콘텐츠를 보유하고 있는 단체에 연락을 하여 새로운 링크 주소를 알아서 경로를 바꾸어야 한다. 링크를 허용하는 단체 입장이 탐탁지 않다면 어쩌면 부탁하는 느낌이 들 수도 있다. 아예 관리자와 연락마저도 되지 않으면 그 링크 포지션은 영영 찾지 못하게 되고 그러한 경우는 눈물을 머금고 과감히 링크를 삭제해야 한다. 작업해 놓은 것이 아까워도 어쩔 없는 상황이다. 하지만 대부분의 단체는 링크를 통해 사이트 클릭이 올라가고, 자신들의 사이트에 걸려 있는 링크는 사이트를 살리는 데 도움을 주기 때문에 수정을 위한 정보를 친절하게 제공할 것이다. 간혹 링크를 거는 일에도 야박한 경우가 있다. 자신들의 사이트에만 들어와 특정 콘텐츠를 접속해야 한다고 주장하는 인터넷 사역 단체도 있다. 그리고 링크를 걸 때에도 원칙은 없지만 예의상 사이트 담당자에게 양해를 구하는 것이 옳다.

인터넷 방송—CCM 사역자 약속의 땅 & 강찬

2. 인터넷 방송국 구축

인터넷 방송의 종류로는 VOD(Video in Demand), AOD(Audio on Demand) 그리고 리얼 스트리밍(Real Streaming), 라이브 방식이 있다. 인터넷 방송은 지금까지 이용자가 인터넷에서 원하는 서비스를 계속적으로 찾아가는 '풀 기술(Pull Technology)'에서 벗어나 이용자가 원하는 정보를 해당 컴퓨터 모니터로 밀어내는 '푸시 기술(Push Technology)'에 기초하고 있으며 인터넷 홈페이지에 일정한 파일로 방송 프로그램이나 방송 서비스를 제공하여 두었다가 이용자가 원할 때에 접근할 수 있도록 하는 VOD 기술을 이용하기도 한다. 따라서 인터넷 방송은 기술적으로 인터넷상에서 '스트리밍

(Streaming)' 기법에 의해 제공되는 멀티미디어 영상 서비스라고 할수 있다.[53] 우리는 자신이 원하고 또한 비전을 가지고 있는 분야를 선택하거나 모든 방송 범위를 포함 선택하여 인터넷 방송 선교 사역을 손쉽게 진행할 수 있다.

첫 번째로 다른 일반적인 기획들과 마찬가지로 인터넷 방송 선교의 경우에도 목적 설정이 중요하다. 좋은 도구라고 욕심껏 선택하여서 사역 단체 자체적으로 감당할 수 없이 넓고 많은 범위로 인터넷 방송국을 운영해서는 안 된다. 선교를 위한 타깃 대상, 그리고 타깃 지역을 설정하고 사역 내용, 사역을 통해 제작되는 콘텐츠 내용이 소개되는 목적을 정하는 것이 우선되어야 한다. 사역을 위해서는 어떤 내용의 콘텐츠를 서비스 할 것인지를 정하는 것이 가장 중요하다. 개인 인터넷 방송국을 운영할 때는 더더욱 생존 가능하며 장기적 유지가 가능한 콘텐츠를 위한 컨셉트를 잡는 것이 요구된다. 또한 인터넷 운영 상황이 좋지 않는 지역을 대상으로 선교 사역을 펼쳐 나갈 때 동영상 방송국을 운영하면 절대로 안 된다. 시스템 조건과 상황이 열악하다면 그 지역에서는 동영상이 아예 열리지도 않기 때문이다.

전 세계 선교지는 아직도 모뎀 환경 가운데 인터넷을 사용하는 지역이 존재한다. 또한 장비도 갖추어 지지 않았는데 동영상 위주의 인터넷 방송국을 운영한다는 것도 말이 되지 않는다. 인터넷 영상 방송국을 운영하기 위해서는 최소한 고용량을 커버하는 컴퓨터, 방송 편집 프로그램, 고성능 카메라는 기본적으로 갖추어져야 하고 방송 콘텐츠를 운영할 수 있는 서버가 확보되어야 한다. 또한 원활한 콘텐츠 운영

---

53) 박성호, 129.

을 위해 서버도 기본적으로 용량이 커야 하고 포트 등의 문제도 큰 사이즈로 설치가 되어야 한다.

방송할 콘텐츠의 내용을 기획을 통해 결정했다면 이제 어떤 방송 시스템을 이용할 것인지를 정하는 단계에 이르게 된다. 사역의 장기적인 운영을 위해서는 비용을 절감하는 것이 원칙이 되어야 한다. 예비 예산이 있다고 하더라도 사역을 하는데 있어서 비용이 들어갈 곳은 수없이 많이 발생한다. 초기 비용을 설정하는 것은 바로 이러한 기획을 기반으로 한 예산 안으로 운영하면 좋을 것이다. 어느 정도의 규모를 갖추기 위해서는 위에 열거한 최소한의 장비가 필요하다. 프리미어 편집기의 경우, 리니어 편집기보다 가격이 싸지만, 30분 이상 분량의 편집을 하지 못하고, 작업 속도가 리니어 편집기에 비해 느린 단점이 있다. 이러한 단점을 해결하기 위해서는 리니어 편집기로 작업을 효과적으로 진행할 수 있지만 리니어 편집기의 가격은 상당히 고가이다.

인터넷 방송 방법은 크게 윈도우 미디어 서버, 리얼 미디어 서버, 퀵 타임, 윈 앰프 네 개로 구분할 수 있다. 윈도우 미디어 기술은 마이크로소프트사에서 제공하는 기술로 현재 거의 모든 프로그램을 인터넷을 통해 다운로드 받을 수 있다. 리얼 미디어 기술은 상용 기술로서 수백에서 수천 만원 하는 고가의 기술이나 공개 버전도 소개되고 있다. 퀵 타임 기술은 무료이고 윈도우 사용자보다는 매킨토시 컴퓨터 사용자에게 편리하다. 윈 앰프는 단순한 라디오 전용이며, 현재는 많이 사용하지 않는다. 거의 모든 프로그램이 무료로 다운로드 받아서 사용할 수 있기 때문에 이 부분에 대한 사역의 비용 지출은 고려할 필요가 없을 것이다.[54]

기본적으로 방송국 운영을 위한 하드웨어적인 준비가 끝났다면 방송 편성 기획의 단계에서 세팅이 필요하다. 인터넷 방송의 편성 기획은 공중파 방송의 날자 및 시간 단위 편성 기획에 얽매일 필요가 없다. 인터넷 상에 언제든지 콘텐츠를 올려 놓으면 되기 때문에 업 데이트 하는 시간을 기준으로 편성 기획을 하는 것이 좋다. 인터넷 라이브 방송을 하는 경우는 드문 상황이라고 생각한다. 편성 시 한 프로당 시간을 설정하는 것도 중요하고, 그 시간은 정기적으로 지켜지는 것이 좋다. 자유로운 방송 스타일을 추구하는 컨셉트로 굳이 시간 제한을 받고 싶지 않다면 할 수 없지만 일관성은 모든 사역에서 중요한 포인트가 아닐까 생각한다.

편성 기획이 끝나고 기본적인 설치가 이루어졌다면 끊이지 않는 업 데이트, 성실한 업 데이트가 이루어져야 한다. 그를 위해서는 방송 운영 동역자 그룹을 형성하는 것이 필요하다. 재정이 확보된 안정적인 단체인 경우 문제가 적겠지만 인터넷 선교 및 인터넷 방송 선교 단체 대부분이 선교를 목적으로 비영리로 운영될 가능성이 크고 재정을 들여서 사역을 하는 것보다는 자원 봉사자들을 중심으로 사역을 운영하는 것이 장기적을 사역을 이끌어가는데 긍정적이라고 생각하기 때문에 사역을 세분화하고 담당을 정하여 동역자 중심의 사역을 운영하는 것이 성공의 관건이 된다고 생각한다.

한 사람이 너무 많은 일을 맡는 것보다는 각각의 영역을 세분화 하여 자신이 맡은 포지션을 롱런 할 수 있도록 한다. 예를 들어 라디오 방송의 경우 작가, PD, 진행자 정도로 운영진이 구성되면 좋고 좀더 세분화 한다면 홍보 기획자 및 코딩 및 편집 관리까지 사역을 세분화

---

54) 구자혁, 인터넷방송 따라하기 (서울: 정보게이트, 2000), 16.

할 수 있겠다. 방송 규모가 커지고 인터넷 방송을 위한 유저들이 많이 생겼을 때의 사역 상황을 고려해야 할 것이다. 인터넷 라디오 방송 외에 동영상 방송의 경우에는 영상 촬영 담당의 영역이 추가된다고 생각하면 될 것이다.

지속적인 업 데이트 방안 마련은 인터넷 방송 선교 사역에 있어서 생명줄과도 같은 것이다. 혹시 업 데이트가 늦어지는 경우가 있다 하더라도 그 이유와 사과 안내문을 명확히 밝히고 사역을 진행하는 것이 좋다. 업 데이트 기획은 일주일, 한 달 단위로 하는 것이 좋고, 전체적인 개편 계획을 6개월 단위로 편성하는 것이 바람직하다. 개편은 꼭 방송 전체를 바꾸면서 무리하게 하기보다는 작은 부분이라도 단계적인 변화를 주는 쪽으로 꾸준한 발전을 방송을 통해 추구하는 것을 목적으로 하면 좋을 것이다.

3. 인터넷 방송국 구축 작전

방송국 구축을 위한 준비는 먼저 기획 및 주요 채널 확정, 인터넷 방송 기술 결정, 주요 장비 및 소프트웨어 설치의 순서로 진행하게 된다. 서버 시스템으로는 호스팅(Hosting) 방식, 서버 임대, 하우징(Housing) 방식이 있고 자체 전용선 및 자체 서버를 구축하는 방식이 있다. 호스팅 방식은 자체 서버를 보유하지 않고 ISP(Internet Service Provider)로부터 윈도우 미디어 서버 경로의 계정을 할당 받아서 인터넷 방송 서비스를 FTP로 전송하고 홈 페이지에서 각 콘텐츠로 경로를 지정하는 방식으로 운영 비용이 대용량이 아닌 경우 대략 월 10만원 이하로 저렴한 편이다. 서버를 임대하는 방법을 채택할 경우는 작업 과정이 신속하고 편리하다는 장점과 경제성으로 개인용 인터넷 방송국 또는 소규모 사역에 적합하다. 하우징 방식은 자체적으로 서버를 구입한 후 IDC(Internet Data Center)라고 하는 고속 서버 전용 센터에 서버를 설치해 두는 방식을 말한다. 이 방식은 인터넷 사용자 수가 많고 인터넷 방송수가 많은 중형 인터넷 방송국 사역을 운영할 때 추천할 만하다. 하지만 관리가 전문가에 의해 이루어져야 하고, 최소 200만원 이하의 월 운영 비용이 정기적으로 요구된다. 서버를 가지고 있어도 관리 면에 있어서는 외주를 주는 방식을 채택할 수도 있다. 이 때에는 해킹의 위험에서 안정적으로 벗어날 수 있으나, 일평균 10만 건 메일링 처리 기준 관리 시 월 20-30만원 비용이 추가 지급된다. 또한 중요한 부분이 사이즈 즉, 서버 대역폭이 10MB 혹은 100MB 인가에 따라 큰 가격 차이를 보인다.[55]

자체 전용선 및 자체 서버를 구축하는 경우와 사역 케이스는 대형 인터넷 서비스용으로 적합한 방식이다. 이러한 서비스를 위해서는 고가의 네트워크 장비와 서버가 필수적으로 필요하게 된다. 구축비는 초기 서버 및 허브, 라우터 등 네트워크 장비와 전용 서버 구입 등의 비용이 소요된다. 결론적으로 개인 인터넷 방송국을 할 경우에는 호스팅을 사용하거나 서버 임대 혹은 하우징 방식을 이용하는 것이 유리하고, 단계를 설정하여 발전시켜 나가는 것이 처음부터 무리하여 사역을 시작하여 운영난에 빠지는 것 보다 훨씬 현명하다고 본다.

촬영 및 편집을 위한 장비 구축 단계에 들어서서 필요한 사항은 먼저 촬영을 위해서는 필수적으로 캠코더와 VCR을 구입해야 한다. 전

---

55) 구자혁, 16.

문적인 사역을 위해서는 보급화가 된 3CCD와 디지털 비디오 지원 카메라가 좋다. 자금에 조금 더 여유가 있다면 ENG 카메라 구입을 고려해 보는 것도 괜찮다. VCR은 일반적인 재생기라고 보면 되는데 특별히 S-Video를 지원하는 고급형을 구입하는 것이 좋다.

편집과 운영을 위해서는 인터넷 방송 서버를 장기적인 사역 안목을 통해 자체적으로 구입할 시 소형, 중형, 대형 서버를 예산에 맞추어 구입할 수 있다. 가격은 제조사별로 차이가 있다. 편집용 컴퓨터는 조립품, 브랜드의 차이가 있으며, 운영 시점에서 최고의 사양을 사용하는 것이 인 코딩 작업 시 부하를 이겨 내는데 좋다. 특히 하드 디스크는 편집 시 AVI 파일과 같은 원본 동영상 파일을 저장하게 되므로 큰 용량의 하드 디스크가 필요하다. 소프트웨어는 언급한 대로 무료로 다운로드를 받을 수 있고, 편집용 비디오 캡처 카드로는 일반적으로 TV 수신 카드와 같은 저가의 오버레이 카드부터 인터넷 생방송에 사용할 수 있는 고가의 캡처 카드가 있다. 이중에는 MPEG 변환을 지원해 주는 기능을 가진 캡처 카드도 있다. 비디오 캡처용 프로그램은 비디오 캡처 카드와 함께 제공되며 어도비사의 프리미어와 같은 동영상 편집 프로그램은 별도로 소프트웨어 전문 공급 업체 또는 웹 사이트를 통해 구입할 수 있다.[56]

프로그램 세팅을 위해서는 먼저 개국용 인터넷 사이트를 제작하는 것이 우선이다. 이 사이를 위해서는 사이트 디자인 기획, 프로그램 및 콘텐츠 운영 기획에 맞는 웹 페이지가 기본적으로 공급되어야 한다. 양질의 콘텐츠가 대량 확보 또는 보유하고 있다 하더라도 콘텐츠 만

---

56) 구자혁, 19.

있어서는 원활한 전달과 공급이 불가능하다. 또한 회원 관리 및 데이터 베이스가 서포트 되며 지속적인 홍보, 이벤트 행사 기획이 웹 기획 원칙에 의해 필요하다.

방송용 콘텐츠 제작 단계에서 인터넷 방송용 콘텐츠는 크게 VOD(Video on Demand), AOD(Audio on Demand) 방식과 라이브 방식이 있다. 제작 단계 요약으로는 캠코더 또는 방송 녹음 및 녹화 시설을 통해 원 소스를 확보한다. 그 다음 비디오 캡처 보드와 캠코더 혹은 VCR을 연결시킨다. 기본 비디오 캡처 프로그램을 이용해 AVI 파일로 저장하고, 프리미어 등의 편집 프로그램으로 편집한다. 마지막으로 윈도우 미디어 도구를 이용하거나 윈도우 미디어 인코더를 이용하여 ASF 혹은 WMV 파일로 인코딩 한다. 이렇게 인코딩 하면 일단 인터넷 방송용 콘텐츠가 만들어진다. 이렇게 VOD 형태로 만들 때 기본 비디오 캡처 프로그램을 이용하여 AVI 파일을 만들지 않고, 윈도우 미디어 인코더를 이용하여 미디어 장치에서 직접 인코딩을 할 수도 있다. 콘텐츠 제작이 다 끝났다면 이제 이 인터넷 방송용 콘텐츠를 가지고 서버에 저장하여 원활한 서비스가 되는지 충분한 시간을 걸쳐서 테스트 해 보아야 한다.

4. 개국을 위한 프로세스 요약

콘텐츠 제작 기획 단계에서의 고민의 시간이 시작된다. 여기에서의 노하우는 인터넷 방송을 청취 또는 시청하는 사용자 층에 대한 면밀한 성향 분석 및 피드백을 듣는 것이 필요하다. 목표를 정하여 콘텐츠를 확보하고 어떻게 배치하는 지를 고려한다. 다른 콘텐츠 제작 단체와 연계 및 제휴하여 콘텐츠를 확보하는 것도 중요하다. 데이터 관리를 어떻게 할 것인지를 결정하고 회원들에 대한 특성, 성별, 나이, 직업, 특징, 취미, 학력, 사용 지역 등의 기본 정보를 통해 지속적으로 분석하여 유저들에게 서비스를 지속하는 것이다. 또한 운영 시대의 트랜드를 이해하고 그에 대한 지식과 대응 방법을 확보하는 것도 중요하다. 이를 위해서 기술적인 도움을 받는다면 웹 메일링을 통한 리서치도 도움이 된다. 시간이 절약되면서 손쉽게 정보를 얻어 낼 수 있는 방법 중의 하나이다. 결국 운영자 자신이 전달하고 싶은 메시지를 중심으로 콘텐츠가 제작될 수도 있지만 유저들이 원하는, 듣고 보고 싶어하는 방송을 제공하는 것도 중요하기 때문이다. 콘텐츠의 양과 질을 정하는 편성 기획도 이 기획 단계에서 사전에 마무리가 되어야 한다.

그 다음 단계로는 콘텐츠 제작, 사이트 기획 및 제작, 인터넷 방송 서버 연동 테스트가 있다. 사이트가 오픈 되기 전에 인터넷 방송 서버에서 테스트를 충분히 해보는 것이 좋다. 지역을 대상으로 분할하여 테스트 결과를 확인하고 컴퓨터 환경에 따라서 테스트를 해야 나중 들어오는 질문 등에 답변을 할 수 있을 것이다.

서버 환경 설정이 모두 끝이 났다면 인원 배치를 통해 안정적인 사역을 진행해 나갈 수 있다. 웹 디자이너, 프로그래머, 관리자, 콘텐츠 PD, 아나운서, 하드웨어 기술자, 편집기술자 등 전체 스텝들이 인터넷 방송 선교 사역을 위해 하나가 되어 사역해 나가야 한다. 현지와 연계해서 사역을 할 때에도 각 영역의 담당자 배치와 기술자, 디자이너, 프로그래머, 편집, 관리자의 현지 대응 훈련이 필요하다. 국내의 기술자들이 현지의 콘텐츠 프로바이더들과 원활한 의사소통을 통해 인터넷 방송국을 운영한다는 것은 고난도의 노하우가 축적이 되고 안정적인 사역 기반이 형성되어 있을 때에야 가능한 것이다.

예산에 맞추어 안정화가 되었다면 최종 점검 후 드디어 오픈 하게된다. 오픈 후에는 서버 시스템 점검 등을 통해 과부하나 트래픽(Traffic)에 의한 불량 서비스율을 최소화하는 데 기술진은 최선의 노력을 해야 한다. 이것은 인내와 수고를 요구하는 고된 작업이다. 그 외에도 네트워크 점검, 운영 장비, 프로그램 점검이 수시로 이루어져야한다.[57]

모두 마무리 된 후에 운영진은 오픈 감사 예배, 시연회 및 오픈 관련홍보 행사를 가지고 운영진(동역자) 확보를 쉬어서는 안 되며 참여 자원 봉사자들에 대한 지속적인 지원과 배려가 필요할 것이다.

녹음용 콘솔

---

57) 구자혁, 27–32.

제13장
인터넷을 통한 공유 시대의 도래

1. 콘텐츠

서울디지털포럼 2007에서 강연한 에릭 슈미트(Eric Schmidt) 구글 대표는 기조 연설을 통해 구글이라는 웹을 매개체로 한 기업과 그 외 온, 오프라인 업체들과 협력관계 유지의 중요성, 정보 유통에 있어서 사용자의 주도권, 국가들이 더욱 많은 정보를 활용을 하는 것에 대한 중요성, 그리고 웹 3.0의 앞으로의 파급력과 영향력에 대해 논하였다. 특별히 협력에 있어서는 구글이 왜 그렇게 많은 자본 투자를 지원하면서까지 파트너십 유지를 중요시하는지를 말하였다. 결국 그 협력 관계를 통해 현재와 같은 건재한 구글이 운항한다고 하였다. 이것은 협력 관계가 연약한 기독교 선교계에 인터넷 선교와의 협력을 통한 발전 방향에 대한 충고이자 제언이라고 할 수 있겠다.

많은 교회들이 자신들의 홈 페이지를 제작하여 보유하고 있다. 많은 비용을 들여서 운영하지만 실제로 많은 사람들이 방문하기도 하고 그렇지 않기도 하다. 방문자 수가 많지 않은 경우 지난 자료와 사진 등으로 채워져 있는 경우가 대부분이다. 게시판이나 교제를 나누는 공간의 업 데이트가 제대로 되지 않기도 하다. 현실적으로 인터넷 교회 사이트를 운영하는 데에는 큰 비용이 들지는 않는다. 한 사람 정도면 운영할 수 있다. 문제는 그 한 사람이 디자인 프로그램 서버 관리, 콘텐츠 기획까지 전부 할 수는 없다는 사실이다.

교회와 같은 경우에는 각 분야의 전문가들이 자원 봉사를 하고 대교회의 경우 전문가들이 전임으로 사역한다. 하지만 자체 콘텐츠 제작은 대형교회들도 어렵게 감당하는 작업이다. 한국의 몇몇 교회들이 콘텐츠를 제작하고 있다. 한국의 어느 교회의 경우 한 주 약 40개 프로그램, 전체 약 3,000여 개의 콘텐츠가 제작 운영된다고 한다. 그러한 방송들은 비용 없이 무료로 전달되고 있다. 어떠한 교회든지 자유롭게 링크하여 공유할 수 있는 시스템이 되는 것이다.

작은 교회나 단체라고 해서 콘텐츠를 만들 수 없는 것이 아니다. 많은 양을 만들 수는 없을지 몰라도 자신들만의 독특한 콘텐츠 제작은 얼마든지 가능하다. 경쟁이 필요 없는 기독교 커뮤니티 안에서 서로간의 영역을 존중하며 중복 투자를 막고 공유해야 한다. 그리고 그렇게 해서 축적된 에너지는 크리스천들을 더 풍요롭게 하는 투자보다는 순수하게 믿지 않는 영혼들을 위해 사용되면 좋을 것이다. 예로 기독교 출판 단체 외 수많은 오프라인 묵상 제작 및 보급 단체들이 인터넷을 통한 기독교 묵상 자료 제공을 각국 언어로 된 선교적 서비스로 보급할 수 있다. 그리고 온라인 어학 강좌 서비스를 할 수 있는 단체는 서로 언어별로 연계 협력하여 고부가가치의 외국어 교육을 인터넷을 통해 할 수 있고, 세계 현지 중보 기도로 헌신을 섬기는 사람들은 기도의 끈으로 웹 커뮤니티를 든든하게 세워 나갈 수 있다. 그 외에도 CCM 사역자나 기독교 일러스트 등의 좋은 작품들을 선교의 목적으로 나누고 사용하며 만약 같은 마인드를 가진 협력 단체라면 함께 공유할 수 있는 시스템을 구축할 수 있다. 또한 선교지에 자료 보내기 '미라클 프로젝트'와 같은 사역을 선포하여 많은 기독교 콘텐츠를 수집하고 선교사들에게 공급할 수 있다. 이렇게 개발된 콘텐츠들은 특별히 세계 현지 언어로 번역되어 사용하도록 주선해야 한다. 한 개의 콘텐츠가 하나의 나라 언어로만 배포되는 것이 아니라 각 나라 언어로 번역되어 보급되어 나아가야 한다. 이러한 상호 협력 가운데 서로 간의 은혜가 쏟아지지 않을 수 없다.

진정한 인터넷 선교 사역의 정신 속에서 인터넷 선교사들은 그러한 상호 교류적인 은혜를 공급하고, 많은 사람들과 함께 웹 콘텐츠가 공유되기를 소원한다. 선교 단체 고유의 선교적 콘텐츠들을 공유하는 것이다. 각 영역과 문화에 맞게 재편집하여 공급함으로써 서로 돕고 나누는 그림을 그려 나가는 것이다.

2. 기술력 공유

큰 단체에서도 프로그래머, 디자이너, 웹 기획자, 콘텐츠 프로바이더를 보유하는 것이 현실적으로 어려운 상황이다. 어쩌면 확보조차도 쉬운 일이 아닐 것이다. 따라서 사이트 제작과 관리 운영만을 전담하는 업체가 생겨나기도 하였다. 인터넷 선교는 그러한 현실 속에서 선교지를 위한 기술 공유를 위해 업체간의 협력을 끌어내고 있다.

또 다른 한 예로 현재 다수 운영되는 기독교 포털 사이트의 제작 에 이전시와 연계하여 해외 현지어 인터넷 선교교회 제작 협약을 맺어 소규모에 국한되는 인터넷 선교교회 설립을 전 세계 영역으로 지경을 넓히게 할 수도 있다. 단체 쪽에서는 네트워크를 제공하고 인터넷 선교교회 제작과 운영을 관리, 기획하며 선교 사역을 통한 협력의 보람을 제공하고, 기업 쪽에서는 자신들의 기술력을 제공하는 것이다. 또한 이러한 한국의 웹 제작 에이전시들이 자연스럽게 해외로 진출할 수 있는 교량 역할을 하게 되는 것이다. 이것은 이상적인 인터넷 선교 사역의 상호 협력의 구조이다. 이러한 일들은 웹 제작 기업과 인터넷 선교 단체들의 순수한 선교 마인드를 통해 기업의 10의 1조를 하나님께, 하나님의 백성들에게로 돌린다는 취지로 확산되고 있다.

모든 크리스천 IT기업들과 같은 은혜가 공유될 때에 하나님의 나라의 성취의 날이 좀더 가까이 다가오지 않을까 하는 아름다운 꿈과 비전을 가져 본다. 부족한 사람을 돕는 일에 있어서 성경에는 과부나 고아들을 구제하라는 명령이 나오는데 이 명령은 구약 전체에 걸쳐 언급되어 있다. 가난한 자들을 위해서는 규례까지 정해져 있었다(레 19:10;신 14:28). 또한 빌립보 성에 살았던 루디아라는 여인은 선교 사역을 위해 자신의 집을 바울과 그의 동료들에게 개방하였다(행 16:14,40).[58]

3. 네트워크

이제 이러한 노하우와 기술들을 제공받았다면 선교 단체에서는 각

---

58) 아가페 편집부, 399.

단체의 네트워크를 공유할 수 있다. 인터넷 선교 사역자들은 선교 전문가일 수는 있지만 현지 전문가는 아니다. 인터넷 선교 사역은 인터넷 선교사만으로도 현지 선교사만으로도 이루어지지 않는다. 둘이 함께 움직일 때 온전한 사역의 결실이 이루어질 것이다. 따라서 각 선교 단체에서 부족한 IT 분야의 기술력을 제공받고 현지 선교사들과의 긴밀한 연락을 시작으로 선교지 연구 및 런칭 과정에서의 논의 등을 적극적으로 지원하기를 바란다.

인터넷 사역이 필요하다고 인식이 된다면 특수 선교 단체의 사역을 도와 주는 개념에서 탈피하여 그 사역을 필수적으로 하지 않으면 안 된다는 인식 가운데 보다 적극적인 초대를 요청한다. 전달 능력이 있고 콘텐츠의 가치를 인정 받는 단체의 자원을 함께 활용하여 여러 단체들의 정보와 정신을 전달할 수 있다. 또한 각지의 선교 자원들, 사역자들의 에너지를 집결할 수 있는 능력을 가지고 있는 단체가 있다. 서로 간에 그러한 부분들을 채우고 나눌 때 보다 큰 사역의 성과를 거둘 수 있다고 생각한다. 무엇보다도 그러한 인식의 우리 안에 자리 잡혀야 할 것이다. 청년들의 에너지, 전문가 집단의 각 분야의 전문성을 담은 콘텐츠, 그리고 기술력을 네트워크를 통해 제공 받고 선교적인 노하우와 선교지, 선교사 네트워크를 제공하는 것이다.

협력 콘텐츠 사역 PUMP

4. 연구력

선교 단체별로 정보국을 통해 인터넷과 관련 사역을 필수적으로 진행하고 있다. 인터넷 선교 단체의 이름으로 네트워크를 형성하기도 하고 선교 정보를 인터넷 라인을 통해 전달하는 선교 단체도 있다. 문화 연구와 포럼을 통해 인터넷 선교 사역에 동참하는 곳도 있고 인터넷 사이버 선교 포럼도 개최되기도 한다. 전문인 선교 단체에서는 컴퓨터 교육을 선교의 도구로 사용한다. 하지만 우리의 현실 속에서는 아직도 인터넷 선교 전문가가 부재 중이지 않나 생각한다. 인터넷 선교 전문가가 세워져야 하고 그러한 부분을 위해 각 선교 단체 특별히 인터넷과 관련된 선교 사역을 하고 있는 선교 단체들이 먼저 모여 함께 연구하면서 나아가야 한다고 믿는다. 공통의 비전을 가진 단체들이 함께 모여 인터넷 선교의 미래를 제시하고 현재의 문제점에 대한 대안을 제시하며 보완책 등을 만들어 나가야 한다.

현재는 준비보다 빠르게 진보하는 상황에 맞추지 못한 현실 탓에 애매모호한 개념 속에서 사역을 하고 있지만 인터넷 선교사의 바른 개념과 정의도 필요하고 그에 대한 총회와 규칙, 학교와 커리큘럼들이 존재해야 한다고 믿는다. 언어를 배워야 하는 것이 필수인 듯이 IT쪽 정보를 꼭 지녀야 하는 현실을 인정할 때 이러한 법과 제도의 제정이 무리가 아니라고 생각한다. 분명히 각 선교사들의 훈련 코스에도 들어가야 하며 보다 효과적인 운영과 성과를 위해 표준이 제시되어야 할 것이다. 이러한 부분을 함께 가르치는 통합 과정이나 교육 커리큘럼을 공동으로 제작하여 사용할 수 있다. 인터넷 선교 단체들은 자신들의 노하우를 축적한 코스들을 통해 인터넷 선교사의 개념을 확립하고 코스 후 훈련 기간을 거쳐 인터넷 선교사를 파송하고 있다. 이러한 작업을 전문 단체들과 함께 연구하고 노하우를 제공받아 보다 건실한 인터넷 선교사들이 탄생하여 선교지에 보다 실제적으로 다가가기를 소원하는 바이다.

CCM 만을 가르치는 신학교를 20년전만 해도 상상하지 못했다. 앞으로 10년이 되지 않아 인터넷 선교학은 신학 대학의 정규 과목이 되고 인터넷선교학교가 보다 발전되어 세워지리라는 예견해 본다. 해외 현지에서도 전통적인 신학교보다 인터넷선교신학교를 통해 기술적으로는 사이버 신학 과정을 운영하고 본질적으로는 인터넷 신학의 도를 가르치는 곳이 생겨날 수도 있다. 인터넷선교총회가 만들어져 사역자가 검증되고 개인적으로 변화되는 세상 속에서 새로운 방식의 디지털 전도, 인터넷 선교를 창출해 낼 것이다. 이를 위한 인터넷 선교 사역 전문가들이 현지를 붙잡고 기도하며 사역하게끔 공동의 지원과 연구가 필요하다.

2007 방콕 선교 포럼

5. 협공 작전

F(단체 보안상 이름을 밝히지 않음)라는 선교단체는 컴퓨터를 통해 세계 선교지에 접근하여 복음의 거점을 확보하고 나아가는 진보적인 선교 단체 중의 하나이다. 마치 전투에 있어서 보병과 같은 역할을 감당하고 있으며 실제로 컴퓨터를 선교지로 보급하고, 조립과 수리 운영 관련 요소들을 서포트 함으로써 수많은 선교지, 특히 복음 전달이 차단된 지역에 독창적인 선교 교두보 마련에 큰 기여를 해 왔다.

F단체의 사역을 보병이라 비유할 때 인터넷 선교의 영역은 공군과 같은 역할을 할 수 있다. 시대는 점점 하드웨어적인 진보에 의해 새롭고 보다 발전적 하드웨어를 요구한다는 배경 하에 컴퓨터를 통한 접근은 당분간의 사역 범위를 확보하고 있다. 이러한 사역에 뒷받침하여 인터넷 선교 사역이 맞물려 진행될 때 보다 효과적인 전 IT 선교 사역의 꽃을 피울 수 있게 될 것이다.

콘텐츠가 아무리 좋다고 할지라도 인터넷 시스템이 구축되어 있지 않으면 전달할 수 없다. 인터넷 시스템이 설치가 되어 있다 하여도 컴퓨터가 보급이 되어 있지 않으면 인터넷 사용이 불가능하다. 이러한 점에서 컴퓨터 하드웨어 선교와 인터넷 선교를 함께 발 맞추어 나갈 수밖에 없다. 이미 구축되어 있는 컴퓨터 하드웨어 시스템에 인터넷 시스템 기반 구축 사역이 뒷받침이 되고, 마지막으로 포털 운영, 콘텐츠 제작, 인터넷 방송국 운영 등의 사역들이 후속적으로 뒷받침이 될 때 장기적이고 보다 효과적인 총체적 IT 선교의 장이 열리게 되는 것이다. 이러한 사역을 위해서는 단체간의 연합 기획 안이 제시되어야 하고 실제적으로 사역을 시범적으로 운영하여 모델이 제시되어야 한다. 협력 선교 사역은 말은 쉽게 할 수 있지만 실질적으로 좋은 모델을 찾아보기가 어렵다. 하지만 다른 영역의 전문성을 서로 존중하고 서로가 빈 곳을 채워 나가는 마인드로 전 세계 특별히 복음을 전하기 어려운 난공불락과 같은 지역을 타깃 지역으로 정하여 협공할 때 하나님의 선이 이루어질 것이라는 확신을 갖는다.

이러한 비전들 가운데에서 작은 단체는 감당하기 힘든 부분을 함께 동역하여 이루어 가기를 소원한다. 에바브로디도, 실라, 누가, 루디아,

디모데, 디도 그리고 이름이 밝혀지지는 않았지만 빌립보 교회의 지도자, 무명의 교인, 시지구스(Syzygus)라고 하는 무명의 교인들은 바울 사역에 있어서 신실한 동역자들이었다.[59] 단체는 운영을 위해 존재하는 것이 아니라 영혼 구원을 위해 존재하는 것이다. 어렵지만 불가능하지 않은 그 비전을 온라인상에서 먼저 이루어 가는 것이다. IT기술은 날마다 진화하고 있다. 아니 느낌으로는 초단위로 진화하는 듯하다. 어제의 신기술이 내일의 구 버전이 되고 만다. 사람들은 날마다 업그레이드 하느라 시간과 에너지를 쏟아 붙는다. 컴퓨터가 핸드폰과 같은 크기의 기계가 될 때쯤 그리고 인터넷 기술이 전화 통신 기술처럼 당연한 세상이 될 때쯤 우리는 오늘을 기억하지 못할 지도 모른다. 하지만 우리가 늘 생각하는 것은 영혼을 위한 구원을 위해 우리는 무엇이든 해야 한다는 사실이다. 그 사실이 우리를 신기술에 반응하는 매니아 집단으로 만드는 것이 아니라 그들의 언어로 다가가는 적극적인 선교사로 변화시키는 것이다.

인터넷 선교 공간만이 이 시대의 마지막 땅 끝이 아닐지 모른다. 우리가 100년 전에는 인터넷 공간을 가늠하지 못했듯이 100년 후에는 또 다른 어떤 공간이 우리에게 생소한 공간으로 다가 올지 모른다. 하지만 그곳이 어떤 곳이건 가는 것이 선교이다. 우리가 하나가 되어 나아갈 때 하나님께서 역사하실 줄 믿는다. 그것은 가장 적극적인 믿음의 표현이다.

---

59) 아가페 편집부, 339.

제14장
협력 선교

협력 세계 선교와 인터넷

현재 기독교 세계 안에서는 세계 선교지 중에서 특별히 창의적 접근 지역으로 구분되는 이슬람 권에 대한 선교 방향의 재고찰이 이루어지고 있다. 한국 교회에서는 여러 가지 시도를 모색하지만 교회 건물을 앞세운 선교적 모순을 지적을 받기도 하고 자중의 소리도 일고 있다. 그 어떤 사실보다도 중요한 것은 선교의 문이 닫히고 선교를 위한 노력이 좌절되어서는 안 된다는 것이다. 어쩌면 그들이 제기한 질문처럼 문제를 일으키고 있는지 모른다. 하지만 가장 무서운 것은 문제를 일으키는 것이 아니라 아무런 문제도 일으키지 않고 가만히 있는 것이다. 이러한 상황에서 여기서 제시되는 선교의 한 가지 방법은 당신의 관심을 불러 일으킬 것이라고 기대한다. 처음 들어보는 이야기는 아니겠지만 함께 연합하여 사역할 수 있음에 힘과 위로가 되리라고 믿는다.

한국의 인터넷 사용 역사가 지난 2007년 6월 20일로 12살의 생일을 맞이하였다. 인터넷이 공상 과학 속의 흥미 거리나 영화 속의 소품으로 여겨지던 시대를 떠나 보내고 이제는 인간의 생활 속에서 없어서는 안 되는 필수 요소로 자리하고 있다. 인터넷 선교를 주창하는 어느 선교 단체는 인터넷을 "세계 선교의 첨단 도구"라는 제목으로 표현하고 선교 마인드를 가진 크리스천들에게 다가갔으나 얼마 시간이 지나지도 않은 현재에는 "세계 선교의 필수 도구"라는 타이틀로 홍보하고 있는 현실이다. 그렇다! 시대는 바뀌고 이제는 21세기 차세대 선교 도구의 패러다임을 외치는 시대가 아니라 얼마만큼 그 도구를 잘 활용하고 있는가의 가치를 논하는 시대이다.

일반적으로 100년을 한 주기로 바라보는 시각과는 달리 컴퓨터의 시계는 한 세대와 그 다음 세대의 진화가 무척이나 빠른 듯하다. 20년 전만 해도 컴퓨터는 큰 기업에서 사용하는 흔치 않은 기계였고 고작 판매가 시작되었던 퍼스널 컴퓨터는 조잡한 게임이나 도스를 하는 수준이었던 것으로 기억한다. 당시의 컴퓨터는 컴퓨터의 개념을 알려 주기에도 역부족이었다. 10년 전만 해도 인터넷 사용자가 그리 많지도 않았고, 음란물과 스팸 메일이 가득 넘쳐 나는 인터넷은 경건한 크리스천들이 해서는 안 되는 것으로 여겨지던 시절도 있었다. 기술적으로 속도는 느렸고, 그 속에서 찾아볼 수 있는 흥미나 자료보다는 도서관이나 오프라인 세상에서 만나는 것들이 더 다양하고 많았다. 한 마디로 현재와 비교할 때 그렇게 매력적이지 못한 도구였던 것이다.

그러나 인터넷을 많이 사용한다고 해서 인터넷 문화가 발달되었거나 인터넷 학문이 발달한 것은 아니다. 2005년 기준으로 한국의 인터넷 세계 사이트 순위는 이전 136개에서 27개로 줄어 급락하고 중국이

215개로 1위를 그 뒤를 미국 146개로 미국이 따르고 있는 상황이다. 이러한 현실 속에서 겸허한 마음을 가지고 한국을 결코 인터넷 강국으로 표현하고 싶지 않다.

하지만 우리가 간과하지 말아야 할 것은 현재 인간의 모든 삶과 생활이 인터넷과 관련되어 있는 듯하다는 것이다. 조금 과장되어 표현한다면 인터넷 없이는 못사는 세상이 된 듯하다. 인터넷은 사람들의 다양한 정보를 제공하고 소화시키며 즐거움과 커뮤니케이션의 도구가 되고 있다. 사람들의 이러한 필요는 결국 경제적인 요소와 결합되어 천문학적인 숫자로 표현되는 대규모의 시장을 형성하고 있다. 많은 사람들은 인터넷 커뮤니티를 형성하고 있으며 온라인 사업 관련 기업은 큰 매출을 올리는 세상이 되었다.

교회 안에서도, 기독교의 테두리 안에서도 많은 발전이 있어 이전에는 교회 사이트를 만든다고 하면 반대하던 사람들도 이제는 교회 사이트를 운영하지 않으면 세대에 뒤쳐지는 기분을 떨구기 어렵게 되었다. 그에 대한 반응으로 조금 과장되게 많은 비용을 투자하여 사이트를 만들고 있다. 하지만 인터넷 문화와 교회 안에서의 이용 부분은 그리 발달하진 않았다. 현실적으로 기술은 발달했다. 세계 제 1위의 ADSL(Asymmetric Digital Subscriber Line) 보유국이 되기는 했지만 사용 기술만 발달하였지 함께 발전되어야 할 예의와 문화가 없는 것이 사실이다. "방법"과 "디스"로 언어적 폭력이 난무하고 정신적인 문제를 일으키며 심지어는 사람들을 자살에 이르게 하고 서로 총기를 난사하게 하는 등의 사회적 병폐를 야기하고 있다. 기업은 어떻게 해서든 자신들의 사이트에 접속을 많이 하게만 만들었지 그들이 중독이 되든 욕설과 폭력이 난무하여도 개의치 않는 듯하다. 그리고 경제적인 관심을 통해 처음에는 무료 제공하던 콘텐츠를 유료화하는 데에 많은 관심을 표출한다.

교회 안의 인터넷 문화에서도 우리는 대안이 부족한 듯하다. 그러나 인터넷이 하나님께서 주신 소중한 선교의 수단이라고 생각할 때, 우리는 이것이 어떠한 목적보다도 선교와 친목의 도구로 사용되도록 하나님께서 창조하셨다는 믿음을 가질 수 있다. 그렇다면 현재보다는 적극적으로 인터넷을 선교의 도구로 바라보는 데 긍정적이어야 할 것이다. 음성 미디어(말)로 전하고, 문자 미디어(글)로 전하는 시대에서, 이제는 디지털 미디어로 내용을 전달하는 시대이다. 말씀은 각양의 콘텐츠로 변화되어 그들의 문화 속에서 이질감 없이 전달된다. 고린도전서의 "그들의 언어로 다가가라는 명령"을 첨단 인터넷 기술들은 수행을 위해 도와주고 있는 것이다. 이러한 주장이 10년 후에는 어떻게 변화될지 모른다. 하지만 공식적으로 선교의 문이 닫힌 지금의 상황에서 볼 때 인터넷은 현재 이 시간에 가장 적절한 선교 도구임이 확실하다.

많은 시도들이 곳곳에서 일어나고 있다. 중동 이슬람 국가의 경우 테러와의 전쟁 등의 사건을 통해 공식적으로 선교의 문이 완전히 폐쇄되지 않을까 하는 우려가 일어나고 있다. 이러한 시점에서 인터넷을 통한 장기적인 접근은 또 다시 부각되는 이슬람 선교의 구심점을 찾는 데 있어서 좋은 모델이 되지 않나 하는 생각을 한다. 또한 중국의 경우에는 선교의 제한 지역이기는 하지만 중동 이슬람 국가와는 달리 비교적 쉽게 여행을 할 수 있고, 날마다 증가되는 인터넷 유저들의 수를 생각해 볼 때 인터넷을 통한 접근은 분명한 청사진을 제시해 준다고 생각한다.

타이완의 침례신학교 교수로 제직하고 있는 왕 웨이창 목사의 경우에는 문서 사역을 인터넷으로 하고자 하는 의지를 가지고 사역에 임하고 있다. 왕 목사의 경우에는 이러한 사역을 위해 특별히 미국 거주 중국인들의 의뢰를 많이 받는다고 한다. 그들은 영어권에서 많은 자료를 구할 수 있음에도 자신들을 위해서 이 사역을 발전시키고자 하는 것이 아니다. 그 이유는 중국어권의 사용자들과 불신자들이 중국어 기독교 자료를 원하는 것에 대해 보다 적극적으로 기독교를 전파하고자 하는 속 깊은 배려라고도 할 수 있다. 인터넷을 통해서 이루어지는 현지 대항 기독교 교육과, 신학 교육은 완전하지는 않지만 현실적인 한계를 넘어서 어느 정도의 초석이 되어 줄 수는 있다고 그는 긍정적으로 평가하고 있다.

또한 중국에 있는 수많은 가정 교회들에게 부족한 자료나 예배를 풍성하게 할 요소(말씀, 찬양, 큐티, 교육 자료 등)를 공급할 수 있다는데 적극적인 청사진을 그리고 있다. 우리가 함께 풀어야 할 기술적인 그리고 보안상의 문제들이 산재해 있지만 해결책을 모색해 나갈 때 이 시대에 맞는 보다 현실적인 인터넷 선교 방안이 마련되리라고 믿는다.

한국의 인터넷 선교 및 사역 단체들은 인터넷을 가장 적극적인 선교 도구로 풀어내 선교지 현지에 직접 다가가는 사역을 했다기 보다는 한국어권 기존신자를 대상으로 한 사역에 치중했다고 평가할 수 있다. 각 선교 단체마다 인터넷 선교의 특성이 있다. 인터넷을 통해 네트워크를 형성하는 기관도 있고, 선교 정보를 인터넷을 통해 공유하는 기관도 있다. 사이버 선교 포럼을 개최하기도 한다. 현지 언어로 인터넷 선교교회 포맷을 만들어 성경이 직접 전달되기 어려운 지역에 인터넷을 통해 말씀을 들려주고 가르치며, 찬양을 들려주고, 교제를 나눌 수 있는 사이버 교회 공간을 제작 보급하는 사역도 가능하다. 앞으로는

각 나라 언어의 인터넷 선교교회와 현지 언어 크리스천 사이트가 운영
되고 콘텐츠들이 업 데이트 되는 케이스가 형성되어야 할 것이다. 인
터넷 선교교회가 완전한 모델이 될 수는 없다. 그 공간 안에서는 손과
손을 잡을 수도 없고 함께 피부를 맞대는 친교를 나눌 수도 없다. 빵이
나 떡을 나눌 수도 없다. 인간은 눈과 귀만 소유한 것이 아니라 마음과
체온도 소유하였기 때문이다. 결론적으로 이러한 온라인 교회는 결국
오프라인 교회를 세우기 위함이다. 그리고 유형 교회든 무형 교회든
그리스도의 진정한 몸 된 교회를 세우기 위한 기반이 되자는 것이다.
하지만 이러한 상황에서 인터넷 선교회는 특별히 무슬림 선교 지역의
작은 문이 되어 주고 있다.

앞으로 이러한 선교 현지 사역을 통해서 특별히 무슬림들을 위한 인
터넷 선교 사역의 나아갈 방향을 제시할까 한다. 인터넷 사역은 이제
몇몇 단체에서만 하는 특수 사역이 아니라 우리 모두가 관심을 가지고
나아가야 할 사역이기 때문이다. 우리는 앞으로 중복 투자를 막고 세
상에 지배당하거나 또는 따라가는 데 급급한 태도로 대응하는 것이 아
니라 가장 적극적인 방법과 태도를 가지고 사도행전에서 말하는 공유
하고 나누는 아름다운 선교 공동체 교회를 만들어 나가는 것이다. 궁
극적으로 오프라인에서 될 사역을 온라인에서 먼저 이루어 보는 것이
다. 이제는 인터넷 선교 사역의 개념이 확립되고 사용자의 확산이 곧
인터넷 선교의 당위성을 말해 주고 있지만 현실적으로 대 교회 중심으
로 인터넷 선교 사역이 근간을 이루고 있는 것에 안타까움을 느낀다.
현지 언어 사이트 개발 또한 선교지의 선교사 중심이라기보다는 대형
교회를 중심으로 시작되고 있다. 우리는 보다 선교사의 입장에서, 선
교 단체의 입장에서 함께 나누어야 하는 사역 방향을 모색해야 한다고

본다. 선교학자 맥가브란은 "우리는 실용적인 건전한 방법을 믿는다. 우리는 하나님이 그 방법을 축복하느냐의 입장에서 방법과 정책을 간구한다." 라고 했다. 산업에서는 이것을 재생(Feedback)의 소정 작용이라 부른다. 우리는 방법에 대하여는 좀 정열적이 되라고 가르친다. 그것이 하나님께 영광을 돌리지 못하면 그 방법을 버리고 영광을 돌릴 수 있는 방법을 구하라고 가르친다.[60]

---

60) 와그너, 57-58.

셀 그룹 사역과 인터넷 선교

1. 셀 그룹 형성과 인터넷 선교의 연관성

목표와 비전이 같은 그룹이라는 연관성을 통해 우리는 인터넷 선교와 이미 친숙한 셀 그룹을 통한 사역 모델을 이해 및 접근할 수 있다. 셀 그룹의 궁극적인 목표는 잃어버린 영혼을 하나님께로 이끄는 것이다. 인터넷 선교 또한 같은 선상에 있다. 국내에서 모아지고 훈련 받은 에너지를 선교지로 연결하는 것이 과제이다.

목표 설정을 하는데 있어서 선교 사역을 위한 인적 에너지 확보 및 사역 팽창과 성장에 대한 기능적 성장에 앞서 신실하고 믿음 안에 선 동역자들의 연합체를 만들어 간다는 인격적 목표가 우선 되어야 할 것이다. 교회 공동체는 사역과 일을 위해 우선적으로 모여서는 안 되고 공동체 자체가 하나님께서 원하시는 목적일 수 있다. 사역보다는 관계가 우선이 되는 공동체가 바람직한 인터넷 선교를 위한 시작이라고 할 수 있겠다. 빌 도나휴는 그의 저서 『윌로우크릭교회 소그룹 이야기』를 통해 성경적 공동체에 대해 "그리스도를 믿는 사람들은 하나님의 사랑을 반영하는 가운데 서로에게 책임을 지는 관계를 맺고 성령님과 동행하며, 복음을 세상에 선포하기 위해 교회를 세우는 일에 부르심을 받은 자들이다."라고 말했다.[61] 선교를 논하기 앞서서 먼저 신앙 훈련과 기본 소양이 갖추어지고 성경적 지식이 축적되었을 때 부담 없는 자발적인 선교 에너지가 발생할 것이다.

비전과 영감은 공동체와 공유되어야 한다. 인터넷 선교 공동체의 지도자는 모든 자원을 동원하여 웹과 오프라인 상에 드러나는 확고한 목표를 설정하는 것이 중요하다. 구체적으로 제안하기는 약 1년에 한 번씩 인터넷 선교를 위한 공동체가 번식하는 과정에서 6개월마다 점검하거나 또는 일정 기간을 두고 점검하는 시간을 갖는 것이 중요하다. 배양은 출산과 비교되는데 고통과 분리 그리고 잃어버린 데서 오는 슬픔을 동반하기도 한다. 그러나 그것은 또한 축제와 기쁨, 그리고 새 생명에 대한 감사를 동반한다.

2. 도움을 주는 요소

창조적인 인터넷 선교 공동체를 운영하는 것은 중요한 사항이다. 이를 위해서는 끊임없는 자기 개발 및 특성 개발이 필요하고 음악, 상담, 미술, 문학 등을 포함한 전 사역 분야에 대한 관심과 어느 정도의 기초적이나 전문적인 정보가 리더십에게 축적되어 있어야 하고, 장기적이고 꾸준한 자기 관리를 통해 업 그레이드 하는 그림이 그려져야 한다.

---

61) 빌 도나휴, 송영선 역, 윌로우크릭교회 소그룹 이야기 (서울:디모데, 1996), 31.

끊임없는 도전을 통해 나아가 주변의 다른 동역자들 또한 신선한 도전을 받는다. 기발한 창의력, 상상력, 창조력을 키우는 훈련은 사실 구체적이다. 시시때때로 스프링 같이 튕겨져 나오는 예쁜 색깔 구슬 같은 그 생각들을 억제하지 않는 생활 패턴도 필요하다. 고정관념을 깨는 것도 중요하다. 가끔 자신의 눈높이에서 벗어난 세상을 바라보라. 자신의 방에서도 책을 한 다섯 권 정도 놓고 그 위에 서 보라. 같은 방임에도, 자신에게 익숙한 그 방임에도 이전과 분명 다른 세상이 자신의 눈에 들어올 것이다.

또한 자신의 창의성과 팀원들의 창조성을 존중하는 마인드가 있어야 할 것이다. 그러나 사역의 본질에서 탈피하거나 광범위한 범위에서 중심을 잃어서는 안 될 것이다. 기술보다는 영성이다. 빵보다는 말씀이다. 선교를 위한 사역의 중심을 지키고 무엇보다도 가장 중요한 요소는 영성을 지켜 나가는 것이다. 기능 위주의 사역은 성공한 것처럼 보일지 모르지만 실제로 사역을 본질적으로 움직이시고 이끌어 나가시는 분은 하나님이시다. 우리는 하나님의 그 움직임의 영역 안에서 거하는 것이다. 폭풍이 몰아쳐도 그 안은 안전하다.

3. 팀장의 역할

인터넷 선교 사역에 있어서 특별히 '모든 멤버가 리더이다' 라는 생각을 배제해서는 안 된다. 골로새서는 "무슨 일이든지 마음을 다해 주께 하듯 하고 사람에게 하듯 하지 말라. 이는 유업의 상을 주께 받을 줄 앎이니 너희는 주 그리스도를 섬기느니라(3:23-24)" 고 한다. 팀원은 자신의 기능을 토대로 다른 팀 또는 프로젝트를 형성할 수 있다.

자신이 이끄는 팀을 대상으로 사역에 대한 성취감이 고취되며 보다 창의적인 사역자라면 존중 받으며 인터넷 선교 사역을 활기차게 진행할 수 있다. 웹 상에서는 각 페이지가 만들어지는 것을 통해 교회 하나를 설립하고 개인이 담당하는 교회를 소유할 수 있다. 이러한 상황에서 독립성, 자율성은 유지되지만 이에 따른 책임과 임무가 수반된다.

동일 인터넷 사역 또는 프로젝트 운영 및 콘텐츠 제작, 집단 내에서 제자를 양육하여도 문제될 것이 없다. 많을수록 좋다. 많이 배양될수록 더 좋다. 세상에는 인터넷 선교사들의 웹 콘텐츠를 기다리는 수많은 사람들이 있기 때문이다. 그리스도의 제자가 인터넷 사역 팀 팀장이고 그 팀장이 또 제자인 것이다. 팀장은 팀원에서 시작한다. 우리는 권위가 배제된 그러한 개방적인 그룹 형성을 이해하고 지원한다. 지도력은 스스로 높아지기 위해, 자신이 명예로운 위치에 있음을 확인하기 위해, 다른 사람의 압력 때문에 할 수 없이 발휘되어서는 안 된다. 기능을 가지고 있다고 팀장이 되는 것이 아니고 기능적인 부분을 잘 수행한다 하더라도 팀장의 역할을 감당하지 못할 수 있다.

팀장은 조직을 가장 잘 이해하고 여러 셀을 구성하여도 이끌어 갈 수는 있는 연륜과 영성이 필요하다. 영성과 기능적인 전문적인 지식을 겸비한 사람이 바로 그 사람이다. 이를 위해 오프라인 미팅은 필수적인 것이다. 끈끈하고 인간미 있는 즐거운 미팅과 동역자 관리는 생명이다. 또한 팀장은 제자를 발굴하는 사람이어야 할 것이다. 자신이 모든 일을 도맡아 하고 독점하는 것도 중요하지만 가능성 있는 팀원을 발굴하고 지원하는 것이 보다 진취적인 팀장, 건강한 지도자다운 모습이라고 할 수 있겠다. 사역에 있어서 히틀러는 가라. 야고보는 사람의 분 냄이 하나님의 의를 이루지 못한다고 했다(약 1:19-20). 인재를 발굴하는 단계에서는 첫 번째로는 친구가 되고자 하는 마음을 가져야 한다. 인격을 존중하고 동등한 사역 환경 속에서 사역을 유지하는 것이 장기적이고 안정적인 동역을 위한 기반이다. 사도행전은 "너희는 자기를 위하여 또는 온 양 떼를 위하여 삼가라. 성령이 저들 가운데 너희로 감독자를 삼고 하나님이 자기 피로 사신 교회를 치게 하셨느니라(20:28)"고 가르친다. 더불어 팀원에 대한 관심과 열성적인 심방 또는 방문을 하는 것이 좋고 초보 인터넷 선교사라 할지라도 지도자의 입장에서 각각을 가공되지 않은 다이아몬드로 사람을 보는 눈을 가져야 할 것이다. 교회 안에 있는 또는 더 넓게 인터넷 상에서 크리스천 커뮤니티 안에 있는 모든 사람을 잠재적인 셀 지도자로 간주할 수 있다. 이 기본적인 진리는 심지어는 불신자들에게도 적용된다.

우리는 열정적인 훈련을 통해 적극적인 인터넷 선교사로서의 훈련을 받을 수 있는데 예를 든다면 인터넷 선교 교육을 전문적으로 받을 수 있는 단체들의 코스를 경험할 것을 권장한다. 사역의 생동력과 효율성은 지도자의 질과 직접적인 관계가 있다. 예수님께서는 12명의 제자들과 더불어 지도자 양성을 모델화 하셨으며 바울도 디모데에게 이것을 권했다(딤후 2:2). 이러한 일을 위해 훈련 단체들에서는 기본적인 기술에 대한 개념 이해와 공동체 훈련, 팀 워크를 다지는 훈련 과정을 거치게 된다. 이러한 과정들은 특별히 프로젝트 성 사역이 활발한 인터넷 선교 사역을 위해서 충분히 다지고 진행해야 하는 부분이라고 믿는다. 마지막으로 인터넷 선교 지도자의 영적인 권위는 팀을 올바른 길로 이끌고 단체 프로젝트를 아름답게 가꾸고 유지하는 최대의 원동력이다.

4. 웹 상에서 교회 형성

커뮤니티를 콘텐츠화 하는 방법을 제안하는 바이다. 일반적으로 웹
에서 커뮤니티 자체를 콘텐츠라고 생각하지 않을 수 있는데 그렇지 않
다. 커뮤니티 페이지들, 그 안의 내용들은 얼마든지 콘텐츠화 될 수 있
다. 유명한 칼럼이나 소설과 같은 글이 아니더라도 자신을 위한 짧은
격려의 글, 묵상 나눔, 간증 등은 사람과 사람을 보다 친근하게 만드는
역할을 한다. 커뮤니티를 교회화 할 때에도 커뮤니티의 운영 내용은
다양한 콘텐츠로 전환이 가능해진다. 사역을 위해 기록해 남긴 보도
자료, 회의록, 기획안 등이 자료이고 콘텐츠이다. 또한 행사 사진이나
여럿이 함께 찍은 스냅 사진들은 그 커뮤니티가 영원히 간직하고 사랑
하는 귀한 콘텐츠가 된다. 그 어떤 수준 높은 수준의 콘텐츠와 비교할
수 없는 나만의 콘텐츠이다. 옆집 부모님들이 아무리 뛰어나고 훌륭한
분들이라 할지라도 내 자신의 부모님의 자리를 대신할 수는 없다.

또한 인터넷 선교 사역의 적용에 있어서는 나라별 팀 사이트를 만들
어 운영하는 방안을 제안한다. 도메인도 서브 도메인으로 분리하고 어
느 정도의 독립성 유지가 보장되는 사이트로서의 성격을 유지해 주면
더 좋다. 그에 대한 내용은 선교지 소식, 선교 사역 뉴스, 기도 제목,
기타 등으로 꾸며질 수 있고 다른 참신한 아이디어와 카테고리별 이름
들을 통해 관심과 흥미를 유발한다.

또한 교회 사역의 한 일환으로 구역 예배 사이트를 운영하는 방안도
있다. 바쁜 현대 크리스천들을 위한 배려이기도 하고 실제적인 만남을
유도하는 좋은 수단이 될 수도 있다. 내용으로는 말씀, 묵상 글 올리
기, 그룹 묵상을 통한 나눔의 장을 설치해 운영할 수 있고, 나눔은 댓

글을 통해 또는 새 게시물을 통해 이루어지며 함께 기도하는 중보 기
도의 공간, 개인 기도의 공간, 개인 기도 수첩 등의 코너를 커뮤니티
내에서 활용하면 좋을 것이다.

5. 홍보 방안

교회 내에 인터넷 셀 조직을 통해 형성된 커뮤니티 사이트를 홍보하
는 데에는 맨 투맨 만큼 좋은 것이 없다. 경영에 있어서도 고객과의
1:1 CRM(Customer Relationship Management)이 PR 커뮤니케
이션을 위해 성장 측면을 보여 주고 있다.[62] 커뮤니티 사이트는 이러
한 인맥 관리를 통한 맛과 중독성이 있어야 한다. 특별히 꼬집어 내세
울 것 없는 사이트임에도 하루라도 들어가 보지 않으면 하루가 개운하
게 마무리되지 않는 느낌이 있어야 한다. 활발한 커뮤니티 형성은 온,
오프라인이 동시에 이루어져야 한다. 끝으로 정기적인 메일링 활용,
배너 활용, 전화 심방 등을 통해 적극적인 커뮤니티 홍보에 나선다.

성공적인 인터넷 선교 사역의 운영과 관리는 기독교 전반에 자리한
사랑의 원리와 관계가 있다. 인터넷 선교는 자신을 위한 것이 아니라
영혼을 위한 것이다. 사람들이 자신들의 힘으로 다른 사람을 사랑하려
고 할 때 실패하고 만다. 바로 상대방의 조건을 보고 사랑하기 때문이
다. 이유가 있어서 사랑하기 때문이다. 크리스천은 이유 없이 그리스
도의 사랑으로 다른 사람을 사랑할 수 있어야 한다. 더하여 자신에게
돌을 집어 던지고 침을 뱉고 창으로 찌르는 사람도 사랑할 수 있어야

---

62) 조서환, 추성엽, 206.

한다.

선교지의 영혼들은 우리가 나아갈 때 절대로 먼저 반기지 않는다. 그들은 굶주려서 우리의 살을 뜯어 먹으려고 침 흘리며 포효하는 울부짖는 늑대와 같다. 우리를 싫어하고 박해하고 심지어는 죽이려 할지도 모른다. 그 영혼들을 사랑하는 선교 사역이 인간이 가진 능력으로는 불가능하지만 하나님의 마음과 그 분의 눈을 가지고는 가능하다. 그 분의 마음을 가질 때 모든 사람들을 불쌍히 여기는 긍휼함이 생기고 배려하는 안쓰러움이 자리한다. 나이가 많은 사람을 보든, 적은 사람을 보든 모두 자신의 자녀를 보는 듯한 애틋함과 각별한 사랑이 마음 속에 자리한다. 바로 하나님의 마음으로 그들을 사랑하는 것이다. 심지어는 길거리 허름한 파라솔 아래 앉아 소주 한 잔을 놓고 이야기를 나누는 사람들을 보고도 짜증을 내고 비판하는 것이 아니라 "저 소주 한 잔으로라도 그들이 행복할 수 있다면…, 하지만 당신의 목마름을 채울 수 있는 그리스도를 만나세요."라며 영혼을 긍휼히 여기는 마음으로 그들을 바라보게 되는 것이다. 물론 나쁜 습관을 허용이나 장려해서는 안 되겠지만 먼저 율법주의적인 정죄함보다는 긍휼의 마음을 가져야 한다는 것이다.

바울은 "온 율법은 네 이웃 사랑하기를 네 몸같이 하라 하신 한 말씀에 이루었나니(갈 5:14)"라고 말씀하셨다. 지속적인 관심과 선교적 열정으로 우리는 그들을 배려해야 할 것이다. 인터넷 선교사들이 그러한 마음으로 인터넷 상에서 서로 나누고 채우며, 함께 사용하는 언어로 교제를 나눌 때 우리는 진정한 크리스천 공동체를 만들어 나간다고 할 수 있을 것이다. 문화가 다르고 피부색이 다르다 하더라도 그것은 문제가 되지 않는다. 하나님의 마음을 담은 인터넷 선교사는 그렇게 열린 마음을 가지고 다른 문화의 사람들에게 사랑을 받고, 다른 나라의 영혼을 그렇게 사랑하는 것이다. 그분의 마음과 눈을 가지고 영혼을 사랑하는 겸손한 한 사람으로서 하나님의 공동체를 함께 나누고 섬기는 것이다. 그것이 바로 인터넷 선교사들이 추구하는 온전한 인터넷 선교 사역이고 참된 모습이라고 할 수 있다.

제3부

전방 개척 선교와

인터넷 선고의 미래

제16장
이슬람과 인터넷 선교

1. 무슬림을 향한 인터넷 선교

역사적으로 무슬림과 기독교의 사이에는 수많은 갈등과 대립이 있어 왔다. 역사적으로 대표적인 사건으로는 십자군 전쟁을 들 수 있고, 21세기 현재에 있어서는 팔레스타인 전쟁, 걸프전, 폭탄 테러 등을 비롯한 수많은 물리적 충돌이 전 세계 각지에서 존재한다. 종교 전쟁은 역사적으로 포교 활동과 각 종교의 성지를 탈환하려는 노력에서 시작되어 많은 사상자를 내는 전쟁으로 발전되고 그러한 갈등은 대를 물리는 원한과 보복으로 점철되어 왔다. 현재에도 전 세계 각지에서 일어나고 있는 물리적인 충돌로 인하여 많은 사람들이 죽어가고 있으며 이로 인한 대립은 국지적 전쟁뿐 만 아니라 각각의 종교와 종교가 배경이 되는 나라 문화를 단절하고 배제하는 것이 사실이다. 각 종교의 문화 세력은 서로의 문화를 배격하고 단절함으로 인하여 문화적 격차가 일어나고 있고 이로 인하여 기독교의 복음 전파는 큰 어려움을 겪고 있다. 실제로 무슬림들은 예수를 한 사람의 성인으로 받아 들이고 있다. 그들이 예수 그리스도의 이름과 존재 여부를 아는 것은 사실이나 기독교에 대한 거부감을 갖고 있기 때문에 기독교를 철저히 박해하고 기독교 포교 활동을 대부분의 이슬람 국가들이 금지하고 있다. 이러한 사실로 인하여 오랫동안 무슬림 지역을 향한 기독교 선교는 특이할 만한 선교적 성과를 거두지 못하고 있다. 사실상 물리적 대립으로 인해 문화적 단절과 대립의 역사를 안고 살아가고 있는 것이다. 이러한 오랜 시간의 사건들로 인해 마음을 열지 않는 서로 간의 갈등 상황은 종교적 정보를 교환하거나 종교적 자유를 배경으로 한 기독교에 대한 증오로까지 이어지고 있다.

일러스트 강명진

2. 무슬림 사회

전 세계 인구 60억 중 약 5분의 1인 13억이 이슬람 교도이며, 세계의 200개 나라 이상에서 무슬림들은 생활하고 있다고 한다. 주요 분파로 무슬림의 10-15%가 시아파로 간주되며 그 나머지는 대체로 수니파로 분류된다. 아랍인들은 무슬림의 다수 집단이 아니다. 20개의 다른 나라에 약 2억 5천만 명의 아랍인들이 있기는 하지만, 아랍인들은 전 세계 무슬림 인구의 약 18%를 차지하고 있다. 두 번째로 큰 규모의 무슬림 집단은 약 2억의 뱅갈 인(Bangalish)들일 것이다. 대규모의 무슬림 인구를 가진 나라들은 인도네시아가 1억 8천만, 파키스탄이 1억 5천만, 방글라데시가 1억 3천만, 인도가 1억 2천만으로 모두 동쪽에 위치한다. 그 다음 대규모의 인구는 이집트, 이란, 터키, 나이지리아로 이들 나라에는 무슬림 인구가 각기 6천만 명쯤 된다. 사우디아라비아의 경우 경제적 그리고 정치적 잠재력은 상당하지만 그 인구는 1,500만 명에 불과하다. 이상의 나라들에서 무슬림이 다수파이지만, 각 경우마다 이슬람권의 종교적 권위와 그 역할은 다르다.[63] 또한 같은 무슬림이지만 그 지역의 풍토나 문화에 의해서 다양한 이슬람 사회가 존재하고 있다.

또한 이슬람 법의 근거로 꾸란이 있다. 꾸란의 명령과 금지가 막대한 영향력을 발휘하고 있으며, 명백히 적용될 수 있는 경우에 그것들은 지배적인 권위를 발휘한다. 꾸란의 총 6,346절 가운데 약 500절이 법률의 형태를 취하고 있다. 신에 대한 믿음의 권고, 기도, 자선, 금

---

63) 칼 W. 언스트, 최형묵 역, *무함마드를 따라서* (서울: 2005, 심산), 96.

식, 순례 등의 종교적 의무 관련 기록이 있고, 상혼, 결혼, 그리고 이혼 등과 같은 주제들이 여러 단락에 선포되어 있으며, 형사법으로 불릴 만한 구절은 미비하다.

인터넷과 관련된 생활을 보면 그들에게 있어서도 정보와 정보를 통한 경제 활동 및 삶의 근간을 이루는 활동이 서방 세계와 다름없이 존재한다. 교통망, 통신망, 공공적인 정보 미디어, 인터넷, 다양한 관계나 조직, 단체 등 이러한 다양한 정보 미디어라는 것은 도시와 농촌을 연결해서 각각의 위치에서 무슬림들을 통한 근대화, 도시화를 이루고 있다. 실제로 기독교인들과 무슬림 사이에서 사용되는 지식 기반, 상품, 문화는 세계화에 기반한 문화적 동질 현상을 통해 시간이 갈수록 그 차이를 찾아 좁혀 나가고 있다. 특별히 인터넷을 통한 전 세계 문화 공유 시대는 무슬림들의 정책적인 금지에도 불구하고 개방되고 있는 것이 사실이다. 이슬람의 거룩한 문서들이 활발히 인쇄되는 시점은 19세기 이후였다. 이 후 이슬람권에서도 자신들의 메시지를 확산시키기 위한 노력을 거듭해 왔다.

3. 무슬림 현 정세

현재 중동 지역을 포함한 무슬림권 종교적인 분위기는 더욱 무슬림화 되어 가고 있는 것이 현실이다. 극단적인 종교적 표현은 자살 폭탄 테러 등으로 이어지고 있으며 종교적 순교를 명분으로 한 적대적 대립이 지구촌 곳곳에서 잠재적 테러를 야기한다. 각국의 공항 및 공공장소에서는 테러에 위험에 노출되어 보안 검색을 더욱 강화하고 있다. 이러한 이유 때문에 분쟁 지역이 아니라 해도 세계는 무슬림과 비무슬림 세력의 보이지 않는 전쟁이 벌어져서 서방 세계에서는 무슬림에 대항한 공격적 선포가 일어나고 있고 정치적인 문제를 종교적인 문제와 결부시켜 많은 그릇된 정보가 유포되고 있다. 하지만 기독교가 무슬림 국가에 잘 전달되지 않는 것에 비하여 이슬람은 중동의 국가를 결속하며 수많은 아시아 국가 및 유럽, 미주 지역을 통해 포교하여 그 세력을 넓혀 나가고 있다. 이러한 이유 중에는 첫 번째로 중도 지역에서 유입되는 재정으로 통한 지원이 이유가 될 수 있고, 두 번째로는 기독교의 전 세계적인 약세를 들 수 있다. 현재 인터넷을 통한 아랍, 이슬람 세계 입장을 살펴 본다면 인터넷 관련 종교적 이용 부분은 개발된 컴퓨터 소프트웨어의 태반이 교육 등 일부를 제하면 이슬람 문제, 팔레스타인 문제에 관여된 것으로 점철되어 있다. 한 예를 들면, 팔레스타인 사람이 이스라엘 병사를 죽이는 게임 등이 이슬람 인터넷 세계에서 공공연하게 소개되고 있다. 이슬람 입장에서 그들의 입장을 강조하는 것은 이해가 되지만, 이슬람에 관한 정보 제시에 관해서 타 종교를 공격하는 방법으로는 타 문화로부터 점점 더 고립되고 마는 위험성을 안고 있다. 또한 인터넷 상의 많은 수의 꾸란의 정보가 있지만, 유감스럽게도 타문화권 사람들의 관심을 끄는 참신한 인터넷 기술을 사용한 것이 매우 제한되어 있다.?그러나 최근 이집트의 알렉산드리아 도서관은 디지털의 분야의 힘을 도입하게 되었고, 말레이시아나 두바이에서는 인터넷 등 IT에서 야심적인 시도를 하고 있다.

　하지만 전반적으로 중동의 아랍 무슬림들은 기독교를 왜곡된 창으로 바라보고 있다. 요르단에서 고등학교를 졸업하고 대학 입학을 위한 수학 능력 고사 예상 문제가 요르단의 《알 두스투르》 신문에 '이슬람 문화' 라는 과목으로 2004년 6월 25일에 게재되었다. 그 중에서 몇 가

지 예를 들어보면

(문제) 복음 전도/ 타브시르(선교)는 무슨 뜻인가?
(답)　복음 전도는 이슬람 세계를 향한 서구의 사상적 침입의 수단이고, 복음전도는 겉으로는 이싸(예수)의 종교를 따르라고 하나 사실은 이슬람 국가에 대한 서구 사상의 침입을 용이하게 하는 데 있다.

(문제) 선교 활동을 지원하는데 유럽의 역할은 무엇인가?
(답)　엄청난 돈을 뿌리고 말타 섬에 센터를 세워 그들을 격려하고 있다.

(문제) 선교 활동의 수단은 뭣인가?
(답)　교육(신학교와 대학)과 다양한 홍보 매체와 선전이다.

(문제) 선교 단체의 목적은 무엇인가?
(답)　무슬림들의 마음에서 이슬람의 교리를 약화시키고 이슬람 국가들을 점령하려는 것이며 그 땅에 식민지를 확고히 하는 것이다. 그리고 세속적인 사상을 주입시켜서 무슬림들의 생각 속에 세속주의가 이슬람 사상을 대신하게 한다.

(문제) 이슬람의 생활에 대한 선교의 영향은 무엇인가?
(답)　서구의 생활을 부흥의 원인이라고 말하고 서구 제도를 따르라고 하여 서구식 삶을 위대한 가치로 삼는다. 이슬람 국가에서 이슬람 교육을 서구의 옷으로 입힌다. 이슬람의 이미지를 훼손하고 이슬람 역사를 왜곡한다.

이상과 같이 위 내용 대부분이 우리 기독교인들이 생각하는 선교의 정의와 기독교의 실상과 내용에 맞지 않는다. 이렇게 무슬림들이 기독교에 대하여 잘못된 이해와 편견을 어려서부터 갖고 있기 때문에 우리가 이슬람 세계에서 복음을 전하기도 전에 이것들이 복음 전도의 큰 장애가 되고 있다.

4. 무슬림 지역 한국 기독교 선교

랄프 윈터 박사는 이러한 상황에서 이미 복음화 비율이 높은 나라에 비해 상대적으로 낮은 비율의 복음화율을 보이고 있는 지역을 '전방 개척 선교지'로 명명하고 이러한 상황에 대해 대처할 수 있는 다각적인 연구와 사례를 찾고 있다. 기독교 선교계, 특별히 한국의 기독교 선교계에도 여러 단체들이 이에 힘을 모으고 있다. 원천적으로 오프라인 선교가 차단되어 있는 현 시점에서 중동 무슬림 선교를 위한 새로운 패러다임을 찾는데 노력을 기울이고 있다. 구체적으로는 기독교에 대한 각종 오류 및 잘못된 교리를 믿게 하는 정책적 정보에 대응한 자료를 전달하여 인터넷이 일반 사회에 보급된 지역에서는 객관적인 진리를 검증하도록 노력하고 있다. 인터넷을 포함한 정보 기반을 확장하여 다양한 소스의 제공이 보장된다면 선교가 불가능하다는 상황은 어느 정도 피할 수가 있지 않을까 한다. 거기에는 맞는 정보를 식별할 수 있는 만큼의 민주화 정도, 표현의 자유, 교육이 필요하다.

진리와 중동 정책 사이에서 연구와 노력은 필수이다. 대부분의 무슬림 지역은 기독교 선교사 신분으로 입국 및 거주가 불가능하다. 이에 대하여 전문인 선교를 중심으로 한 정책이 마련되고 효과를 거두고 있다. 또한 미디어 및 위성방송, 인터넷을 통한 전문적인 선교를 하는 한국의 선교 단체도 늘고 있다. 하지만 보다 체계적인 연구와 조사가 필요한 것이 급선무이다. 현재 이러한 이슬람권의 입장에 대응하는 선교 패러다임을 소수의 전문 선교 단체에서 점진적으로 연구 분석, 개발하고 있다.

한국 선교 단체의 인터넷 이해로는 한국의 선교 단체들은 이러한 상황을 절실히 이해는 하고 있으나 새로운 선교적 대안 책으로서의 인터넷을 통한 대응과 노력은 부족한 편이다. 이러한 개념은 세계관과도 무관하지 않은데 실제로 아직도 많은 수의 크리스천들이 인터넷을 수용하는데 있어서 부정적인 관념을 가지고 있다. 인터넷이 대한민국에서 상용화되었던 1996년 이후로 급속히 발전된 일반 사회의 인터넷 활용도에 비해 기독교 내에서 활용도, 특히 선교계에서의 발전은 미비한 것이 현실이다. 수적으로는 각 단체가 사이트를 보유하고 있으나 관심을 끌거나 사역을 효과적으로 돕는 기능보다 소극적인 보유에 그치는 실정이다. 전방 개척 선교지 및 아랍권 무슬림 선교를 위한 본격적인 인터넷 선교 사역은 의지에 비해 미비한 실적을 가지고 있다.

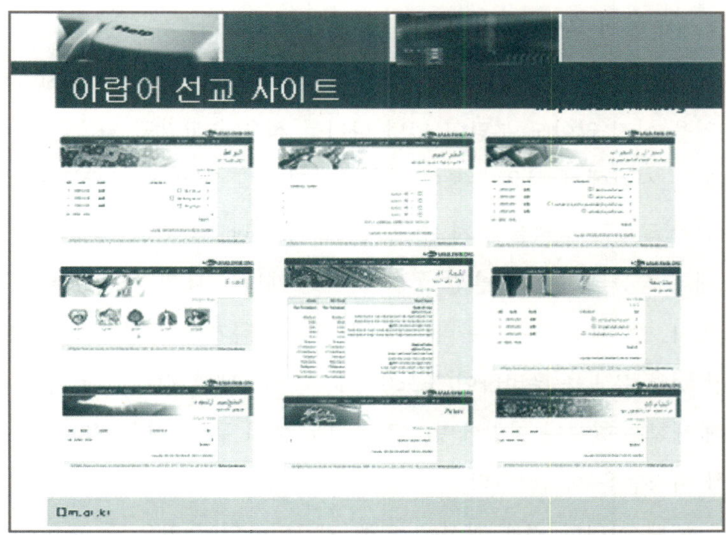

아랍어 선교 사이트

5. 두바이를 통한 가능성

이러한 상황 속에서 아랍에미리트는 선교를 위한 문의 역할을 하는 긍정적인 면을 내포하고 있다. 이전에는 이집트를 중심 지역으로 간주하였으나 현재는 아랍에미리트를 바라볼 수 있는 몇 가지 요인을 제시한다. 첫 번째로 아랍에미리트는 경제를 위해 변화를 수용하는 입장이다. 아랍에미리트는 페르시아 만을 사이에 두고 이란과 마주보고 있으며 남쪽으로는 오만(Oman), 남서쪽으로는 사우디아라비아(Saudi Arabia), 서쪽으로는 카타르(Qatar)와 경계선을 이룬다. 에미리트라고 불리는 7개의 토후국으로 구성되어 있으며 수도는 아부다비(Abu Dhabi)이다. 두바이(Dubai)는 석유 생산으로 부를 축적하였으며 최고의 운송 시설과 IT 및 미디어 기업들의 해외 본사가 밀집되어 있는

페르시아 만의 무역 중심지이다.[64]

아랍에미리트가 경제적인 관심을 갖는 이유는 정책에 있다. 지금까지 일을 하지 않아도 부담이 없던 나라를 석유가 고갈될 미래를 바라보는 시각에서 석유 수출에만 의존하지 않고 무역과 관광 등을 통해 신 실크로드 정책을 펼쳐 나가고 있는 것이다. 따라서 문화 유입 등에 대해 중동의 다른 이슬람 국가에 비해 개방에 대한 융통성을 가지고 있다. 한 예로 사우디아라비아 및 아랍권 국가들이 인터넷을 통한 서방 정보 유입을 우려하여 노드(Node)[65] 시스템과 같은 검열 정책을 통해 제한해 왔으나 아랍에미리트의 경우 해외 무역의 발전을 위해 이러한 시스템을 제거하였다.

두 번째 이러한 경제 확산을 위해 외국인들의 유입은 술 소비량의 증가와 영어의 확산을 가져왔다. 이슬람 법을 어긴 사람은 국적을 불문하고 엄하게 다스리는 현실 속에서 이러한 현상은 자국 내에서도 모순을 발견하고 충격을 내포하고 있다. 하지만 기독교 선교 측면에서 긍정적으로 받아들여지는 이러한 상황이 결코 그들이 내부적인 부분까지 변화되고 그들의 종교 및 전통을 무시하는 것으로 받아들여져서는 안 된다. 중동의 무슬림 국가로서 살아남기 위한 한시적 노력이라고 보아야 할 것이다. 결론적으로 아랍에미리트는 상대적으로 뒤떨어진 인터넷 보급률을 가지고 있고 개방적이지 않은 극단적인 주변 국가에 비해 선교적 보급로의 역할을 할 수 있는 틈새를 제공하고 있다.

---

64) 지나 L. 크로세티, 권태경 역, *아랍에미리트* (서울: 휘슬러, 2005), 13.
65) 노드(node) : 데이터 통신망에서, 데이터를 전송하는 통로에 접속되는 하나 이상의 기능 단위. 주로 통신망이나 단말기의 접속점을 이름.

두바이의 상징 "버즈 알 아랍"호텔

6. 커뮤니케이션을 통한 접근

국제 커뮤니케이션은 군사적 경제적인 연계성을 가지고 있기에 깃발, 봉화 및 주자에서부터 배, 전신 및 오늘날의 위성, 인터넷에 이르기까지 지속적으로 발전되어 왔고 효율적인 커뮤니케이션 시스템을 통해 인류는 발전해 왔다.

역사 속에서 정보 전달의 큰 획을 그은 사건은 독일의 쿠텐베르크가 금속활자를 개발한 15세기에 시작된다. 16세기가 시작될 때에는 유럽어로 인쇄된 수천 권의 서적을 발간했으며 최초로 라틴어 이외의 성경을 발간하여 성직자, 필사가 그리고 정치 및 문화 기득권자들의 힘을 약화시켰다. 이 사건은 영국의 위클리프(Wycliffe)와 독일의 루터(Luther)가 번역한 자국 성경과 더불어 인쇄 기술은 종교 개혁의 기초와 시민 국가 및 근대 자본주의의 기반을 형성하였다.[66] 이렇게 정보 전달의 변화는 전 세계에 영향을 주는 역할을 한다.

인쇄 기술의 발달과 더불어 인류는 전신, 전화, 라디오, 텔레비전 그리고 최근에 와서는 위성과 인터넷 망을 통한 정보 전달 시스템을 갖추어 자국의 이익과 개발을 도모하고 있다. 주로 정부의 정치적인 수단으로 사용이 되거나 상업적 광고 수단으로 활용되었다. 따라서 현시대는 정보의 전쟁이라고도 할 수 있다. 각 나라별로 자국에 이익을 추구하는 시스템을 통해 전통적인 사람의 사회 문화적 태도 변화와 사회의 현대화를 도와 줄 수 있는 강력한 미디어로 간주하며 최첨단으로 발전되고 있다. 그러나 문제점도 지적되고 있는데 일방적인 힘의 논리와 제국주의적 우월주의로 정보를 전달하고 이끌어 가는 부작용이 존재한다. 커뮤니케이션 제국주의는 문화 제국주의와 밀접한 관계가 있으며, 뉴스는 문화 교환 및 커뮤니케이션 교환의 결합체이다. 미국의 사회학자 리처(Ritzer)는 "사회의 맥도널드 화(Mcdonalzation)"를 우려하고 있다. 그는 "미국화(Americanization)"라는 용어는 "많은 국가들간의 다차원적인 관계" 이상의 것을 의미하기 때문에 세계화(Globalization)보다 미국화라는 용어를 더 선호한다고 주장하였다.[67] 미국화 이외에도 민족주의, 종교, 인종, 민족성 페미니즘(Feminism)

---

66) 다야 키산 쑤쑤, 배현석 역, 국제 *커뮤니케이션* (서울: 한울아카데미, 2004), 27.

과 상호작용하면서 지역적으로 정치적 투쟁이 야기되는 경우가 있다. 실제로 세계 곳곳에서는 여전히 민족 및 종교간 갈등이 이러한 커뮤니케이션을 통해서 분출되고 있다.

다른 문제점으로 문화적 혼합화(Cultural Hybridization)에 대한 강조는 종속 이론을 덜 유행하게 만들었다. 이제는 세계화(Globalization)의 물결 속에서 문화적 통일 또는 혼합을 이루게 되어 괴리감을 축소시킨다고 한다. 하지만 국제 커뮤니케이션에서의 구조적 불평등으로 종속 이론은 계속해서 적절한 이론으로 받아들여지고 있다. 통일화 또한 평등한 구조 속에서 적절하고 균등하게 문화가 혼합되는 것이 아니라 힘의 논리 가운데 기득권의 문화가 세계를 지배할 수 있다는 것이다. 전 세계에 대한 정보 전달 및 커뮤니케이션에 있어서도 결국 힘의 논리가 받아들여진다는 이론이다.

또한 20세기에 들어와서 PR(Public Relations) 및 로비 회사를 통해 정보를 관리하고 조작하는 힘이 증가하면서 '위장된(Faked)' 공적 영역이 진실로 받아 들여질 수 있는 우려를 낳게 되었다. 잘못된 정보나 이론, 커뮤니케이션이 올바른 정보로 인식되어 사회에 유포된다면 잘못된 결과를 유출할 수도 있다. 다수에 의해서 결과가 결정되는 소위 여론 형성의 힘은 진리와 비진리의 경계를 모호하게 만들었다. 따라서 옳지 않은 기득권 측의 정보가 대중에게 전달될 때 포장되고 변형되어 원래의 모습에서 왜곡되어 전달될 가능성이 있다.

끝으로 전 세계가 '지구촌(Global Village)'으로 되어 가는 상황 속에서 이전 냉전 시대와는 다른 이해 세팅과 각국의 개별화된 문화가

---

67) 쑤쑤, 118.

아니라 어느 부분은 통일되고 어느 부분은 차이점을 가진 문화가 형성됨으로 이러한 분위기 속에서 새롭게 추구해야 하는 새로운 커뮤니케이션 방법의 문제점을 안고 있다는 사실이다. 이렇게 엘빈 토플러(Alvin Toffler)가 발표한 문명의 제 3의 물결(Third Wave)의 이론을 통해 이 제 3의 물결은 '상호 연결성(Interconnectedness)' 증대를 특징으로 하는 데 이에 대한 부작용도 간과하지 못하는 것이 현실이다.[68] 어떤 사람들은 이러한 상호 연결성의 증대가 지적 다원주의와 커뮤니케이션에 대한 개인화된(Personalized) 통제를 촉진할 것이라고 주장한다. 특별히 발전의 진화가 급속한 새로운 정보 전달 체계인 인터넷의 경우 유저들이 이미 파악하기도 전에 기술이 발전하는 이유 등으로 중독과 사이버 폭력 등의 부작용이 일어나게 되었다.

7. 인터넷 통한 접근

1)전통적 선교 방법에 대한 고찰

이라크에서 K씨의 죽음 이후 그 동안 한국 교회가 보인 선교에 대한 오해와 잘못된 선교 방식을 반성해야 한다는 목소리가 높아졌다. 중동 선교 전문가들은 기존의 전통적인 선교 방식에서 선교지에 대한 이해와 선교사 위기 관리 능력이 전무하다고 지적했으며, 현지의 상황에 맞는 새로운 선교 방향을 세워야 한다고 강조했다. 그 동안 한국 교회의 선교 방식은 어떻게든 현지에 복음의 깃발을 꽂고 무슬림을 기독교로 개종시키고 교회를 세우는 것이었다. 이 같은 전통적인 선교 방식

---

68) 엘빈 토플러, *제3의 물결* (서울: 한국경제신문사, 1980).

을 우리는 '과시적·공격적·정복적인 선교 방식'이라고 보며 오히려 선교에 역효과를 준다고 지적할 수 있다. 일부 대형 교회들이 구 소련이나 무슬림권에 들어가 단기간에 과시적으로 전도 활동을 벌이고 오는 것에 대해 현지에서 오히려 종교적 갈등을 불러일으킬 수도 있다는 보고이다. 현지에서 사역하는 선교사들 또한 그런 선교가 도움이 되지 않는다고 전한다. 또한 최근 중동 선교에 합류한 선교사들이 5~10년 동안 현지에 적응한 선교사들의 사역의 흐름을 이해하지 않고 자기중심적으로 성급하게 무슬림에 접근한다든지 단기간에 열매를 맺으려는 선교 활동을 벌여, 현지 교회와 교인들이 피해를 입는 경우가 많다고 지적하기도 한다. 더불어 이슬람권 현지에 대한 종교·문화·정치적, 역사적 이해와 연구, 그에 맞는 선교 방법 없이 선교지에 바로 나선다는 점도 한국 기독교가 반성할 점으로 제기된다. 십자군 전쟁 이후 기독교가 이슬람과 천 년 이상 이어온 원한 관계에 대한 깊은 성찰 없이 이슬람 선교를 시도하면 안 된다. 한국 선교계는 그 동안의 시행 착오를 통해 보다 다각적이고 섬세한 연구를 하며 무슬림권을 향한 선교 전략을 모색할 것을 제안하고 싶다.

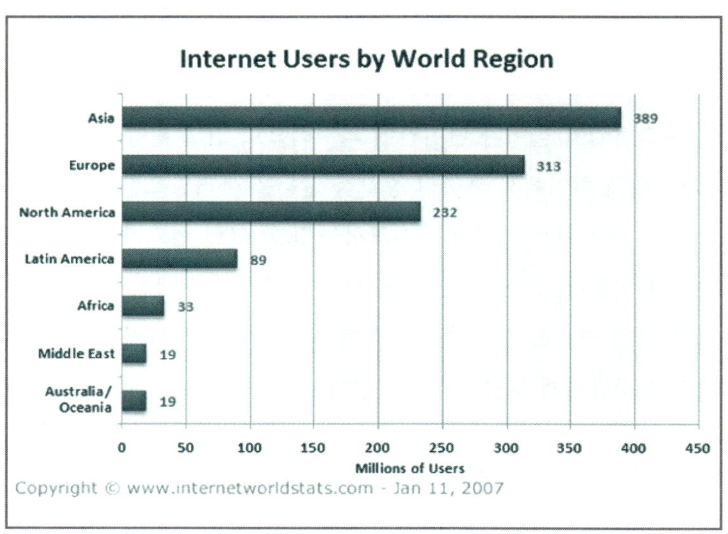

세계 인터넷 사용 빈도

2) 한국 및 세계 인터넷 일반

한국의 경우 인터넷 이용자는 1994년 이후 매년 꾸준히 증가하여 2007년 현재 미국 시장조사기관 컴스코어 네트웍스(ComScore Networks)에 따르면 2007년 1월 현재 2,635만여 명에 이르러 세계 6위의 사용자 순위를 보이고 있고, 정보통신부와 한국인터넷정보센터가 조사한 결과 국민 64.1%가 인터넷을 사용하고 있으며, 중·장년층의 인터넷 사용률이 증가하고 있는 것으로 나타나고 있다. 대중화된 인터넷은 경제, 정치, 사회, 문화적, 언론학적 관점에서 큰 의미를 두고 있다. 정치적인 면에서는 대통령 선거 투표 결과에도 결정적인 역할을 하는 요인이 되고 모든 요소에서 지식을 전달하고 양방향 커뮤니케이션의 수단으로 자리매김을 했다. 기독교인터넷 방송국도 2007년 현재 약 수십여 개가 넘게 운영이 되고 있다. 이제는 단순한 보조 매체

로서가 아니라 독립적인 매체로서 연구 분석, 활용되고 있다. 학계에
서도 단순하게 기술적인 요소만을 가르치는 데 그치지 않고 인터넷을
통해 파생되는 커뮤니케이션 기술을 비롯한 여러 가지 요소의 학문이
파생되어 가르쳐지고 있다.

인터넷 미디어란 개인용 컴퓨터와 인터넷 망을 신문이나 방송과 같
은 하나의 미디어로 간주하고 이에 대한 커뮤니케이션 현상을 살펴보
기 위해 만든 개념이다. 오늘과 같은 정보 혁명을 주도한 PC 통신들의
원조는 영국에서 1987년 TV 수상기와 전화를 결합하여 만든 비디오
텍스(Videotex)에서 출발한다. 이것을 프랑스에서 미니텔(Minitel)이
라는 전화 기능을 가진 초소형 퍼스널 컴퓨터로 만들어 보급하였고 이
러한 것들이 PC가 많이 보급된 미국에서 PC 통신으로 발전되었다.
이어서 국가 방위를 목적으로 구축한 아파넷(Arpanet)의 공중 개방으
로 거대한 네트워트의 네트워크(Network of Network)로 발전하게
된 것이다. 뿐만 아니라 오늘날 대규모의 대중 컴퓨터 통신망으로 자
리할 수 있게 된 것은 웹이라는 일종의 클라이언트 서버의 도입으로
가능하게 되었다.[69] 1999년 말부터는 인터넷 영화가 등장하고 2006
년 현재는 방대한 양의 정보도 서비스되는 초고속 통신망 기술을 통해
보다 많은 정보를 빠르게 얻고 있는 실정이다.

개인 통신망을 매개로 하는 대중 커뮤니케이션이다. 인터넷은 전화
다음으로 정보 전달 능력을 가지고 있고, 속도 면에서도 월등하다.
2007년 현재 우편을 통한 정보 전달력은 현저히 줄어들어 인터넷 메
일을 통한 통신의 위력이 증가하고 있다. 경제적인 면에서도 월등함을

---

69) 박성호, 인터넷 미디어 이해와 활용 (서울: 커뮤니케이션북스, 2002), 9-11.

나타내고 있다. 따라서 이전에 신문이나 책자로 전달하는 정보 전달이 이제는 동영상과 음성이 가미된 입체적인 미디어 정보를 보다 빠르고 값싸게 전달받을 수 있게 한다. 인터넷은 이러한 기술의 핵심이라고 할 수 있다. 단순히 인터넷 망 기술이 아니라 인터넷 기술이라 함은 부가된 미디어 콘텐츠 개발 기술, 커뮤니케이션 기술, 디자인 등 복합적인 요소가 융합되어 운영되는 체계라고 할 수 있다.

또 다른 장점으로는 개인화 및 개방화이다. 인터넷의 또 다른 힘은 쌍방향 커뮤니케이션이 가능하다는 것이다. 일방적으로 받는 것 대신에 메시지 및 정보 수신자의 의견과 요구가 반영될 수 있다는 것이다. 익명성이 보장되고 보수적인 정책 속에서 이러한 상황은 자유로운 커뮤니케이션 측면에서 큰 도움이 되고 있다. 지금은 개인들의 자발적인 창작 제작물(UCC) 세상이다. 과거만 해도 방송사들이 콘텐츠를 내용과 심지어는 결과를 결정하는 시대였다. 그러나 현재는 인터넷의 역량이 축적되어 개인이 콘텐츠를 제작하여 여론의 선택으로 주목 받는 시대가 되었다. 또한 인터넷은 전 세계 모든 네티즌을 상대로 메시지를 전달할 수 있게 하는 글로벌 커뮤니케이션의 수단이 된다.

끝으로 인터넷 기술과 콘텐츠 개발 영역간의 구분이 사라지는 현상이 발생하게 되었다. 이제 전달을 위한 하드웨어와 전달의 내용인 소프트웨어의 영역이 사라지는 시대가 도래한 것이다. 한 예로 바이어컴의 경우 세계적으로 유명한 CBS 텔레비전 네트워크(CBS Television Network)와 15개 CBS 소유 TV 방송국, 2개의 전국 네트워크 및 지역 스포츠 네트워크를 운영하는 CBS 케이블(CBS Cable), 그리고 163개의 라디오 방송국을 운영하는 인피너티 브로드캐스팅 컴퍼니(Infinity Broadcasting Company)를 소유하고 있는 CBS와 합병함으로써 미디어 특히 뉴스 분야의 국제적 지휘를 획득하고 니켈로디온과 같은 어린이 채널을 통해 어린이들을, MTV를 통해 젊은이들을, CBS를 통해서는 기성 세대들의 필요를 충족시켜 주는 창고가 되었다.[70]

3) 인터넷 선교의 본질이란?

인터넷 선교는 인터넷을 통한 선교로서 이해할 수 있다. 인터넷이라는 매체를 통해 소수의 단체들이 1986년 이후로 사역을 감당해 왔다. 초창기에는 한국컴퓨터선교회 등이 컴퓨터용 콘텐츠를 통해 인터넷 선교의 시작을 알렸고 사랑의 교회, 영락교회, 온누리교회와 같은 대형 교회들이 설교 동영상, 상담, 묵상 등의 콘텐츠로 인터넷 사역을 시작하게 되었다. 현재 한국 내에는 약 5,000개가 넘는 기독교 사이트들이 운영되고 있다. 그러나 일반적인 기독교 사이트들은 불신자를 위한 사이트라기보다는 기신자를 대상으로 한 교육 프로그램에 충실하다. 불신자를 위해 전략적인 전도용으로 만들어진 사이트는 많지 않다. 그리고 사역의 방향이 어떠한 특수 목적에 편중되어 있다. 더군다나 선교 현지를 대상으로 한 사역 구조와 사이트는 그 수가 더욱 적다. 그러나 현지에서 현지 언어로 제작된 콘텐츠와 전도용 프로그램을 통해 아랍 무슬림권을 대상으로 사역하는 선교사들이 현지에 존재한다. I3M(Internet, Medicine, Media & Mission)의 경우 인터넷 선교 및 인터넷 선교학 전파 및 인터넷 선교사 파송을 통해 본격적인 인터넷 선교 사역을 하고 있다. 인터넷 기술뿐만이 아니라 선교 현지 선교

---

70) 쭈쭈, 182.

사들이 현지어로 제작된 전도용 사이트를 통해 제한된 사역 환경 속에서 인터넷 선교 사역을 할 수 있도록 지원하며, 한국 내에서 훈련된 인터넷 선교사를 배출 파송하여 현지를 후방에서 지원하는 시스템을 갖추고 있다. 특이할 점은 단순하게 인터넷 기술에만 의존하여 내용 없는 사이트를 운영하는 것이 아니라 콘텐츠 연구 개발을 현지 상황과 연계하여 함께 해 나간다는 것이다. 초창기 컴퓨터 기술만을 내세워 선교 전략으로 활용하던 것과는 많은 발전과 성과를 거두었다. 양질의 선교용 콘텐츠들이 개발되고 있는 것이 사실이다.

인터넷 선교 제 1세대-한국컴퓨터선교회

하지만 그 빈도가 그리 높지 않고 인터넷 선교의 위치는 아직도 한국 선교계에서 특수 선교 영역으로서 존재한다. 이것은 비단 선교계뿐만 아니라 더 큰 맥락에서 볼 때 한국의 일반 사회에서도 마찬가지 현상이 존재한다.

한국은 IT 강국이지만 사실 전체 산업에서의 IT 활용도는 기대 수준에 크게 미치지 못하고 있다. 그 예로 국내 중소 기업의 인터넷 활용도는 38%로 덴마크(70%)의 절반 수준이며 OECD(경제협력개발기구) 회원국과 비교해 볼 때도 17개국 중 15위(OECD 2005년 보고서)로 경쟁국에 비해 현저히 낮은 수준을 보여 주고 있다. 산업에서의 IT 활용은 생산성과 경쟁력을 높이는 중요한 도구임에도 현재 국내 기업은 우리나라가 보유한 IT 기술과 인프라 수준만큼 기업의 생산성 제고에 접목시키지 못한 채 그 효과를 반감시키고 있다. 특정 부분만이 비약적 발전을 하고 있지 전반적인 활용도는 떨어지는 것이 한국 인터넷 세계 그리고 인터넷을 통한 선교 세계의 현실이다. 이러한 관점의 근원은 산업 세계에서는 인터넷 기술을 통해 인력 고용에 대한 감소로 이어질 것을 두려워한 요인이 있었다. 비슷한 우려가 선교계에도 존재할 수 있다고 하지만 인터넷 기술을 통해 선교지 파송 선교사의 위치가 축소되는 것이 아니라 상호 협력과 보완의 역할을 한다는 것에 의의를 함께 한다는 이해 단계에 도달하여야 할 것이다. 정보 전달력이 바로 힘, 경제력으로 연결되는 상황 가운데에서 한국 선교계 또한 효과적인 복음 전달과 단체로서의 기반 확립에 대한 관심이 긍정적인 성장의 요인의 될 것으로 예측한다.

8. 전방 개척 선교지의 인터넷 사용 현황

인터넷 사이트는 누구든지 적은 비용으로 제작할 수 있는 것이 되었다. 그 수준의 차이가 다를 뿐이지 전 세계 어느 곳이든 사이트는 존재하고 열람이 가능하다. 따라서 어떤 극단주의자나 비상식적인 의견을 주장하는 사람도 일방적이고 왜곡된 자료를 설득력 있게 각색하여 유포하여 효과를 보는 것이 가능하다. 종교적 주장을 보이고 있는 웹사이트들은 다른 어떤 종류의 웹보다도 광고성 사이트에 가깝다.[71] 아랍권 내에서도 이러한 반응에 대한 감지는 존재한다. 서방 세계는 커뮤니케이션 기술을 통해서 수많은 아랍권에 대한 이미지를 창조해 왔고 전 세계 많은 사람들이 진실, 또는 왜곡된 정보를 가지게 되었다. 이러한 고정 관념을 갖도록 하는데 중요한 역할을 한 사건은 시온주의 운동 즉 아랍과 이스라엘 간의 갈등이다. 미국의 평균적인 신문 독자들에게 '아랍','무슬림', 그리고 '테러리스트'는 거의 유무상통하는 언어가 되었다. 또한 이슬람 사회에서 부인들이 거처하는 하렘을 퇴폐적인 장소로 간주하게 하는 일종의 이미지들이 대중들에게 널리 유통 되었다.

한편으로는 무슬림 국가에서는 서방 문화의 유입, 특별히 수많은 기독교 정보를 통한 개종자들의 확산에 우려하여 인터넷을 통한 정보 검색 등을 정부 차원에서 감시해 왔다. 또한 서방의 문화는 자신의 종교와 문화를 오염시키는 요인으로 생각하여 부정적으로 묘사하여 접근을 금지케 하고 물리적인 장치 노드(Node) 시스템 등을 통하여 외국

---

71) 언스트, 67.

문화 및 지식의 유입을 원천적으로 봉쇄하였다. 그리고 왜곡된 정보를 통해 정보를 차단하는 효과도 기대하였다.

현재 한국은 무역 및 애니메이션 등의 문화 콘텐츠 등을 통해 중동 지역과 교류하고 있는데 최근 한국의 유명 애니메이션 "달려라 하니"가 중동 지역에 수출되어 방영되고 있다. 그런데 우리가 특이할 점은 서구 공포증(Westo-Phobia)으로 점철된 그들의 경계심이 비단 서양 세계에만 대항한 것이 아니라 전 세계 문화를 향해 거부감을 표현한다는 것에 주목해야 한다. 일본의 경우 중동 지역과의 관계를 살펴볼 때 70년대 이래, 가전제품, 자동차 등을 통해 중동에 진출하였다. 80년대 이래에는 일본의 대중문화(만화, 드라마)가, 90년대 이래에는 게임이 진출하였다. 원래 중동 지역에 있어서 일본의 긍정적인 측면은 문화를 개방한 상태 가운데에서도 국가 종교적 기반을 지켜 나간 대표적인 나라로서 모방 및 벤치마킹을 표방하던 상황이었다. 그러나 2001년 3월의 사우디아라비아에서는 포켓 몬에 어떠한 종교적으로 불순한 요소가 포함되었다고 해서 상영 및 유통이 금지되었다. 금지된 것은 세 가지의 이유 때문이었다. 첫째, 포켓 몬 카드는 도박성이 있다는 것. 둘째, 포켓 몬에 등장하는 캐릭터들이 다윈의 진화론을 연상시킨다는 점. 그리고 셋째, 포켓 몬의 종교성, 포켓 몬 카드에 나오는 마크(유대교, 그리스도교, 프리 메이슨, 신도를 상징하는 것 같은 것)가 이슬람 이외의 종교를 포교하는 역할을 하고 있다고 지적하여 금지 이유를 제기했다. 세 가지 금지 이유 중 세 번째, 특히 시오니즘(Zionism)의 문제가 이슬람 사회에서는 중요하다. 포켓은 일본어로 '나는 유대인이다', 주인공 피카츄는 '유대인이 되라' 라는 의미라고 하는 속설이 무슬림 사이에 퍼졌다.(원래 포켓 몬은 포켓 몬스터를 뜻하는 약자이다.) 이러한 '포켓 몬 = 시온이스트 음모설'은 신문이나 잡지 등 종래의 미디어를 통해 아랍 사회 내 소문을 내는 방법으로 확대되었다. 하지만 일본 측에서 내어 놓은 인터넷 상의 정보는 음모설을 부정하고 변호하여 제작자 측의 사실을 입증하는 역할을 담당하고 있다. 반 서구적 운동에 저항하는 무슬림들의 서구 공포증(Westo-Phobia)은 이제 경계의 지역과 영역이 모호해지는 가운데 전 세계 전체 미디어를 대상으로 무차별적으로 대처하고 있다.

포켓몬 등장 캐릭터

반면 다른 관점에서 파키스탄에서는 소아마비 백신이 이슬람 유아를 제거하려는 서방의 음모라는 루머가 확인된 정보로 돌아 백신 접종을 거부하는 사태가 일어나고 있다. 이로 인해 수많은 파키스탄 유아들이 소아마비의 위험에 처해 있고 2006년 한 해만 해도 약 40여명이 넘는 소아마비 환자가 이러한 이유로 발병되었다. 하지만 미디어는 예방 접종을 통해 아이들이 장래에 불임이 될 것이라는 내용을 지속적으로 확산시키고 있다. 이렇게 무슬림들은 잘못된 정보 조작 및 전달을 통해 영육간의 파괴 현상이 일어나고 있고 무슬림의 인터넷은 의도하는 정보 전달로 큰 공(?)을 세우고 있다.

9.11 사태 이후 팽배해진 미국 내 이슬람 공포증(Islamic-Phobia)의 극단적인 반응에 우려한 미국 내 거주 아랍계 이민자들이 중심이 된 "The Islamic Political Party of America"라는 단체는 현재까지 "증오를 멈춰라(Stop the Hate)"이라는 슬로건의 캠페인을 통해 아랍인은 곧 테러리스트라는 선입견(Stereotype)으로 점철된 미국 및 전 세계 내 아랍인들을 바라보는 부정적인 분위기를 쇄신하고 이미지를 바꾸고자 하는 노력을 가족 정보 제공과 설득을 통해 온, 오프라인 상에서 활발하게 시도하고 있다.

끝으로 이슬람 극단주의자들이 인터넷을 통해 메시지를 주고받고 있으며 이들에게 인터넷 키보드는 총 만큼 중요한 수단이라는 내용의 보고서가 미국 의회에 제출됐다. 조지 워싱턴대학 '국토안보정책연구소'(HSPI)와 버지니아대학 '중요 사건 분석 그룹'(CIAG) 소속 전문가들은 보고서에서 이슬람 극단주의 그룹이 인터넷을 교신과 선전 및 연구 목적으로 활용하는 단계를 넘어 전사 모집과 훈련 목적으로도 이용하고 있다고 주장했다. 이들은 또 테러리스트들이 인터넷을 이용하는 방식을 접선(Dead Drop), 은닉(Secretion), 연구, 자금 조달 등으로 세분화해서 설명했다.

이렇게 미디어 및 인터넷 정보를 통한 영향력을 이용하여 자국의 경제적 이익을 초래하거나 이슬람을 전파, 옹호, 의견 점철 또는 극단주의화 하는데 사용하는 것과는 별개로 캠페인 등을 통해 순수한 이슬람 정신을 오염시키는 서양의 세력의 일종인 인터넷 사용을 자제하게 하고 있는 것이 사실이다. 하지만 젊은 세력과 정부 및 사회의 통제를 벗어난 가운데에서의 개인들은 비공개적인 장소를 통해 인터넷 접속하며 정보 습득을 하고 있는 것이 현실이다. 많은 제재 장치와 법을 통해 통제를 하고 종교적인 열심을 강요하고는 있지만 종교적인 부분이 잘 지켜지지 않는 것이 현대 무슬림들이 가지고 있는 고민이기도 하다. 폐쇄적인 무슬림 사회의 한계를 드러내고 있는 현실이다.

전 세계에 분포된 약 13억 무슬림 인구는 세계 속에서 기독교의 맞수로서 개혁주의적 이슬람들을 통해 부분적으로 기독교 선교사들의 공세에 대응하기도 한다. 이들 또한 나날이 발전하는 커뮤니케이션 기술의 능력을 통해 점차 이용 증가 분포를 보이고 있으며 자신들의 메시지를 효과적으로 전달하기 위해 적극적으로 활용하고 있다. 이들은 모든 행위에 지침을 줄 수 있는 권위 있는 근거들로서 많은 문서들을 자신들의 사이트를 통해 인터넷 상에 게재하고 있다. 또한 방대한 양의 자료, 문서와 사진을 보유하고 있고, 또 여러 곳에 링크되어 있는 일부 아랍 웹 사이트들을 통해 인격적인 교제가 이루어지고 있으며, 기술 자체에 의해 매개된 활력 있는 공동체들을 위한 포괄적인 전달 수단으로 간주되고 있다. 이러한 새로운 기술들 중 가장 주목할 만한 것은 종교적인 질문들을 위한 전자 메일 시스템 사용으로서, ''이맘'

께 묻습니다'라는 형식의 물음들에 대해 무슬림 전문가들이 답하는 형식으로 이루어진 웹 시스템이다. 이 사이트는 완벽한 익명성으로 인해 무슬림들이 개인적 행위의 매우 내밀한 문제들에 대해서도 질문할 수 있고, 또 권위 있는 여러 의견들을 들을 수도 있게 한다. 더불어 소수 종파의 집단들도 자신들의 소리를 낼 수 있는 장점을 가지고 운영되고 있다.[72]

이에 대하여 아랍 무슬림들이 인식하고 있는 기독교를 우리 기독교인들이 인식하는 것과 다르다는 것을 알아야 한다. 따라서 이와 관련하여 이러한 오류를 깨닫도록 인도하는 중동의 크리스천 공중파, 지상파 방송, 인터넷 방송을 통해 기독교의 교리를 바르게 알리는 사역이 필요하다는 현지 보고가 들어오고 있다. 현재 중동 지역에 방영되는 기독교 채널은 SAT-7, 알 하야(생명), 알무으지자(기적/Miracle) 등이 있고 몬테카를로 방송의 일부 시간대를 계약하여 기독교 복음 방송 사역을 진행하고 있다. 또한 이러한 계몽을 위해 인터넷 아랍 선교 교회 시스템이 절대적으로 필요하다고 현지 파송 선교사들은 요청하는데 인터넷을 통해 아랍인들에게 개별적으로 하나님 말씀과 찬양을 듣고 예수님을 영접하는 장을 제공하기 위함이라고 한다.

중동 선교는 중동과 경계를 하고 있는 변방의 사람들에 대한 관심을 두고 있다. 최근에는 또한 13억의 무슬림들에게 복음을 전하기 위해 12억의 중국인들을 복음화시켜서 그들로 하여금 중동 이슬람 지역에 복음을 전하게 하자는 새로운 움직임이 있어 왔다. 요르단에는 이미 3만여 명의 중국인들이 근로자로 일하고 있다. 이들에게 복음을 전하고

---

72) 언스트, 261.

이들을 그리스도의 제자로 훈련시켜 사역자로 나가게 하면 중국의 신
강성 무슬림들은 물론 중동의 무슬림들에게도 복음을 전할 수 있다는
내용이다. 중국에는 오늘날 전체 인구의 7%에 해당하는 8천만 내지 1
억의 기독교인들이 있다. 한국, 중국, 무슬림권 현지를 잇는 네트워크
사역이 인터넷을 통해 가능하다는 것이다. 이제 이슬람권 선교는 전

랄프 윈터 박사와 KJFM(한국 《전방개척선교저널》 창간호

방, 후방이 없다고 요르단의 K 선교사는 전한다.

　끝으로 내부자 운동과의 연계성을 통해 인터넷 선교를 장려할 수 있
다. 선교학자 랄프 윈터와 존 트라비스, 케빈 히긴스 등에 의해 주장되
어 온 내부자 운동은 전방 개척 선교(Mission Frontier) 전략의 한 방
법으로 거론되고 있다. 영적 전쟁터의 최전방에서 개척 선교를 해야
하는 무슬림 선교에 효과적인 '맞춤 선교 전략'이라는 것이다. 내부자

운동은 말 그대로 기독교로 개종한 무슬림이 예수 신앙에 의해 '삶의 스타일이나 문화를 바꾸지 않은 상태'에서, 본인이 속한 공동체를 떠나지 않고 복음을 전하게 하는 것을 말한다. 이 과정에서 그는 개종한 사실을 겉으로 드러내지 않고, 자기가 가진 문화나 종교의 정체성을 그대로 간직한 채 그리스도인으로 살아가게 된다. 곧 자신이 속한 종교, 세계관, 관습, 문화 등을 떠나지 않고 마음속으로는 예수를 따르는 운동인 것이다. 또한 내부자 운동은 무슬림의 복음화를 외부 선교사가 담당하는 것이 아니라, 개종한 무슬림들이 자신들이 속해 있는 무슬림 공동체에서 담당하는 내용도 포함한다.

비판의 내용이 존재하는 가운데 내부자 운동을 채택한 선교 전문가들은 그 이유로 무슬림들이 처한 '특수한 상황'을 거론한다. 무슬림 국가에서 기독교로 개종하게 되면, 사회뿐 아니라 가족들에게서도 배척을 당하고 심지어는 목숨까지 잃게 되는 등의 각종 불이익과 위험을 감수해야 하기 때문이다. 또한 내부자 운동은 개종한 무슬림이 같은 무슬림을 전도하는 것이므로, 서양 기독교인들에 대해 '반발심'을 가지고 있는 무슬림권에 적합한 선교 전략이라는 의견이다.

이렇게 내부자 운동은 새로운 무슬림 선교의 패러다임으로 각광받고 있는데 한편으로는 메시아닉(Messianic) 무슬림들의 혼합주의(Syncretism), 세속주의(Secularism), 종교다원주의(Religious Pluralism) 팽배에 대한 우려를 낳고 있다. 하지만 실제로 이러한 비판의 우려는 구원 자체에 대한 질문들이 아니라 내부자 운동 가운데 제자 훈련이나 제자 양육에 대하여 주어지는 지속적인 돌봄에 관한 질문들이 많다. 이러한 우려에 대해 체계화되고 시스템화 된 인터넷 선교의 교육 기술, 이러닝(e-Learning) 시스템은 이러한 전방 개척 선

교지를 위한 내부자 운동과 같은 선교 패러다임과 결합하여 보다 긍정
적인 효과를 거둘 것으로 기대된다.

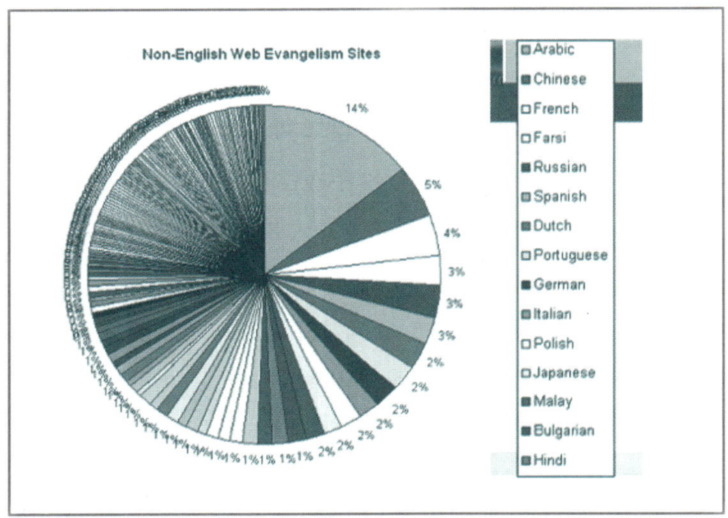

비 영어권 복음전도용 웹 사이트 빈도

제17장

세계화, 10/40 창, 그리고 인터넷 선교

1. 세계화 가운데 동일 문화권 선교

현실적인 문제로 현재 세계 선교 지역은 문화 평준화 현상을 보이고 있다. 선교지 곳곳이 도시화가 되어 가면서 그들 고유의 문화 이양에 대한 개념이 명확하지 않는 시대가 도래해 있다. 영어가 공용어로 쓰이는 지역이 늘어나고 있고 영화, 미디어 등을 통한 문화 평준화의 시대에 우리는 공존한다. 일부 지역의 경우에는 한류의 열풍으로 한국의 문화가 그 특정 지역을 중심으로 퍼져 나가 선교에 긍정적인 도움을 주고 있는 것이 사실이다. 관심이 있으면 이방 문화를 배척하지 않는 것이 세계인의 현실이다. 종교적인 영역에 있어서도 한국인 크리스천이 국악 찬양만을 즐겨 부르지 않는 것처럼 일반적으로 서구의 크리스천 문화가 받아 들여지고 있다. 한국 교회는 빈야드(Vineyard), 마라나타(Maranata), 힐송(Hill-Song)과 같은 서구의 찬양 문화를 어색하지 않게 받아들이고 수용한다. 이것은 오히려 문화권별로 색채를 가진 구분되는 기독교의 모습이 아니라 기독교 문화라는 하나님의 문화를 통해 하나로 모아지는 성경적인 모습에 대한 근거를 제공한다. 이제는 오지에서 사는 타민족 문화에 대한 접근 방법에 대한 관심을 갖는데 있어서 토착화보다는 세계내화(Glocalization)를 논의하는 시기일지 모른다. 공유 문화권 속에서 많은 오지가 도시화된 시점에서 우리는 보다 현실에 맞는 문화 접근 요소를 찾고 선교 전략을 갖추어야 할 것이다. 물론 이것은 제국주의적 선교 접근 방법에 동의한다는 의미는 결코 아니다.

힐송 유니이티드

이러한 상황을 이끈 첫 번째 이유로 경제적, 군사적인 요인이 맞물려 있을 수 있다. 선교지는 경제적인 기반 구축을 위해 개방과 물자 전달이 필요하고 그것을 받아들이기 위해서는 자연스럽게 서구 문명 이입이 요구됐다. 군사적인 요인도 배제할 수 없을 것이다. 두 번째 요인으로는 인터넷 문화의 전 세계적인 확산이다. 이제 지식과 정보는 특별한 사람만을 위한 것이 아니다. 지구 반대쪽의 상황과 정보도 이제는 인터넷을 통해서 얻을 수 있다. 활자의 개발로 도서가 보급되고 성경이 널리 읽혀지며 종교가 개혁된 것처럼 이제는 제 2의 지식 보급 시대가 인터넷을 통해 도래한 것이다. 인터넷은 지식 기반 구축을 통해 전 세계 사람들의 지식을 평준화하는데 기여했다. 이러한 요인들이 다수의 선교지가 동일화 되는데 기여했다고 보여진다.

2. 산업 수단으로 선교지에 미치는 영향

IT 분야 그 중 인터넷 영역은 선교사에게 권한을 부여한다. 닫혀지는 선교지의 경우라 할지라도 컴퓨터 전문가를 원한다. 선교사를 배척하는 선교지의 입장에서도 IT 전문가는 입국과 체류 및 거주가 가능하다. 이미 신분이 노출된 의료인도 추방당하는 현실이나 한시적이겠지만 새롭게 선교 베이스를 설치하는 가운데 IT 전문가는 받아들여진다. 한 예로 우즈베키스탄의 경우 정책적으로 국가의 특성상 무역을 주 산업 목표로 하여 IT 산업을 주요 사업으로 선포하여 발전을 도모하고 있다. 개발 도상국의 경우 진보되는 과정 가운데 복음은 거부해도 기술을 전수 받기 원하는 것이 현실이다. 전자상거래, 포털, 이-러닝 시스템(e-Learning System), 통신 등은 그들의 생존을 위한 노력과 직결되어 있고 발전을 요하는 관심 분야이다. 선교사의 경우 실제적으로 인터넷 카페나 학원 운영이 가능하고 대학과 연계하여 보다 수준 높은 선교 베이스를 구축하기 용이한 환경을 제공한다. NGO 선교 및 전문인 선교를 위한 든든한 기반이 된다.

3. 복음 전파의 수단으로 선교지에 미치는 영향

인터넷은 10/40창 권역 등과 같은 복음 전파가 거부된 지역에서 효과적인 직접 전도의 도구가 된다. 인터넷이 가지고 있는 가장 큰 장점이 바로 이점이다. 또한 선교가 복음을 표현하고 전달하는 것이라면 인터넷은 바로 이 두 가지 요소를 가장 충실히 수행하는 도구이다. 구체적으로 인터넷은 기독교 콘텐츠를 다양한 방향으로 제작할 수 있게 하며 제작물을 손쉽게 전달하는 통로와 실제적으로 사용자의 가장 가까운 지점까지 도달케 하는 역할을 적은 비용으로 수행한다. 한 예로 인터넷은 특정 지역의 여성들에게 유일한 접근 통로가 된다. 한국에서도 낯 가리고 보수적인 성향의 여성들도 특별히 싸이월드와 같은 사이트를 통해 해방감을 만끽한다는 보고가 있다.

이슬람 율법이 엄격하게 적용되고 있는 파키스탄 북서부 페샤와르에서 인터넷 카페는 단순히 인터넷을 즐길 수 있는 곳이 아니라 무슬림 율법의 굴레를 벗어나고자 하는 여성에게 해방구로서의 역할을 하고 있다. 잠러드에서 '스타 인터넷 카페'를 운영하는 무스타파 사피는 "평소 하루 100여명의 인터넷 이용자 중 20여 명이 여성"이라고 소개하면서 "특히 이들 중 상당수는 아프가니스탄 출신"이라고 밝혔다. 실제로 아프가니스탄을 탈출해 온 여성들이 인터넷을 자주 이용하는 것은 탈레반 정권이 들어선 후 엄격한 이슬람 원리주의를 적용하여 여성에게 교육은 물론 모든 사회 활동 참여를 봉쇄하자 이를 돌파하기

위한 수단으로 사용하고 있다고 보고된다. 외부적으로는 선택과 행위
가 제한되지만 인터넷의 환경이 그들을 집 안 내부에서의 삶의 지식
충족 욕구를 채워 준다. 또한 한국의 여성들의 경우 인터넷을 통해 자
신들의 마음 속 표현을 자유롭게 하여 여권 시장의 길을 열었다. 이러
한 특성은 보안을 요구하는 지역이나 일본과 같은 지역과 같이 독특한
민족적 성향, 특성을 가진 지역인들에게 용이하게 접근하는 근거가 된
다. 인터넷의 손쉽고 자유로운 접속의 특성은 또한 개인화 된 차세대
의 특성과도 맞물린다.

4. 인터넷 커뮤니케이션

먼저 언어적인 차이 문제를 해결하는 것이 관건이다. 그 다음으로는
웹을 통한 커뮤니케이션 방법을 터득하는 것이다. 10/40 창 지역을
대향한 웹 커뮤니케이션 기술은 일반 커뮤니케이션 기술과 동일한 부
분과 다른 부분이 각각 존재하며 표현의 한계가 오프라인 커뮤니케이
션과 비교할 때 차이가 있으므로 세심한 주의를 요구한다. 또한 세분
화된 미디어 콘텐츠를 통한 커뮤니케이션도 우리가 알아야 할 중요한
요인이다. 미디어 홍수 시대를 사는 우리에게 있어 기독교 콘텐츠라는
이름으로 또 다른 공해의 한 요소를 선교지에 전달해서는 안 될 것이
다. 현재에는 메일링(Mailing)을 통한 커뮤니케이션에서 웹으로, 이
제는 보다 양방향적인 커뮤니케이션의 형태인 블로그를 통한 커뮤니
케이션이 일반적으로 확산되고 있으며 앞으로 선교 영역에 보다 큰 영
향을 미칠 것으로 기대한다.

한국 선교계의 인식이 바뀌어야 한다. 먼저 IT에 대한 바른 이해가 요구된다. IT는 교회 내에서 적극적으로 활용할 수 있는 하나님의 선물이다. IT 즉 정보 기술을 통해 하나님의 말씀을 상황에 맞게 적용하고 접근한다. 성경은 하나이지만 여러 버전이 있고, 언어권별 성경이 전 세계 각 나라의 상황에 적용된다. 말씀은 영화, 책, 음악의 장르를 통해 성경적 세계관을 바탕으로 각 시대와 세대에 맞게 표현된다. 하드웨어적인 요소도 구전, 양피지, 파피루스, 종이, 단말기, 모니터가 성경을 표현하는 도구로 이어져 왔다고 현지에 적용된다. 인터넷과 그 안의 콘텐츠를 통한 표현 기술은 21세기 세계 현대인을 최대한 이해하며 다가갈 수 있는, 특별히 복음 전파가 어려운 10/40창 지역에 침투가 가능한 수단이 된다. 이러한 사실에 대한 비중 있는 이해가 요구된다.

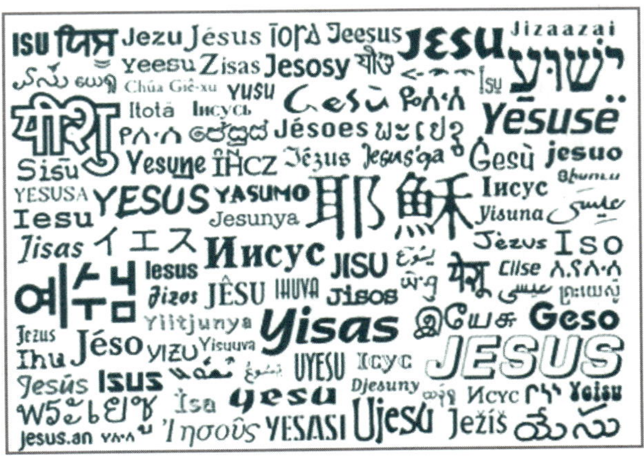

각 나라 언어 예수님

또한 현지어 선교 콘텐츠 제작에 대한 현지와 연계된 연구가 필요하다. 문화적으로 구분되는 10/40 창 지역권의 경우 세심한 연구와 조사가 기반이 된 상태에서 선교를 위한 전문적인 콘텐츠를 제작하는 것이 중요하고 보급에 있어서도 각별한 주의를 요구한다. 한국인이 다른 나라의 언어로 노래를 부를 경우 60-70% 정도의 뜻과 정보만이 전달된다고 한다. 또한 최근 국가정보원 산하 '국가사이버안전센터'에 따르면 이슬람 해커그룹으로 추정되는 스크립트엑스(ScriptX)가 '한국자동화표준시스템연구조합' 등 국내 20여 개 웹사이트를 해킹했다고 밝혔다. 기술적인 지원 문제에 있어서도 해킹이 일반화된 상황 가운데에서 집중적이고도 전문적인 지원과 배려가 선행되어야 하며 오히려 교육과 인프라를 통해 해결할 수 있는 방안들이 많음에도 교육의 부재로 낭패를 겪는 경우를 막아야 할 것이다.

더불어 인터넷 선교 이해에 있어서 너무 많은 기대를 가짐으로써 쉽게 실망하기 보다는 인터넷 선교 사역의 특성을 이해하고 오프라인 사역과 병행되어야 효과적이라는 올바른 인식 가운데 사역을 진행해야 하는 것도 필수적이다. 이에 따른 체계적인 후방의 지원이 필요하고 한국 또는 전 세계를 네트워크 한 가운데 발굴된 인재들과 연계하여 사역을 펼치는 것이 반드시 뒤따라야 한다. 그리고 마지막으로 기술 전파가 주목적이 아닌 가운데에서 자연스러운 연계 사역을 통한 복음 전파에 대한 구체적인 계획과 원칙이 필요하다. 이에 대해서는 인터넷 선교 전문 과정 설치 및 인정이 시급하다고 제언한다.

6. 10/40 창 지역의 다국어 콘텐츠

이제는 표현이 직접적이지 않는 전략적인 다국어 콘텐츠 보급이 필요하다. 디지털 다국어 음원, 텍스트, 오디오, 비디오, 플래시 애니메이션, 시뮬레이션, 커뮤니티, 블로그, 전자 전도지, 게임, 이-러닝(e-Learning) 콘텐츠, 전자 도서 등이 그것이다.

이제는 인터넷 사역의 관건은 10/40 창 지역용 콘텐츠 제작과 보급이다. 기술적인 발전에 기대하지 말고 보다 적극적인 콘텐츠 개발에 관심을 가져야 한다. 인터넷 세상은 이제 기술력의 세상이 아니라 바로 콘텐츠 즉 지식 기반의 세상이다. 하드웨어 기술은 날이 갈수록 발전하고 있다. 공룡, 로봇, 우주, 지구 최후의 날 등 우리가 마음먹은 것은 모두 다 표현이 가능하다. 영화는 이제 우리 상상 이상의 표현이다.

기술은 엄청나지만 우리가 접할 수 있는 10/40 창 지역, 전방 개척 선교지에 대응하는 기독교 인터넷 콘텐츠는 얼마나 되는가? 인터넷을 위해 전문적으로 연구 개발된 콘텐츠가 얼마나 되는가? 우리의 차세대들은 핸드폰과 인터넷을 그들의 몸의 일부인 듯하여 TV를 시청하고 커뮤니케이션을 하며 즐기고, 웃고, 울며, 감동한다. 하지만 무슬림들 마음에 들려 줄 수 있는 기독교 콘텐츠는 무엇이고 얼마나 되는가? 배부른 자를 더 배부르게 하는, 믿는 자를 더 풍요롭게 하는 콘텐츠가 아닌, 믿지 않는 자를 위한 콘텐츠는 무엇인가? 그들이 눈을 뜨면 묵상을 클릭하고 찬양을 들으며 말씀을 통해 상담 받고 길을 찾도록 세상에 대응하는 양질의 콘텐츠를 10/40 창 지역에 공급해야 한다.

우리는 그 동안의 확장 지향, 팽창주의적 선교 방식을 근본적으로 반성해야 한다. 전통적인 선교는 피선교지 자체에 대한 존중과 피선교지 중심적 사고보다는, 소위 선진화된 문명을 주입시키는 제국주의적 '기독교 이식'으로 나타났다"고 말할 수 있다. 특히 이슬람을 완전히 없애버리고 거기에 기독교를 갖다 심겠다고 하는 제국주의적 선교의식은 이제 변화돼야 한다. 우리는 전도를 위한 콘텐츠를 제작하는 데

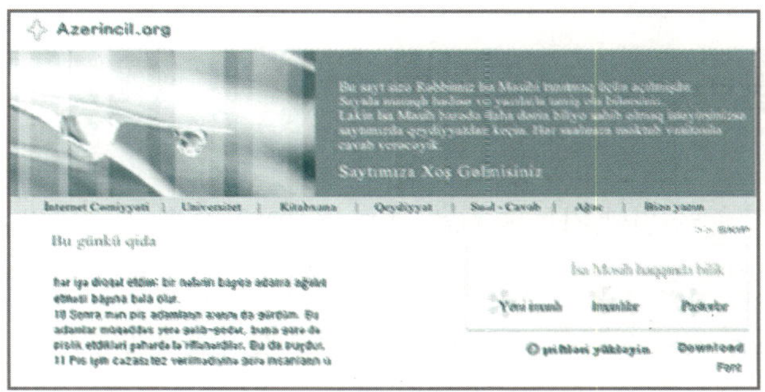

아제르어 인터넷 선교고회

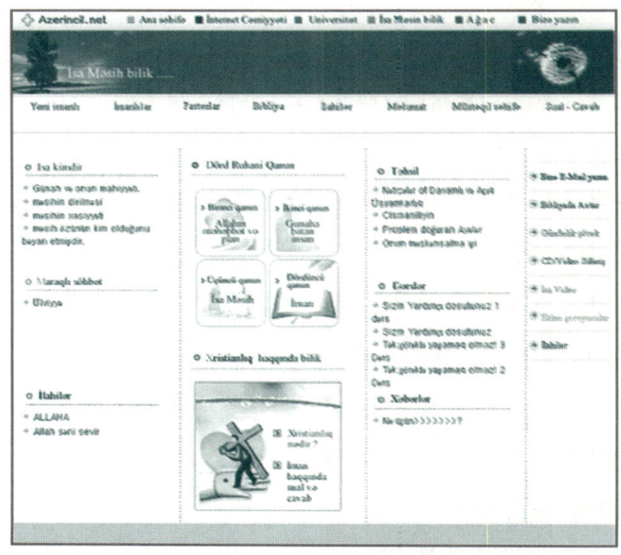

아제르어 선교용 사이트

있어서도 이슬람 문명 자체에 대해 인정하고 존중하면서 기독교가 그들과 얼마나 충분히 대화할 수 있는지, 서로 공통된 점은 무엇인지, 기독교가 가진 장점은 무엇인지 냉철하게 전하면서 복음의 접촉점 역할을 하는 콘텐츠를 제작해야 할 것이다. 그러한 기반은 바로 관심과 배려 속에서 형성될 것이다.

7. IT 전문가 배치의 시급성

10/40 창을 위한 기독교 웹은 더욱 영적이어야 한다. 디자인과 프로그램이 성령 충만한 가운데에서 교회를 세우듯이 제작되어야 한다. 현대 선교는 경영 철학을 하나님의 원리대로 활용하여 행정 전문 전문인 선교사를 세우고, 찬양 선교사를 통해 예배를 통한 전문적인 사역을 펼쳐 나가고 있다. 이러한 상황 속에서 우리는 기독교 IT 전문 선교사가 요구됨을 알 수 있다.

IT 전문가는 인터넷 전문가와는 조금 다른 개념을 가지고 있다. 인터넷 선교사가 인터넷 관련 기술 및 컨텐츠에 국한 된다면, IT 선교사는 컴퓨터 관련 하드웨어, 소프트웨어뿐만이 아니라 통신 기술, 과학, 공학 분야를 포함하는 광대한 분야이다. 선교지의 IT 사역은 자원 봉사 사역이 아니라 선교 사역을 위해 '네트워크(Network)' 망 유지, 기술 구축, IT 교육을 전문적으로 섬기는 부서로 지정할 것을 요구한다. 교수 또는 전문가로 구성된 선교지의 IT 선교사들을 동역자로 세우고 전통적 사역 선교사와의 조화를 통해 다양하고 효과적인 네트워크 사역을 실현할 수 있다.

IT 선교의 궁극적인 목표는 오프라인 상의 부흥이다. 사이버 상의 성역만을 만드는 것이 아니라 그 땅에서 직접 믿지 않는 자를 천국 백성으로 만드는 것이다. 선교 지도자는 이러한 IT를 전통적인 선교 방식을 파괴하는 요소가 아니라 전통을 더욱 든든하게 세우는 역할을 한다는 것을 인식해야 하고, 이러한 개념으로 선교지의 IT 전문 사역자와 인터넷 선교사에게 그들만이 할 수 있는 고유의 사역 범위를 제시하고 인정하여 보다 10/40 창 지역을 위한 적절한 전문가를 세워 발전시켜야 할 것이다.

8. 미래

대규모로 자료를 교환하는 '시만텍 웹(Symantec Web)'은 인터넷 상의 정보를 더 쉽게 찾아 주는 기술로서 잘 활용만 한다면 현지를 위한 다국어 성경 교육을 지원할 수 있는 기반 형성을 가능케 할 수도 있다. 지식 기반 구축을 통한 세계화를 더욱 강력하게 형성하는 기반이 될지 모른다. 지식을 더 많이 보유하고 확산시키는 능력이 국제 지도력의 관건이 될 것이며 종교간에 있어서도 서로의 종교적 지식을 전달하는데 치열한 경쟁과 장악의 세계에 입문하게 되는 것이다. 여기에 더하여 인터넷 망이 확산, DMB 등 선교 현지의 첨단 기술 개발과 발전에 따른 변화에 따라 선교 현지는 지금보다 더 빠른 속도로 반전하게 되며 도시화에 근거한 문화 평준화에 이르게 된다. 다양한 하드웨어 및 소프트웨어, 콘텐츠와 솔루션(Solution)의 홍수 속에서 우리는 이 모든 것을 하나님께서 복음 전파를 위해 길을 여심으로 인정하고 준비하고 나아가야 할 것이다. 이제는 10/40창 지역을 위한 기독교 지식 기반이 아름답게 구축된 미래를 꿈꿔 본다.

IT 분야, 그 중 인터넷을 통한 선교는 차세대 10/40창 지역 선교에 있어서 선택이 아닌 필수 분야가 될 것이다. 우리는 인터넷 속에서도 성령의 역사하심을 발견한다. 인터넷을 통해 그리스도의 은혜를 체험하고, 성령님을 만나고, 생명을 얻으며 삶의 보람을 찾아 길을 걷는 사람들이 존재한다. 익숙하지 않거나, 지식 기반이 무형적 요소라 하여 무시될 수 없는 것이 현실이고 이것은 증명할 수 있는 역사이다. 세계적인 베스트셀러『목적이 이끄는 삶』의 저자 릭 워렌 목사는 미국《비즈니스 위크》의 온라인 판을 통해 "복음주의란 하나님과 사회적 이슈 모두에 대한 헌신을 뜻한다. 인터넷은 복음 전파를 위해 사용하는 중요한 수단의 하나이다."라고 말했다. 21세기의 종교의 개혁과 10/40창 지역을 위한 효과적인 선교는 어쩌면 인터넷을 통해 이루어질지도 모른다.

제18장
전방 개척 선교지를 위한 미래
(인도네시아 조사 연구를 중심으로)

전방 개척 선교 지역은 대체로 세 지역으로 나뉜다. 부분 제한 지역 (Limited Access Area), 창의적 접근 지역(Creative Access Area), 그리고 폐쇄 지역(Closed Area) 등이다.[73] 지구촌은 시간이 지날수록 문화 동일화 현상이 진행되고 있다. 현대 과학 기술은 비단 첨단이 아 닌 일반화 된 기술만 가지고도 인간과 인간 사이, 민족과 민족 그리고 나라와 나라 사이의 이해의 간격을 좁히고 개개인이 서로의 의사를 소 통케 하고 정보를 교환케 하는 데 도움을 주고 있다. 이는 선교의 큰 주제가 되는 문화 이해를 위한 선교사들의 노력에 대한 하나님의 선물 이라 믿는다.

현재에도 오지는 존재하지만 세계는 보다 나은 생활을 추구하고자 하는 열망에 의해 날마다 문화 수준 향상을 추구한다. 선교지 또한 예 외가 아니다. 어제의 오지가 시간이 흐를수록 도시화가 되어 가는 상

---

73) 강승삼 외, *전방 개척 선교* (서울:한선협, 2005), 30.

황이다. 또한 특수 과학이 아닌 일발 상용화된 기술만을 통해서도 지구촌의 사람들은 동일한 음악, 소설, 영화, 뉴스, 정보, 철학, 이념, 종교 등을 동시대에 나누고 이민과 이주 근로가 전 세계적으로 확산 됨으로 이제는 각 나라의 문화가 존재하는 것이 아니라 "우리의 문화"가 존재하게 되었다. 또한 한편으로는 이제는 지역화(Localization)와 세계화(Globalization)가 융화된 세계내화(Glocalization)라는 새 문화의 시대에 도래한 것이다.[74]

인터넷 문화라는 새로운 개념의 창출에 더불어 이제는 문화 영역 구분이 나라와 민족 간에 이루어지는 것이 아닌 네티즌의 특성을 통한 구성 가운데 전 세계 문화가 한 틀 안에서 형성이 되는 것을 보며 인터넷의 사이버 공간을 새로운 개념의 전방 개척 선교지의 탄생으로 바라보는 새로운 시각도 탄생하게 되었다.

이러한 시점에서 인터넷이 그러한 글로벌 문화 창출을 돕는 근원적 요소임을 감안할 때 이제는 선교계에서 필수적으로 다루지 않으면 안 되는 상황이 되었다고 제언한다. 또한 보다 긍정적인 시각으로 볼 때 인터넷은 시간이 지날수록 사람과 사람 사이를 잇는 끈이 되고 더 나아가 하나님과 사람과의 사이를 잇는 도구로 사용되고 있다고 이해된다. 이에 2007년 현재, 한국 선교계와 교계에서는 더욱 깊은 인터넷 선교 분야의 이해를 갖는 가운데에서 전방 개척 선교지로서의 인터넷 선교와 전통적인 전방 개척 선교와 함께 사역하는 필수적 협력자의 역할로서의 인터넷 선교의 의의를 확인하고 미래를 위해 나아갈 방향이 무엇인지에 대한 질문을 던지고자 한다.

---

74) 김태연, *전문인 신학* (서울: 예영커뮤니케이션, 2006), 398.

1. 인터넷 전방 개척 선교 지역 규정

선교계가 먼저 인터넷 선교의 범위와 영역을 규정하는 것이 필요하다고 제안한다. 일반적으로 전통적인 한국의 인터넷 선교 단체는 복음이 전달되기 어려운 지역을 대상으로 사역하는 지엽적 인터넷 선교 특성을 가지고 사역을 하는 경우가 있고 전 사이버 세계를 선교 영역으로 해석하고 사역하는 광의적 견해가 있다.

그러나 전 세계 선교 지역의 인터넷 보급을 통한 현 시대 상황에서 이제는 글로벌 시대의 문화 동일화 세대에서 특정 지역만을 인터넷 전방 개척 선교 지역으로 간주할 것이 아니라 전 세계의 인터넷 세상을 하나의 전방 개척 선교지로서 이해해야 한다는 주장이 2006년 NCOWI IV IT 선교위원회의 논의 하에 Pre-Consultation을 통해 제기되었다.

먼저 현재의 전방 개척 선교지라 함은 전통적인 접근으로, 복음을 직접 전하기 어려운 지역을 말할 수 있다. 전통적 이해에서 일반 선교 지역은 G2, G1 지역으로 나뉘어 진다. G2 지역은 복음주의자 비율이 15.5% 이상을 말하며, G1 지역은 복음주의자의 비율이 10% 이상-15.5% 미만이고, 이중집계 기독교인 수에 가중치를 부여한 값이 더 큰 지역의 경우를 지칭한다. 반면 전방 개척 지역은 F1, F2, F3 영역으로 구분된다. F1 지역은 복음주의자 비율이 5%-10% 미만인 지역을 말하며, F2는 복음주의자 비율이 0-5% 미만이고, 박해 지역이 아닌 경우에 해당한다. 끝으로 F3 지역은 복음주의자 비율이 0-5% 미만 지역으로 박해 지역인 경우에 해당한다.

이러한 전방 개척 선교지에 대한 이해는 인터넷 선교 이해와 불가분의 관계에 있다고 할 수 있다. 일반적인 인터넷 선교의 이해에 있어서도 전통적인 전방 선교 개척지 이해와 동일하고 복음주의자 비율이 0-5% 미만인 지역을 인터넷 전방 개척 선교지로 규정한다. 따라서 복음주의자 비율이 높고 오프라인 상에서 자유롭게 복음을 전달할 수 있는 지역은 인터넷 전방 개척 선교의 영역으로 간주하지 않는다. 인터넷의 최적의 전방 개척 선교 지역은 복음과 관련된 자료를 직접 가지고 들어가지 못하거나 복음을 전하는 일이 완전히 차단된 지역이다.

이러한 배경에서 우리는 인터넷 전방 개척 선교지를 규정하는데 있어서 전 세계의 모든 사이버 세계를 전방 개척지로 이해해야 할 것인지 또는 전통적인 선교에서 이해하는 전방 개척 선교지 또는 인터넷을 통해서만 복음 전달이 가능한 지역만을 전방 개척 선교지로 이해할 것인지에 대한 논의가 요청된다고 본다. 한국 내에 인터넷 선교 단체가 많지 않은 현 시점에서 보다 효과적인 선교 사역을 위해 선택과 집중의 이해에 대한 필요가 있기 때문이다.

2. 전통적 전방 개척 선교지에서의 인터넷 사용

복음 전달을 통제하는 선교 지역에 늘어남에 따라 전통적인 선교의 방향이 새로운 접근 방향을 찾아야 하는 부담을 갖게 되었다. 그러한 상황 가운데에서 인터넷은 그 특성상 설치만 되어 있다면 자유로운 접속이 가능하고 통제가 쉽지 않기 때문에 복음을 전하는 통로로 많은 관심이 되고 있다. 또한 그러한 제한 국가들이 복음을 받아 들이지 않지만 인터넷 기술은 환영하는 입장이고 개발도상국의 경우에도 경제적 목적으로 활용할 경우 성장 속도가 빠르다는 사실 때문에 도입을 환영하는 분위기여서 이러한 사실을 가지고 새로운 접근 방법으로서 선교 목적을 위해 도구로 선택할 수 있지 않은가 하는 제안들이 등장하기 시작하였다. 복음은 들어갈 수 없지만 인터넷이 들어간다면 언젠가는 인터넷을 통해 네티즌들이 선택적으로 전 세계인들이 올려놓은 기독교 자료를 통해 복음을 전달 받을 수 있을 것이라는 계산이다.

한 예로 인도네시아의 경우를 보면 인터넷 이용자가 시간이 갈수록 늘고 있음을 알 수 있다. 인터넷 사용 현황 정보를 제공하는 "Internet World Stat"의 지난 보고에 의한 인도네시아의 인터넷 사용 인구가 세계 제 18위라는 사실은 복음 전파가 제한되는 전방 개척 선교지에 대한 인터넷 선교의 시급한 필요성을 제시하고 있다. 인도네시아 인터넷 서비스 회사 연합회인 APJII[75](Indonesian Internet Service Provider Association)는 인도네시아에서의 인터넷 사용자 수의 증가를 아래와 같이 보고하고 있다. 인터넷 사용자의 수는 기하급수적으로 증가하며 2006년 현재에는 이전보다 많은 수가 인터넷 사용을 하고 있을 것으로 추정된다.

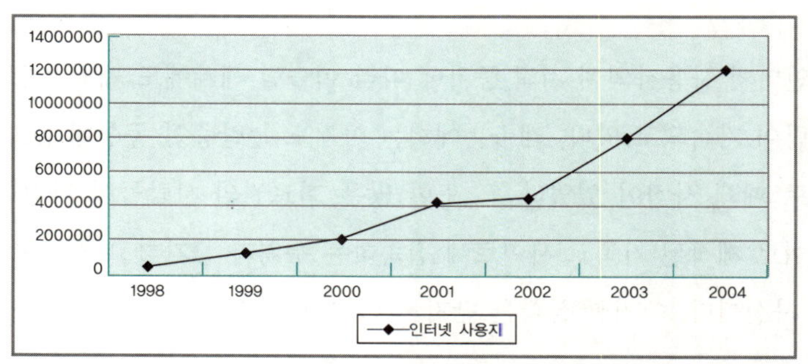

표1 전방 개척 선교지의 인터넷 사용 증가 빈도

75) APJII, *number of subscriber & Internet user growth* URL: http://www.apjii.or.id/dokumentasi/statistik.php?lang=eng.

3. 인터넷에 대한 기대

인도네시아 이외에도 대부분의 회교 국가가 비슷한 경험을 하는 것을 볼 때 어느 회교 지역이든 공식적으로 복음은 거부하더라도 인터넷 사용자의 숫자는 계속 증가할 전망임을 시사하고 있다. 많은 회교 국가들이 정보 기술 분야의 투자 촉진 정책과 외국 사업가의 발목을 잡는 '현지인 후견인 제도' 등을 완화하고 있다. 아랍에미리트의 경우는 두바이의 '두바이 인터넷 시티(DIC)'에 외국 인터넷 기업을 적극 유치하고 있다.[76] 이렇게 IT를 통한 국가 경쟁력을 높이기로 하여 국가 원수의 선포 하에 정책적으로 IT 사업을 장려하고 있는 현실 또한 앞으로의 전방 개척 선교지의 인터넷 사용 빈도 증가를 예견케 한다. 각 전방 개척 선교지의 경제적인 요인과 맞물려 있는 가운데 회교권의 인터넷 확산은 막을 수 없는 현실이다.

4. 우려

인터넷 사용자의 수치적 증가에 따라 이슬람 세계에도 개방, 개혁의 바람이 가속되고 있다. 레바논에서는 아직도 논란중인 동성애 옹호 사이트 폐쇄 사건이 있었다.[77] 또한 많은 회교권의 사람들이 자신들의 언어로 제작된 기독교 사이트에 접속하는 수치가 증가하고 있는 것 또한 사실이다. 이러한 상황은 단지 어느 한 나라만의 특징이 아니다. 많

---

76) 김동문, 이슬람 신화 깨기, 무슬림 바로 보기 (서울: 홍성사), 44.
77) 김동문, 35.

은 선교지들, 특별히 복음 전파를 제한하는 회교 지역일수록 그러한 요청이 오히려 더욱 증가되고 있다.

이러한 현상에 대해 회교국들의 자구책으로는 인터넷 사이트에 대한 규제와 단속을 하고 있는 점을 들 수 있다. 또한 중국의 경우에는 인터넷 공안이 그 역할을 대신한다. 이 사실은 인터넷을 통해 유입되는 정보에 대해 회교권 및 전방 개척 선교 지역의 정부가 국민들이 인터넷 콘텐츠에 대해 반응할 것을 우려한다는 사실을 간접적으로 입증하는 증거가 된다. 그러나 이러한 구 시대적이고 강제적인 장치는 인터넷이라는 첨단 매체와 성격이 대비되며 한시적인 정책임을 시사할 뿐이다. 물리적으로 제한을 두고 있지만 인터넷의 특성상 물리적인 방어 벽을 뛰어 넘고 결국 전방 개척 선교를 위한 필수적인 요소가 된다고 이해할 수 있다. 따라서 인터넷 선교의 으선 전방 개척지는 이러한 회교권 국가를 들 수 있을 것이다.

5. 폭 넓은 전방 개척 선교 영역으로서의 세상

현재는 이러한 영역을 인터넷 전방 개척 지역으로 이해할 수 있지만 회교국들이 개방을 가속화한 글로벌화 된 시점에서는 어디를 전방 개척지로 할 것인지 논의되어야 할 것이다. 이에 인터넷은 새로운 글로벌 문화 창출 영역으로서 전 세계 각 세대들이 중심이 된 새로운 선교지로 이해할 수 있다. 이에 대한 근거로 인도네시아 수도인 자카르타 근교인 땅거랑 지역에 있는 초등학교, 중학교, 고등학교와 신학교 및 자카르타에 있는 대학교를 대상으로 비누스 대학의 강호철 교수가 2004년에 실시한 설문 조사 결과에도 아래 표와 같이 95%의 학생들이 인터넷을 사용하고 있다는 자체 조사 결과를 얻었다. 젊은이들은 이곳에서 인도네시아의 문화가 아닌 국제 문화가 보편적으로 보급된 사이버 세계에서 전 세계를 대상으로 생활하고 삶을 나누고 있는 것이다. 웹을 통해 한국의 가수들의 음악이 동남아시아에 전파되고, 할리우드의 영화 홍보가 전 세계적으로 동시에 이루어지며 각 지역의 뉴스를 웹 상에서 실시간 듣고 볼 수 있다.

	초등학교		중학교		고등학교		대학교	
응답자 수	106		105		94		85	
비율	숫자	%	숫자	%	숫자	%	숫자	%
종종	28	26.4	29	27.6	32	34	32	37.6
가끔	55	51.8	57	54.2	46	48.9	46	54.1
한번씩	23	21.6	19	18	16	17	9	10.5
사용 한적 없음	0	0	0	0	0	0	1	1.1

표2 전방 개척 선교지 차세대 인터넷 사용 빈도

이것은 앞으로 인터넷이 젊은이들이 모이는 중요한 공간이 됨과 동시에 복음을 전할 수 있는 공간으로 사용될 수 있음을 보여 주고 있다. 이것은 또한 인터넷 선교를 전방 개척 선교에 있어서 특수 지역에 대한 접근이 용이함을 제시하는 정도의 장점을 넘어 보다 큰 의미의 전방 개척 선교지로서의 인터넷 영역을 이해한다면 세계 전체가 새로운 전방 개척 선교지로서 다가오게 되는 것이다. 문화가 동질화 되는 가운데 언어적인 차이는 오히려 편리한 번역 소프트웨어 등의 등장으로 극복되고 있다. 한 가지 요소가 더 첨가된다면 영어에 대한 세계인의 사용 빈도의 증가와 이해도 지구촌을 하나로 만드는 중요한 요소로 존재한다. 한 예로 전 세계 네티즌에 대한 영어로 제작된 콘텐츠의 보급률은 계속 증가하고 있다.

중국도 2006년 현재 블로그의 열풍 속에 있다. 현재 중국의 각 포탈 사이트들에서 경쟁적으로 블로그 서비스를 제공하고 있는데 그 중 제일 주목을 받는 것은 시나닷컴의 블로그 채널이다. 2005년 9월 8일 정식으로 블로그 서비스를 제공하면서부터 시나닷컴은 이색적으로 문학, 스포츠, 연예 등 각 분야의 명인들에게 요청하여 실명으로 자신들의 블로그를 등록하게 했다. 그 후 시나닷컴의 블로그는 순식간에 폭발적인 인기를 대중들에게 끌며 조회수와 등록자수가 급속 증가하고 있다. 2006년 현재 시나닷컴의 등록인수는 200만 명을 넘어섰다고 한다. 그 중에서 제일 인기 있는 것은 배우와 영화연출 두 가지 역할을 성공적으로 맡아 하고 있는 미녀스타 쉬징레이의 '라오쉬'(老徐)라는 블로그이다. 세계적으로 유명한 블로그 검색 엔진인 테크노라티 (Technorati)의 통계에 의하면 그녀의 블로그 조회수는 이미 누계 3,100만 차례에 달해 세계 최고의 자리를 차지하고 있다. 이러한 점을 감안하여 볼 때 중국과 같은 나라를 대상으로 각종 서비스와 정보를 전달하는 한국의 기독교 포털 사이트는 전통적인 선교 단체들이 관심을 가지고 함께 성공적 모델을 제시할 수 있는 방안이라고 본다.

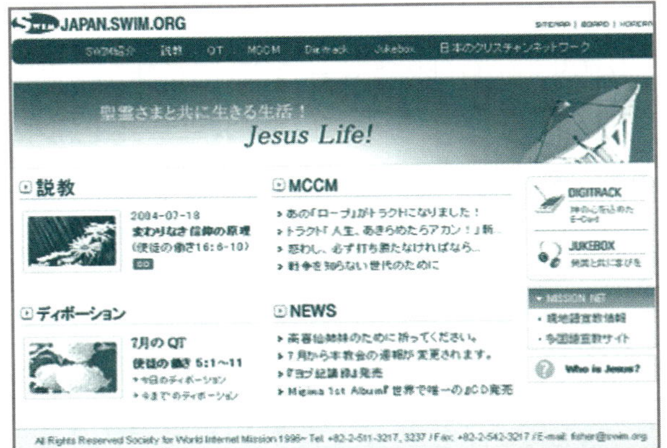

일본어 인터넷 선교교회 사이트

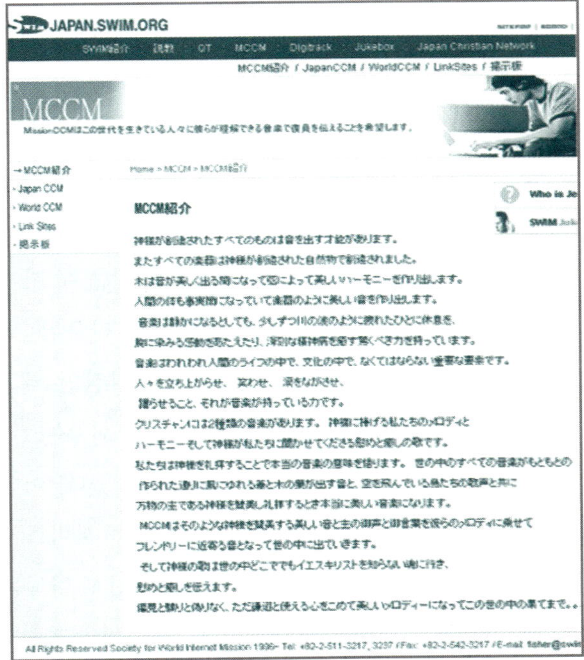

일본어 선교용 CCM 사이트

또한 복음 전파의 자유는 있지만 전 세계적으로 복음 전파 속도가 더딘 일본인의 경우에도 전 세계적으로 가장 블로그를 많이 보유한 것으로 밝혀졌다. 2006년 18일《크리스천 사이언스 모니터》지에 따르면 앞서 언급한 '테크노라티(Technorati)'의 조사 결과 전 세계 블로그 중 37%가 일본어로 작성됐고 영어가 31%였다. 중국어는 현재 15%이지만 급속하게 증가하고 있는 것으로 나타났다.[78] 커뮤니케이션이 힘든 민족성을 가지고 있다면 인터넷이 보다 긍정적인 전도 환경을 제공할 수 있다. 한국의 경우에도 인터넷을 통한 여성들의 표현 증대로 그들의 지휘가 향상 되었음을 조사를 통해 알 수 있다. 인터넷은 특정한 상황, 국민성, 차세대들의 성향에 맞물려 장기적인 사용 빈도의 증가를 예고한다. 이러한 현상들은 보다 넓은 동일화된 새로운 가상의 세계에 대한 우리의 이해 변화를 촉구하는 근거가 될 수 있다. 한국 선교계는 이러한 글로벌 세상에서 미래를 미리 읽고 대응하는 방안을 마련해야 한다고 주장하는 바이다.

6. 구체적 요구

만약 전 세계 인터넷 세상을 전방 개척지로 간주할 경우 선교 단체는 이 부분에 보다 큰 관심과 연구를 하여야 할 것이다. 전 세계 선교지가 이제는 인터넷이라는 하나의 전방 개척 영역을 함께 보유하고 있다고 이해해야 한다. 선교 단체들이 이러한 새로운 조류인 가상 공간에 대한 전 세계적인 이해를 읽어 나간다면 더 이상 인터넷을 선택적

---

78) 연합뉴스 URL: http://rhew@yna.co.kr

인 요소로 이해하기보다는 전방 개척 선교지를 위한 필수적 요소로 이해할 수 있을 것이다. 따라서 보다 폭넓은 이해 관계 속에서 미래 지향적이고 효과적인 선교를 펼쳐 나갈 수 있을 것이다. 인터넷은 새로운 선교 패러다임에서 분리할 수 없는 요인이 된다. 이에 대하여 전방 개척 선교지를 향한 구체적인 제안을 통해 해답을 얻고자 한다.

1) 인터넷 선교의 당면 과제

인도네시아의 조사 연구 결과, 2004년 7월 20일자로 검색된 인도네시아 교회 홈페이지는 약 48개밖에 되지 않았고 대부분의 교회 홈페이지는 교회 선전, 주일 예배와 기타 교회 활동들을 소개하는 홍보용으로 활용되며 축복 나누기, 기도 요청, 질의 응답, 토론 및 상담 등의 역동적인 홈페이지의 성격을 지니지 못하고 있다. 결국 몇 번 정도 홈 페이지를 방문한 후 싫증을 느끼고 접근을 하지 않는 현상이 발생하고 있다.

또한 한 전방 개척 선교지의 신학생들을 대상으로 선교지의 인터넷 사역 관련 설문 조사에서 전체 85명의 참여자 중 출석 교회의 홈 페이지가 있다는 44명의 학생에게 "종종 자신의 교회 홈 페이지에 접근하는가?"라는 질문을 했을 때 24%가 교회 홈 페이지에 접근한 적이 없다는 것을 볼 때 교회 홈 페이지가 실제적으로 그리스도인들에게 도움을 주고 있지 않다는 사실은 인터넷 선교를 통한 교회 홈 페이지의 활성화가 필요함을 시사해 주고 있다.

38명이 기독교인이고 41명이 비 기독교인이며 6명이 종교를 밝히지 않은 85명의 대학생을 대상으로 한 조사에 의하면 아래 도표와 같이 종교 사이트에 접근이 희박한 이유는 그만큼 사람들에게 매력을 주는 종교 콘텐츠가 부족하다는 것이다. 이것은 전방 개척 선교지에서의 효과적인 선교 영역이 있음에도 불구하고 간과되었다는 사실을 입증한다고 볼 수 있다. 각 선교지의 인터넷 문화와 네티즌들의 욕구를 충족시킬 수 있는 연구가 기반이 된 인터넷 전도용 콘텐츠의 개발이 급선무라는 것이 연구조사를 통해 제안되었다. 민족별 문화 이해를 기반으로 한 인터넷 선교의 구체적인 연구가 필요하고 더 나아가 전통적인 전방 개척 선교와 인터넷 선교를 통합하는 선교 단체 연합과 교단 차원의 정책 마련이 시급한 시점이다.

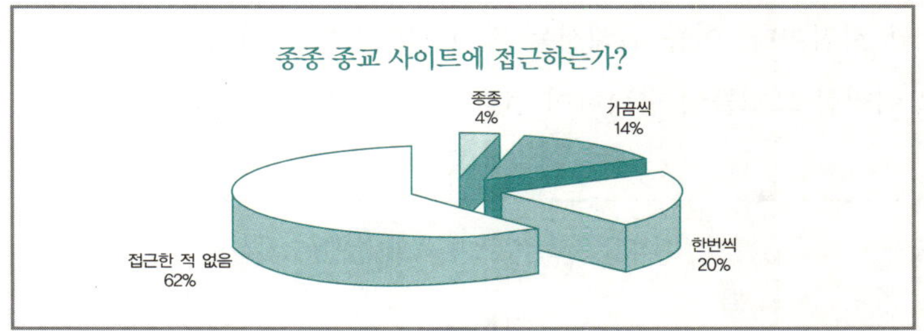

표3 전방 개척 선교지에서 종교 사이트 접근 빈도

2) 연합을 위한 교단 차원의 정책

인도네시아의 강 선교사가 65명의 신학생들에게 "인터넷을 통한 전도와 사역에 동의하는가?"라는 질문을 한 결과 아래 도표와 같이 대부분이 긍정적인 반응을 보이고 5% 만이 동의하지 않았음은 앞으로 목회자들이 될 신학생들에게 인터넷 선교가 긍정적으로 받아들여질 수 있음을 시사한다. 이슬람교는 집단적 종교이므로 무슬림의 신앙을 위한 기독교인과의 접촉은 가족 등 주위 공동체로부터 상당한 제약을 받게 되고 또 몰래 개종을 하더라도 계속적인 신앙 성장을 위한 접촉점을 마련하기 힘들지만 공동체의 제재를 받지 않고 개인적인 접촉을 가능한 인터넷을 통한 전도 및 양육은 효과적인 도구가 될 수 있다.

인터넷이 접근이 어려운 전방 개척지를 파고드는 긍정적인 도구로 인정을 했을 때 한국 선교 단체는 현재보다 더 적극적인 관심과 이를 개발하는 일에 힘을 기울이고 인터넷 선교를 특수 선교 단체의 영역으로 이해하지 말고 각 전방 개척 선교 단체들이 보유해야 하는 필수적인 분야임을 인준하는 정책을 만드는 것이 중요하다고 본다. 이러한 이해를 통해 일반 선교 단체와 인터넷 전문 선교 단체가 합의한 가운데 두 단체의 노하우를 합하여 시너지를 낼 수 있는 전략적 협력이 필요한 시점이다. 이를 위해서는 단체간의 정책 마련 및 규정이 필요하고 이러한 요소들이 협력하여 선을 이루는 기반이 되어야 할 것이다.

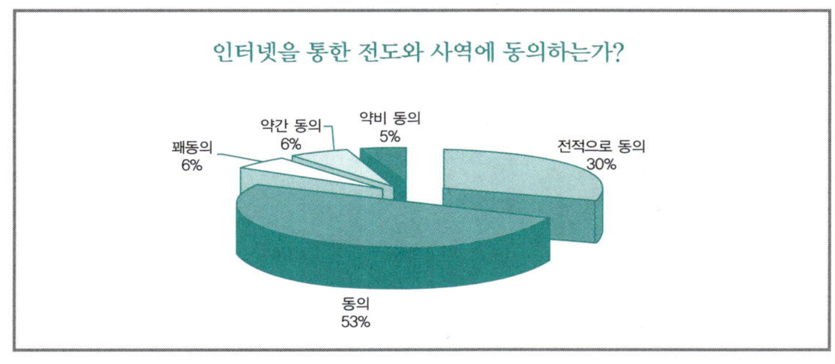

표 4 전방 개척 선교지에서의 인터넷 선교에 대한 반응

3) 전문 기독 콘텐츠 공동 연구

대부분의 전방 개척 선교지는 콘텐츠 개발에 있어서 보다 섬세한 주의가 요구된다는 데에는 각 선교 단체들이 의견을 함께 한다. 그러나 공식적인 협력과 그 협력을 통한 결과물 보급이 미비한 시점이다. 회

교권을 대상으로 전도용 콘텐츠를 제작한다면 기술이 앞선 인터넷 전문 선교 단체보다는 전통적인 전방 개척 선교 단체가 더 많은 노하우를 보유하고 있을 것이다. 그러한 리서치와 배경을 통해 우리는 보다 회교권 비독교인들을 자극하지 않는 가운데 안정적인 인터넷 전방 개척 선교의 영역을 넓혀 나갈 수 있을 것이다. 또한 전도를 위한 전문 콘텐츠는 그러한 부분 만을 집중 연구하고 제작하는 단체가 우위 한다고 볼 수 있다. 한국 내에는 이미 기독교인들의 성장을 돕는 수많은 자료들이 존재한다. 선교 단체는 찬양, 묵상, 신학 자료, 설교문 등 전문 기관들의 원 소스를 제공 받아 전방 개척 선교용으로 변환, 개발하는 것이 좋을 것이다.

기술력에 있어서는 한국 교회 안의 수많은 크리스천 전문 기술진들을 활용하는 방안을 제안한다. 아직도 선교 단체는 정보에 대한 보안 문제를 놓고 고심 중이다. 한국의 크리스천 기술진들은 전 세계 최초의 타이틀을 가지고 있는 초일류들이다. 그러나 교회와 선교 단체 내에 마땅한 포지션이 없기 때문에 고급 기술들이 활용이 되지 않고 있다. 구슬이 서 말이어도 꿰어야 보배이듯이 그들이 가진 능력과 기술이 제대로 활용되려면 공동 연구를 목적으로 하는 평신도 사역자를 위한 선교 단체의 배치(Positioning)가 필요하다.

일반 사회에서는 이제 CEO를 중심으로 기업을 운영하는 체제에서 벗어나 CTO 즉 Chief Executive Officer가 기업 업무를 결정하는 대표 이사와 유사한 권한을 갖는 정도이다.[29] 기술의 위치가 한 기업의 흥망성쇠를 좌우하는 시대임을 입증한다. 교회와 선교 단체 또한 이러한 이해 관계 속에서 더하여 전방 개척 선교 단체 내에 인터넷 선교 분야를 위한 최고 정보 보호 책임자(CPO), 컨텐츠 기획 책임자(CCO)

등의 제도 마련을 통해 역할 분담을 하고 그러한 시스템을 통한 전문 영역의 연구 발전이 앞으로의 선교 사역을 위한 새로운 패러다임이라고 생각한다. 또한 각 선교 단체들이 재정상의 이유로 개별의 인터넷 팀을 보유하지 못하는 경우 현실적으로 인터넷 전문 선교 단체와 전통적 선교 단체가 보다 친밀한 연계 및 공동 연구를 통해 문제를 해결할 수 있다.

4) 국제 인터넷 선교 네트워크 구축

끝으로 보다 효과적인 인터넷 전방 개척 선교를 위한 제언으로 서두부터 언급한 세계화 되는 특성에 발맞추어 한국 선교 단체들, 특히 한국의 인터넷 전문 선교 단체들이 국제 인터넷 선교 네트워크를 보다 강력하게 구축해야 한다. 바울은 자신이 사역을 '나'의 사역으로 간주하지 않고 늘 '우리'의 사역으로 이해하였다. 이제는 "내 문화"가 아닌 "우리 문화"가 받아들여지는 시점에서 보다 폭 넓은 국제 네트워크 형성과 그로부터 파생되는 시너지는 지구상의 전방 개척 선교지를 위한 좋은 선교적 재산과 기반이 될 것이라고 믿는다. 인터넷은 이러한 네트워크 형성을 가속화 시키는 좋은 도구이다.

2006년 6월에는 서울에서 전 세계 인터넷 선교 전문 단체들인 미국의 Christianity Today International, 영국의 Premier Online, 독일의 Bundes-Verlag GmbH, 프랑스의 Top Chrtien Francophone, 이탈리아의 ICN-News, 노르웨이의 Gospel Search, 포르투갈의 OC International/Sepal, 러시아의

---

79) Christopher Langdon, *Digerati Glitterati: High-Tech Heroes*, Wiley: England, 2001

Biblelamp.ru, 스웨덴의 Nya Dagen, 스페인의 Integridad Network, 일본의 Harvest Time Ministries 등 전 세계 약 35개 인터넷 전문 선교 단체가 연합하여 올림픽과 같은 '2006 GCIA 국제 컨퍼런스'가 개최되었다. 한국을 대표해서는 CBS-i, 사랑의 교회 웹 사역 팀, 예영커뮤니케이션, I3M의 필자가 참가하여 발제의 시간을 갖고 미래 지향적인 인터넷 선교의 모델을 제시하는 시간을 가졌다. 앞으로 국제 인터넷 선교 네트워크가 구축이 된다는 가정하에 세계 인터넷 선교 연합체를 통해 뛰어난 기독 콘텐츠를 서로 공유하는 시스템을 구축하고 각국어로 번역하여 단체들의 채널을 통해 제공할 수 있다. 선교 단체들은 그러한 과정을 통해 효율적인 전방 개척 선교지 사역을 위해 중복 투자를 막고 보다 효과적으로 선교에 기여하게 될 것으로 믿는다. '2007 GCIA 국제 컨퍼런스'는 2007년 7월 독일 베를린에서 개최된다.

GCIA 국제 컨퍼런스

하나님은 전 세계를 통해 인터넷 선교 비전을 심게 하신다. 2006년 달라스 지역 교민 크리스천 커뮤니티와 인터넷 선교 사역의 만남은 큰 의미를 가지고 있다. 먼저 미주 사회는 다 인종, 다 언어, 다 문화가 존재하는 곳으로 인터넷 선교를 통해 현지에 직접 가지 않고도 복음을 전할 수 있는 좋은 기반 형성이 가능한 최적의 장소이다. 실제로 한국에서 다국어 크리스천 사이트를 제작하여 운영할 경우 현지의 언어를 담당할 자원 봉사자나 심지어 전임 사역자도 찾기가 어렵지만 미주 지역에서는 의지만 있다면 여러 문화를 이해하고 각 언어를 구사하는 이웃들과의 만남과 교제를 통해 구체적인 선교 사역을 실행할 수 있는 장점이 있다.

한국 선교계에서는 최근 전 세계 한국인 디아스포라(Diaspora)를 중심으로 한 선교 사역에 관심을 집중하고 네트워크 형성에 박차를 가하고 있다. 또 다른 장점으로는 인터넷 기술 지원 및 보급을 위한 미주 지역 특성상 최적의 환경과 교민들의 높은 지적 수준은 다양하고 매력 있는 전도를 위한 기독교 콘텐츠를 배출하기에 부족함이 없을 것이다. 미주 지역에는 특별히 다양한 재능과 기술을 가진 전문인들이 많고 사역에 대한 갈망의 크기에 반해 사역의 기회는 적은 편이다. 이러한 상황에서 보다 좋은 조건으로 사역의 기회를 누구나 제공받는다고 생각했을 때 앞으로 많은 인터넷 선교사 그룹이 구축되어 전 세계를 잇는 끈을 만들 수 있는 큰 그림이 그려진다. 멀지 않은 미래의 인터넷 선교사로서 미주 크리스천들은 미주에 거주하는 한인 디아스포라에게만 국한되는 것이 아니라 중국, 러시아, 일본 등 전 세계에 흩어져 있는 한국어와 현지어 사용이 능통한 모든 한인 크리스천들을 바라보아야 한다고 말하고 싶다.

이러한 비전에 부응하는 한 예로 한국의 인터넷 선교 사역 단체들과 연계하여 달라스 지역의 세미한 교회(최병락 목사), 복음세계신문사(이전형 대표), King's Region 등과 같은 단체가 연합하여 새로운 출발을 시도하고 있다. 앞으로 미주 내 각 지역의 신문사 홈 페이지, 교회 홈 페이지, 목회 연구실 홈 페이지, 지역 인터넷 방송, 장애인 선교 채널, 찬양 사역 등을 통해 보다 다각적이고 폭넓은 인터넷 선교 사역의 모델을 제시하고 그 영역이 확산되고 척박한 선교지를 위한 에너지가 축적될 것으로 여겨진다.

미주 연합 사역 현지 언론 기사

1. 디아스포라 사역 전망

존 네이스트는 그의 저서 『제4의 물결』을 통해 '하이테크(High Tech) = '하이터치(High Touch)'라는 것은 사람이 기술에 대응해서 나타내는 반응의 과정을 그리기 위한 공식이라고 전한다. 여기서 주목할 것은 새로운 기술이 사회에 도입될 때에 언제나 균형을 잡으려고 하는 인간의 반응이 나타난다는 것이다.[80] 한참 성장 중인 어느 미국 교회가 최신식 하이테크 장비들이 고장이 나는 바람에 예배 시간에 교회 중앙의 대형 스크린에 비추어져야 할 성경 구절이 제대로 올라오지 않고, 젊은이들이 준비한 예술 공연과 배경으로 깔려야 할 음악이 갑자기 끊기는 등 예배에 어려움을 겪게 되자 담임 목사는 장비가 정상 가동 될 때까지 임시 변통으로 인근의 한 영화관을 임대해 예배를 드리게 되었다. 첨단 멀티미디어를 제작하던 이전 교회의 시스템에 비해 임시로 임대한 시설이 열악하다는 생각에 담임 목사는 성도들에게 양해를 구하고 영화관 예배를 시작했다. 첨단 기기 및 인터넷에 대한 성도들의 예배 의존도가 높아지는 것이 대한 디지털 치매 현상과 같은 부작용이 교회 사역 내에 존재하게 되는 것이다. 만약에 인터넷이 이 세상에서 사라진다면 인터넷 선교도 사라지게 되는 것일까?

앞서 언급한 그 교회는 칼빈주의의 기반 아래에 있는 개혁주의 교단의 교회로서 첨단 기술이 교회에서 활력의 근원이 되고 있다고 전하는 대표적인 교회이다. 예배 시작 30분 전 극장 안, 신디사이저 연주자는 개인 단말기를 통해 악보를 보며 연주하고 세련된 셔츠 차림의 뮤지션들은 예배 전에 악기를 조율하고 자신들의 목소리를 가다듬고 있다. 예배 준비를 위해 전자 장비로 가득 찬 영사실에서는 자원봉사자가 애플(Apple)사에서 제작한 자신의 아이팟(iPod)을 교회 행사에 적합하게 특수 디자인된 소프트웨어에 그 날의 프로그램을 입력하고 튜닝을 하는 동안, 또 다른 봉사자는 대형 스크린 위에 '장엄한 일출 장면'과 '안개 낀 항구의 모습' 그리고 '파도가 부서지는 바닷가의 아름다운 성' 등의 이미지를 투사하면서 미디어 영상 장비를 점검한다. 대형 스

---

80) 존 네이스트, *제4의 물결* (서울:아름다운 사회, 1983), 51.

크린에 비춰지는 이러한 이미지들은 어떤 상황에서도 하나님을 신뢰하라는 당일의 메시지를 전달하기 위해 준비된 것들이고 메시지와 정확하게 연결되었다.

그러한 매체가 예배를 극적으로 이끄는데 도움이 된다고 믿는 그룹이 있다. 이들은 예배나 집회에 참석하는 대부분의 청년이나 어린이들은 최첨단의 기술이 그들을 좀 더 편안하게 한다는 데 의견을 모은다. 또한 전통적인 교회의 낡고, 딱딱하고 엄숙한 분위기를 부드럽게 하는 데 첨단의 미디어 과학 기술이 도움이 된다고 믿는다.

반면 다른 한편에서는 대형 스크린의 이미지들은 끊임없는 논쟁의 대상이 되고 있다. '아름다운 풍경'이나 '황폐한 사막의 모습' 그리고 '동물들이 뛰노는 장면' 들로 자극된 인간의 감정 속에서 어떻게 하나님이 잘 드러날 수 있겠냐며 십자가 아이콘마저도 거부하는 맥락에서 세속주의에 물든 첨단 영상물을 비판하는 부정적인 견해가 존재하기 때문이다. 그들은 첨단 미디어 과학 기술이 오히려 회중들의 시선이 하나님에게 집중되는 것을 가로 막는다고 한다. 마이클 호튼은 영지주의자들이 '죽은 글자(Dead Letter)'보다 마음 혹은 영에 직접적으로 새겨지는 '말씀'을 선호하였다고 말한다. 그는 인간의 입맛에 맞춘 쇼 엔터테인먼트적 축제화된 집회가 아니라 오직 말씀과 성례로 은혜를 받으라고 하였다.[81]

---

81) 마이클 호튼, 김재영 역, 미국제 영성에 속지 말라 (서울: 규장, 1996), 226-227.

서울 은현교회 예배 하드웨어 및IT시스템

인터넷과 웹, IT 기술 및 멀티미디어 과학 기술을 이용한 소위 첨단의 테크노 사역(Techno-Ministry)을 받아들이는 대다수의 사람들 중에는 단순하게 예배를 공연으로 구경하는데 그치는 사람들도 있다. 준비하는 스테프들은 말씀의 은혜를 위한 영적 체험보다는 해당 주일의 말씀을 표현할 수 있는 디지털 이미지를 선별하고 별도의 소스를 찾는 데 오히려 집중한다. 말씀의 기술적 표현에 치우치는 경향이 있다. 이와 같은 멀티미디어 활용의 증가는 테크노 사역, 인터넷 사역 및 선교를 하는 사역자들에게 예배의 목적과 의도에 더 고민하도록 만든다고 한다. 가령 '생명의 양식'에 대한 찬송이 있다고 가정하자. 그들은 회중들에게 단순하게 '빵'이라는 이미지를 보여 주기보다는 '배고픔'에 대한 이미지를 악보의 배경에 보여 주려고 노력하다 보니 오히려 하나님께서 우리에게 전달하시고 하는 인사이트(Insight)를 놓치게 되는 것이다. 인터넷 사역에서도 전도를 위해 전달되는 이미지 및 콘텐츠 제작에 있어서도 비슷한 딜레마를 가지게 된다. 교회 성장 운동의 한 지도자는 "음악은 한 무리의 모인 사람들을 하나의 공동체로 전화시키는 방법이다. 음악은 우리가 행하는 가장 강력한 것이다. 현시대의 기독교 음악과 새로운 예배 형태의 새 물결이 상당히 유별난 경향이 있는 것도 그러한 이유들 가운데 하나이다." 라고 말했다.[82]

오늘날 하나님의 말씀을 전파하는데 복잡한 첨단 기술의 도움이 요구되게 되었다. 이러한 현상은 대개 고도의 성장을 이루고 있는 사역 및 교회 집단에서 일어나고 있다. 한국에도 잘 알려져 있는 윌로우 크릭 교회(Willow Creek Community)의 경우 교회학교로 들어가려는 학생들은 우선 지문 인식 센서를 통해 신분을 확인 받은 후에야 비로소 입장할 수 있다. 이것은 단순하게 컴퓨터 소프트웨어 정도로 교적을 관리하는 한국 교회의 수준에서 벗어나 신자들의 편리 및 안전을 추구하고 나아가 정교하게 입력된 개인 정보들을 통해 영적인 상태까지 기술적으로 점검하고 서포트 하는 시스템 제공이 가능해진 것이다. 이들은 선교지의 선교사들도 이제는 영화 "미션 임파서블" 시리즈의 주인공 '이단'과 같이 최첨단의 기술과 기기들로 자신들을 무장해야 한다고 주장한다. 보안을 중요시하는 선교지의 현실에 입각한 타당한 주장인 것이다.

윌로우 크릭 교회 소속 교회학교에서는 부모들은 자신의 신분증명 카드를 디지털 카드 인식기가 확인한 후에야 자신들의 자녀들을 만나기 위해 교회 학교 안으로 들어갈 수 있다. 이는 시시 때때로 총기 사

---

82) Lyle Schaller, (*Worship Leader magazine*, July–August 1995), 34.

건이 난무하는 미국의 현실 속에서 약 3,000명이 넘는 어린이들을 외부로부터 보호하고 혼란을 막기 위한 신속하고 정확한 조치라고 교회 정보 기술 담당자는 설명한다. 약 7,000여명을 수용하는 강당 어디에서든지 초 대형 스크린을 통해 빌 하이벨스 목사의 설교 모습을 선명하게 볼 수 있다고 설명한다. 또한 목사의 설교를 듣지 못했다면 나중에 완성도 높은 교회의 웹 사이트를 통해 스트리밍 비디오(Streaming Video)로 다시 청취할 수 있다. 이 교회는 연간 2,700만 달러의 예산 중 백만 달러를 이와 같은 인터넷, 멀티미디어 관련 기술을 위한 예산으로 책정하고 있다고 전한다. 또한 교회생활에 필요한 정보는 교회 웹 사이트와 블로그 시스템 등을 통해 충분히 얻을 수 있다. 더 나아가 재정 및 헌금 관리 문제에서도 교회의 자금 관리를 위한 최고책임자(CFO)는 교인들의 정확하고 편리한 십일조, 선교, 구제 헌금 관리를 위해 웹 상에서 금융 결제 시스템을 구축했다.

이와 같은 멀티 미디어 및 테크노 사역의 모델은 현재 진보된 미국의 교회 사역 모델이고 이 모델은 점점 특수한 사역의 범주에서 벗어나 보다 일반적이고 보편화된 교회 및 선교 사역의 모델이 되어 가고 있다. 이러한 시점에서 한국의 크리스천은 인터넷 선교를 새로운 패러다임으로 볼 것인지 아니면 너무 늦은 선택인지에 대해 균형 있는 절충안을 가져야 한다고 본다. 복음이라는 본질을 잃어버리고 그것을 담는 그릇에만 너무 집중하면 안 될 것이다. 하지만 보다 효과적인 복음 전파를 위한 크리스천의 끊임 없는 노력은 계속되어야 할 것이다.

2. 미래지향적 제안

목회적으로 중요한 사실은 인터넷 선교, 멀티미디어 교회가 온전한
지 그릇된 것인지를 논하기 앞서 교회가 은전히 서는 모습을 찾고자
노력해야 하며, 우리 모두가 바로 교회의 모습을 온전하게 갖출 때 진
정한 선교는 완성된다는 것을 깨달아야 한다. 건강한 선교는 건강한
목회 기반을 통해 비롯된다. 교회는 하나님을 예배하고 복음을 전하는
기지가 되어야 한다. 선교나 전도는 특별한 사람, 목회자들만이 하는
것이 아니라 모든 성도가 하나님 앞에서 성실하게 행해야 하는 귀한
직분이다.

한국 교회의 문제점은 하나님의 의가 아닌 자신의 의를 주장하는 자
문화 우월주의(Ethnocentrism)에서 연유한다. 또한 현재 한국 교회
는 일종의 최고주의에 감싸여 있다. 교회 내에서도 최고가 아니면 사
역 일선에 세워지지 못하기도 한다. 성공주의, 최고주의에 휩싸여 업
그레이드만 외치지 결코 낮은 곳으로 임하는 다운 그레이드는 생각하
지도 않는다. 기독교 콘텐츠도 마찬가지 맥락에서 소개되고 인정 받지
못하면 때로는 거절되고, 사장된다. 하지만 하나님 앞에서 글을 마무
리하며 다시 한 번 강조하지만 우리는 모두 동일한 사명과 각자의 사
역을 위한 재능을 부여받았다. 그것은 인간의 눈에는 조금 부족할지라
도 하나님께서 보시기에는 조금도 부족함이 없는 귀한 것들이다.

우리는 아마추어나 프로라는 이름으로 잃어버린 영혼들을 구원하기
위한 노력과 열정에 찬 물을 끼 얹는 생각과 행동을 금해야 한다. 또한
모든 크리스천들이 가장 적극적으로 사역하고 선교 일선에서 생생한
삶을 영위하도록 격려하고 배려해야 할 것이다. 패트릭 존스톤은 그의

논문을 통해 목사가 되기 위해 신학을 5년 동안 배우지만 그 과정에서 신약과 구약은 배우나 마지막 지상 명령에 대해서는 한 시간도 공부하지 않는 경우가 많다며 현대에 있어서 신학대학이 오히려 복음을 전하는데 가장 큰 장애라고까지 표현하였다.[83] 크리스천들이 복음을 받은 상태로만 삶을 유지하는 것은 2%가 부족한 깨달음이다. 복음을 받고 보다 온전한 깨달음이 있다면 그 중심 메시지인, 그들에게 손과 발을 움직여 다가가 그들의 눈과 발이 되는 일들이 더욱 활발히 일어나야 할 것이다. 선교지에서는 아직도 사람이 필요하다. 일꾼을 부르고 있다. 함께 손잡고 동역 하고 전진할 사역자들을 요청하고 있다. 인터넷 선교는 이러한 급박한 현실 속에서 풍요로운 나눔을 위한 바로 그 길을 열어 줄 것이다.

또한 선교의 도구로서 인터넷은 어쩌면 이미 그들에게 서양의 타락한 문화 세력으로 인식되어 있는지 모른다. 우리가 다가가야 할 그들에게 있어서 인터넷은 서양에서 개발된 새로운 도구이다. 구성 언어도 영어이다. 어쩌면 자신들을 위협하는 도구로 받아 들여질 수도 있다. 하지만 이러한 이해 속에서도 인터넷 선교는 단순하게 도구로서의 개념보다 전 세계를 하나로 잇는 커뮤니케이션을 위한 기본적인 수단으로 이해해야 한다. 인터넷에 대한 지식이 없으면 어쩌면 멀지 않은 미래에 서로 간의 커뮤니케이션이 단절될 수도 있다. 이 도구는 우리 시대에 있어 언어와 문화의 차이로 인한 혼란을 최소화 하는 도구일 수 있다.

인터넷 사이트는 누구든지 적은 비용으로 제작할 수 있는 것이 되었

---

83) 이슬람연구소, 이슬람의 이상과 현실, (서울: 예영커뮤니케이션, 1996), 167.

다. 또한 한국에서는 UCC(User Created Content), 미국에서는 UGC(User Generated Content), 일본에서는 CGM(Costumer Generated Media) 그리고 중국에서는 블로그로 알려진 개인 창작물 시대에서 우리는 수준이 다를 뿐이지 인터넷 상에서 전 세계의 수 많은 개인들을 통해 제작된 창의적인 표현 및 커뮤니케이션의 흔적들을 발견할 수 있다. 이러한 상황 속에서 아무나 시작할 수 있는 장점을 통해 오히려 역반응이 일어날 수 있다는 사실을 간과해서도 안 된다. 어떤 극단주의자나 비상식적인 의견을 주장하는 사람도 일방적이고 왜곡된 자료를 설득력 있게 각색하여 유포하여 원하는 이익을 얻는 것이 가능하다. 따라서 양적인 공세 또한 정보 기술 선교 사역을 통해서도 또 다시 전통적인 선교 방법의 옷을 입고, 물량 공세 내지는 인터넷 선교의 본질적인 기반이 없는 상태 가운데에서 기술 이양 만을 심는 오류를 범해서는 안 된다. 특별히 시청각적인 면이 부각되는 효과적인 선교용 웹 페이지 및 콘텐츠 제작을 위해서는 인터넷 선교학적 기반에서 선교지를 대상으로 한 색(Color)과 아이콘(Icon), 규범(Norm), 가치(Value), 사고방식(Mentality), 부호(Codes), 상징(Symbols), 웹 네비게이션(Web-navigation), 웹 디자인(Web-design), 민족 음악학(Ethno-musicology), 현지 영상, 플래시 및 애니메이션(Film, Flash & Animation) 문화 등에 대한 다각적이고 체계적인, 웹 기술에 적응력 있는 개발 및 연구가 필수적으로 사역 배경에 선행되어야 한다.

이제 일방적으로 물리적인 사역 기반을 세우는 것에서 벗어나 보다 실제적인 양육을 위한 창의적인 현지어 기독 콘텐츠를 통한 교육에 관심을 갖는다면 보다 효과적인 결과를 유출할 수 있을 것이다. 예수님과 바울의 선교 사역을 보면 고객 관계 마케팅(CRM)의 기본을 발견할 수 있고[84] 이러한 점은 현대적 사역을 위한 도구인 인터넷의 속성과 긴밀하게 연결된다.

사역 발전을 위한 또 다른 예를 든다면 온전한 성육신과 함께 내부자 운동과 같은 창의적인 전방 개척 선교 시스템과의 연계를 통해 그 동안 약점으로 여겨져 온 장기 교육 부분을 이러닝(e-learning system)을 통해 해결할 수도 있을 것이다. 또한 불안정한 무슬림권의 사역 특성상 순회(Mobilization) 선교의 시대가 열리고 있는 시점에서 웹, 모바일 폰, 모든 지역에서 인터넷 사용을 가능케 할 와이브로(Wibro) 등과 같은 첨단 기술은 인터넷 선교학의 기반에서 전방 개척 선교지를 위한 보다 안정적인 정보 전달 사역, 즉 복음 전달을 위한 우리의 사명을 효과적으로 감당케 할 것으로 기대한다. 최첨단의 기술들은 하루가 다르게 날마다 놀랍게 발전하고 있다. 전 세계 유수의 기업들이 복음 전파를 위해 오늘도 새롭고 편리한 기술들을 개발하고 소개하고 보급하고 있다(물론 그들은 그렇게 생각하지 않겠지만). 우리는 이 기적처럼 차려진 밥상 위에 숟가락 하나만 놓으면 되는 것이다. 최첨단 인터넷 기술과 파생되어 개발되는 콘텐츠 및 제작 기술들은 이제 죽어가는 영혼들을 구원하는 메신저로, 설교자로 변모하게 될 것이다. 어제의 인터넷이 사람을 황폐케 하고 생명을 죽이는 도구였다면, 오늘과 내일의 인터넷은 원래 창조된 목적대로 사용되어 사람을 살리는 구원의 도구로 회복되었다. 이제 복음은 시간과 공간을 초월하여 전달된다. 예수님께서는 "내가 곧 길이요 진리요 생명이니 나로 말미암지 않고는 아

---

84) 맹명관, 예수 *CRM* (서울: 비전과 리더십, 2003), 4.

버지께로 올 자가 없느니라(요14:6)"고 말씀하셨다. 오늘날, 선교학계
의 "블루 오션(Blue Ocean)"인 인터넷 선교와 인터넷 망은 말씀 전달
을 위한 통로가 되어 진정한 길 되신 복음을 싣고 전 세계 곳곳으로 뻗
어 나아가고 있다.

일러스트 강명진

인터넷 선교교회

(Internet Mission Church-IMC)

목차

1. 인터넷 선교교회 개요

· 복음 전파가 제한된 지역을 중심으로 인터넷이라는 가상공간을
  통해 복음을 전하는 사역입니다.
· 인터넷에 교회 개념을 도입하여 말씀, 찬양, 기도와 교제가 정기
  적으로 업데이트 되며, 더 나아가 온라인 상의 사역이 오프라인
  상의 교회에서도 결실을 맺을 수 있습니다.

2. 인터넷 선교교회의 목적

· 선교 활동이 제한 받는 지역을 중심으로 복음 전파
· 오프라인 교회가 없는 곳에서 교회 개척을 위한 전초 기지 역할

· 오프라인 교회가 있는 곳에서 교회 사역의 활성화를 도움

대상별 목적			
불신자	신자	사역자	지역교회
기독교에 대한 이해를 돕고 전도를 통해 예수 그리스도를 영접하도록 한다.	양육과 훈련, 성도와 교제를 통해 성숙된 신앙인으로 거듭난다.	사역자 커뮤니티를 통해 연합된 성숙을 도모한다.	다양한 서비스를 통해 지역 교회의 활성화와 교회간 연합을 돕는다.

3. 인터넷 선교교회 개념도

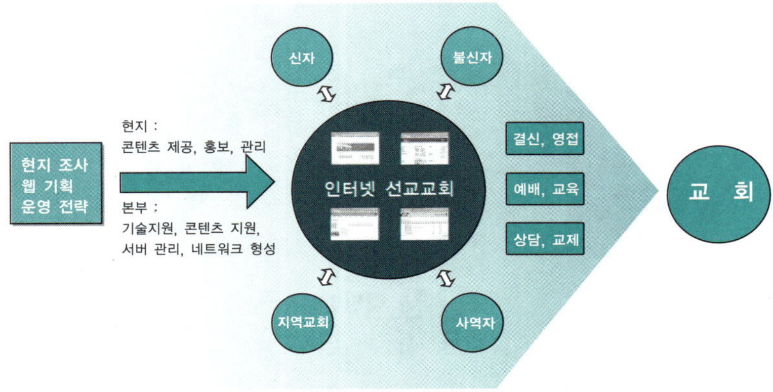

4. 인터넷 선교교회 개척 우선 지역

선별 요건

1) 인적 자원

현지 상황 전문 선교사

현지어 능통자(번역 가능)

인터넷 선교교회 운영 능력

2) 인터넷 인프라 현황

국가적 차원의 인터넷 보급률

선교 대상자의 인터넷 환경

3) 선교 제한 지역

정치적, 종교적 박해

복음 전파 비율

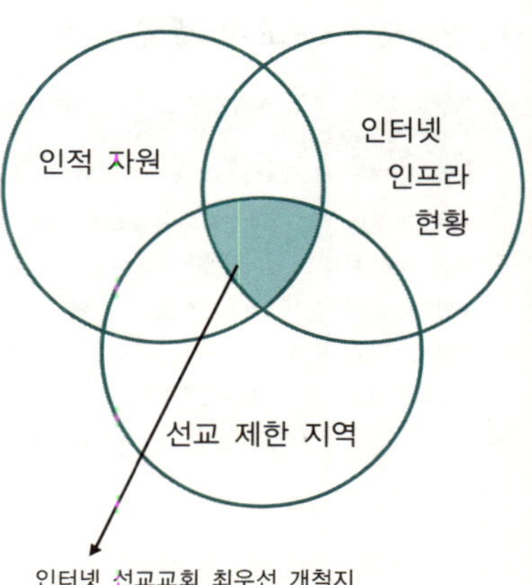

5. 인터넷 선교교회 사역 구성 방안

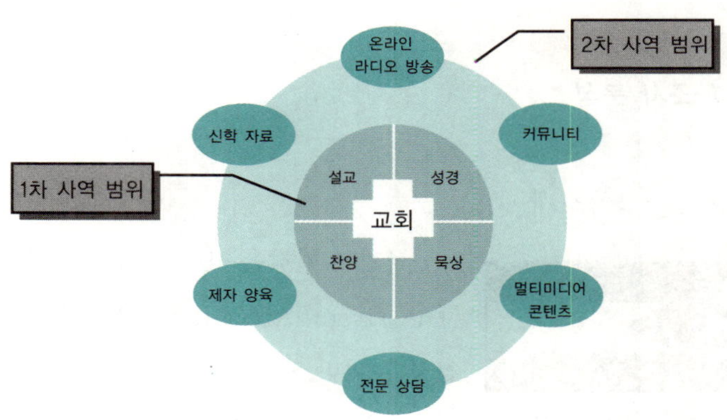

* 1차 사역 범위 – 전도를 위한 기독교 콘텐츠 제공과 신앙 상담을 포함.

* 2차 사역 범위 – 선교지의 특수 상황에 따라 복음 전파를 위해 효과적인 사역을
우선하여 서비스.

6. 인터넷 선교교회 개척 단계

조사 분석	기획	구현	지속적인 운영	보고 및 연구
▶선교지 정보 수집 ▶선교 대상 분석 ▶인터넷 인프라 분석 ▶언어, 기술 및 운영 ▶능력 분석	▶선교적 관점에서의 서비스 전략 수립 ▶콘텐츠 설계 : 콘텐츠 수집, 분류 ▶네비게이션 & 디자인 설계	▶실제 디자인 & 개발 ▶서버 & DB 세팅 ▶콘텐츠 입력 & 관리자 툴 개발 ▶테스트 & 수정 ▶런칭	▶콘텐츠 업데이트 ▶사이트 홍보 ▶서버 & DB 관리 ▶사용자 피드백 분석 & 추가 콘텐츠 개발 ▶통계 자료 추출 & 분석	▶운영 평가 ▶개선 방안 연구 ▶추가 구현 기획 & 마이그레이션

인터넷 선교교회 개척 사례

요르단

단계 1-조사 분석

1) 요르단 국가소개

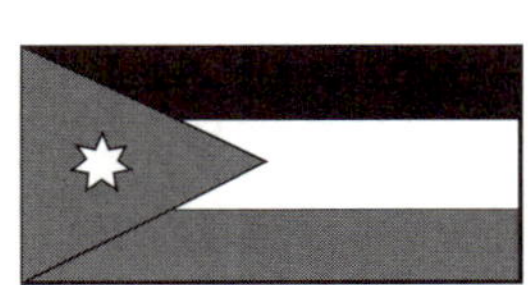

· 국기 : 빨강은 1916년의 대아랍 혁명(The Great Arab Revolt)을 상징하고, 검정은 아바스 왕조, 흰색은 우마이야 왕조, 초록은 파티마 왕조를 상징. 빨강은 아랍의 피를, 초록은 비옥한 토지를, 하양은 고결함과 관용을, 검정은 적과의 싸움을 상징한다. 흰색의 7각 별은 코란 제1장의 7개 행(行)을, 별의 7개 각은 각각 신(神), 인류애, 국민 정신, 겸손, 사회 정의, 자비, 대망(大望)을 나타내며 동시에 아랍인들의 통합을 상징한다.

· 정식 명칭 : 요르단 하심 왕국
　　　　　　(The Hashemite
　　　　　　Kingdom of Jordan)
· 위치 : 아라비아반도 북부 서(西)
　　　　아시아. 이집트, 이스라엘,
　　　　이라크, 시리아, 사우디 아
　　　　라비아와 국경을 맞대고
　　　　있다.

· 면적 : 8 만 9342㎢
· 인구 : 539 만 5000 명 (2003)
· 인구 밀도 : 60.4 명/㎢ (2003)
· 수도 : 암만(Amman)
· 공용어 : 아랍어
· 종족 구성 : 아랍인 98%, 아르메니아인 1%
· 독립 : 1946.05.25 (영국)
· 통화 : 요르단 디나르(JD)
· 환율 : 1.00JD = 1.41$(2003.9)
· 1 인당 국민 총생산 : 3,750$(2003)
· 한국과의 시차 : 7 시간 (Summer time 기간에는 한국보다 8
　　　　　　　　시간이 늦어짐)

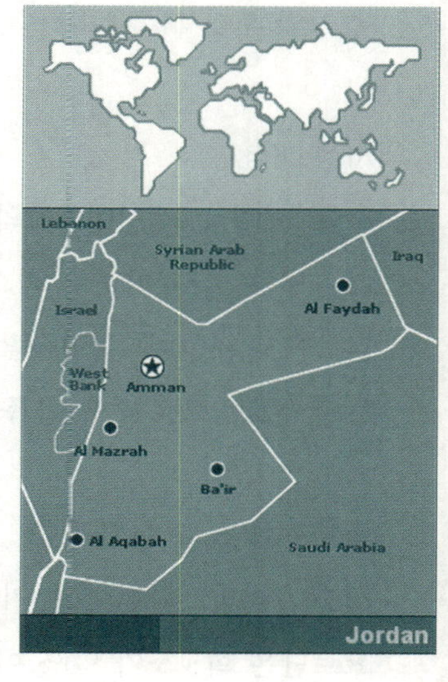

2) 요르단 복음 전파 현황

역사적 배경

· 모압, 암만, 에돔, 엘리야의 고향, 모세의 사망지 등 구약의 역사
  가 숨쉬는 나라이며 크리스천들의 망명국이었으나, 7세기 이후
  남쪽에서 쳐들어 온 이슬람 군대에 의해 요르단 현지의 크리스천
  들이 무슬림으로 바뀐 아픔을 품고 있는 나라.

기독교도 비율 및 현지 현황

· 회교(순니파) 90% 이상, 기독교 5~10%
· 요르단은 회교도가 90% 이상을 차지하는 이슬람 국가이나, 친미
  정권이기 때문에 타 중동 국가에 비해서는 상대적으로 자유로운
  종교 활동이 가능하다.
· 교회 안에서 예배 드리는 것은 허용하나 교회 밖에서의 포교 활동
  은 금지되어 있으며 종교법을 어길 경우 추방 등 강경한 조치를
  취하기도 한다.

교회

· 수도인 암만 시내 한인 교회(TEL : 581-4973)가 있고, 가정 교
  회들이 소소히 존재하고 있다.

3) 요르단 인터넷 인프라 현황

IT 산업 현황

· 시장 규모가 작고 소득 불균형으로 인해 빈부 격차가 크지만, 중
동 지역의 IT HUB로서의 입지를 다지기 위해 IT 산업을 적극적
으로 육성하고 있다.
· 요르단은 IT 인력 양성을 IT 분야 육성에 가장 시급한 과제로 설
정하고, 대학간의 정보 네트워크 구축, IT 인력 양성 프로젝트에
역점을 두고 있는데 이 프로젝트는 빠르면 2004년말까지 완성한
다는 계획을 세우고 있다.

네트워크 기반

· 모뎀과 인터넷 전용선 혼합 사용 중이며, 전용선 보급률이 증가
추세에 있다. 한국에 비해 속도는 떨어지나 가입은 쉬운 편이다.
· 최근 요르단의 인터넷 환경에 대한 관심이 고조되고 투자가 증가
함에 따라 광섬유 및 광케이블 시장이 유망 시장으로 떠오르고 있
다. 요르단의 광섬유 연간 수요는 100만 달러 규모이며 광케이블
연간 수요는 200만 달러 규모이다.

컴퓨터 보급률

· 개인 컴퓨터 보급률 빠른 속도로 증가
· 요르단 정부는 Microsoft ARABIA와 함께 'PARTNERS IN
LEARNING' 프로그램을 통해 MS사의 Desktop 장비를 낮은
가격으로 각 교육 기관에 제공하고 있으며, 한국업체도 요르단 정

부의 컴퓨터 입찰에 참가하고 있다.

위성 방송 시장

· 위성 방송 수신기 현지 생산이 전무하여 전체 수요가 수입으로 충
당되며 주요 수입국(20%)인 한국산의 브랜드 인지도가 매우 높은
편이다. 현재 시장 과포화 상태로 인해 수요가 정체되어 있으나
향후 이라크 시장이 안정될 경우 제 2의 한국산 위성 방송 수신기
수출 붐이 일어날 것으로 기대된다.

4) 요르단 현지 사역자 인적 자원

· 공 – 선교사
    – 신학대학 교수
    – 아랍어 능통
· 컴퓨터 사용 능력 中, 이메일과 게시판 활용 능력 上
· 현지에서 동역자 네트워킹 가능력 上
· 선교 콘텐츠 지원 능력 上

1) 서비스 대상

- 불신자, 신자, 목회자 및 현지 교회

2) 서비스 전략

교회 밖에서의 포교 활동이 금지되어 있기 때문에 현지의 선교사가 겪어야 어려움이 크다.

IT 산업을 육성하고 장려하는 정부 정책에 따라 인터넷 보급률이 빠르게 증가하는 추세이며, 인터넷에 대한 거부감이 타 중동 국가에 비해 크지 않다.

교회 개념을 인터넷상에 적용하여 어느 곳에 있든지 온라인 상에서 선교 콘텐츠를 접할 수 있으며, 인터넷 선교교회를 선교사의 제자 양육 프로그램에 적극 활용할 수 있다.

3) 콘텐츠 기획

메뉴 구성	메뉴 설명
설교	아랍어 텍스트를 지원하는 게시판을 사용하여 현지 선교사가 직접 설교를 작성.
QT	아랍어 QT가 없기 때문에 현지 선교사와 동역 목회자가 직접 제작.
성경	International Bible Society에서 제공하는 Arabic bible을 링크. http://www.ibs.org/bibles/arabic
찬양	저작권 문제를 고려하여 아랍어 찬양을 선별, 정기적으로 업데이트함.
News	중동 현지 교회들간의 소식 전달.
1:1 제자 양육	현지 선교사의 제자 양육 프로그램을 인터넷상에서 구현.
자유게시판	자유게시판, Q&A, 자료실 등. 이용이 활발해질 경우 분리.
Who is Jesus?	예수 그리스도를 선지자 중의 한 사람으로 인식하는 무슬림들을 교육하기 위함.
이슬람과 기독교	무슬림권 선교의 특수성을 고려, 이슬람과 기독교의 차이점에 대해 설명.
4영리	플래시로 구현한 아랍어 4영리 서비스
선교 정보	타언어권, 타문화권에 대한 선교 정보를 아랍어로 구현 (http://mission.swim.org 번역)

4) 네비게이션 설계

설교	성경	QT	찬양	E-card	news	자유게시판

최근 설교	최근 QT	who is Jesus? 이슬람과 기독교 선교정보 (4영리)
news	최근 자유게시판	

foot

· 교회 개념을 도입한 메인 메뉴를 상단에 위치시킴.

· 선교 현지 상황을 고려한 서브 메뉴들은 메인 페이지 좌측에 위치시킴.

· 정기적인 업데이트가 이루어지는 콘텐츠 중 최근 게시물 3~4개
  의 제목을 메인 페이지에 노출시킴.

5) 최종 콘텐츠 구성

메뉴 구성	메뉴 설명
설교	아랍어 텍스트를 지원하는 게시판을 사용하여 현지 선교사가 직접 설교를 작성.
QT	아랍어QT가 없기 때문에 현지 선교사와 동역목회자가 직접 제작.
성경	International Bible Society에서 제공하는 Arabic bible을 링크. http://www.ibs.org/bibles/arabic
찬양	저작권 문제를 고려하여 아랍어 찬양을 선별, 정기적으로 업데이트함.
News	중동 현지 교회들간의 소식 전달.
1:1 제자 양육	현지 선교사의 제자 양육 프로그램을 인터넷 상에서 구현.
자유게시판	자유게시판, Q&A, 자료실 등. 이용이 활발해질 경우 분리.
Picture사이트	구성원간의 커뮤니티 형성을 위한 메뉴. 한국 사이트의 '갤러리' 개념.
E-card	http://swm.org 의 크리스천 E-card 중 현지 정서에 맞는 카드를 선별하여 번역 작업함.

· 현지 선교사와 논의 후 메뉴 수정 - 지속적인 업데이트 및 현지에
  서의 워크로드를 고려하여 콘텐츠 조절 가능

1) 디자인 시 요구 사항

＊번역 작업

- 현지 파송 선교사님과 요르단인 목사님 방문, 직접 번역.

＊ 별도의 그래픽 프로그램 요구

- 오른쪽 정렬로 표기하는 아랍어의 특수성 때문에 아랍어를 지원 하는 그래픽 프로그램(Photoshop Arabic Version) 필요.

＊이미지 선정 시 고려 사항

- 십자가 또는 예수그리스도를 의미하는 이미지에 대한 거부감이 크기 때문에 사용 불가.

2) 개발 시 요구 사항

＊오른쪽 정렬로 표기되는 아랍어를 웹상에서 구현하기 위해 언어 세팅 변경.

- meta http-equiv=”Content-Type”

- Content=”text/html

- charset=utf-8”

- font-family : Traditional Arabic, Arial

- align=”center”

단계 3-구현 (main page 소개)

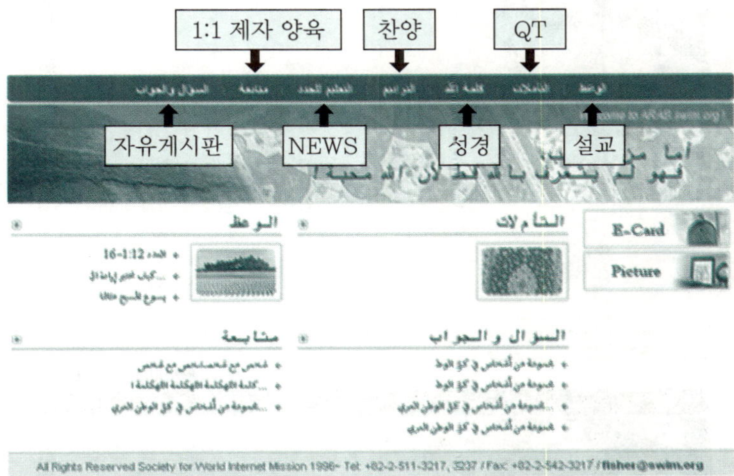

단계 3-구현 (sub pages 소개)

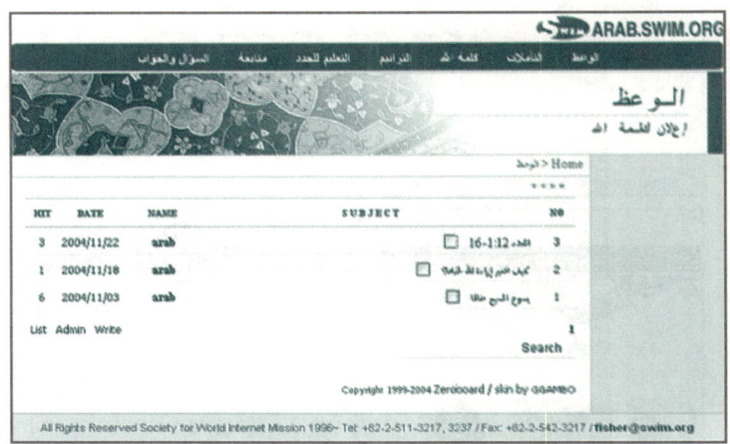

ARAB.SWIM.ORG
الترانيم
Home
LISTEN ALL LISTEN
Arabic4 4
Arabic3 3
Arabic2 2
Arabic1 1
SEARCH LISTEN ALL LISTEN DELETE WRITE LIST
Copyright 1999-2004 Zeroboard / skin by GGAMBO
All Rights Reserved Society for World Internet Mission 1996~ Tel: +82-2-511-3217, 3237 / Fax: +82-2-542-3217 / fisher@swim.org

ARAB.SWIM.ORG
السؤال و الجواب
Home
HIT DATE NAME SUBJECT NO
4 2004/11/03 arab 4
2 2004/11/03 arab 3
1 2004/11/03 arab 2
2 2004/11/03 arab 1
List Admin Write
Search
Copyright 1999-2004 Zeroboard / skin by GGAMBO
All Rights Reserved Society for World Internet Mission 1996~ Tel: +82-2-511-3217, 3237 / Fax: +82-2-542-3217 / fisher@swim.org

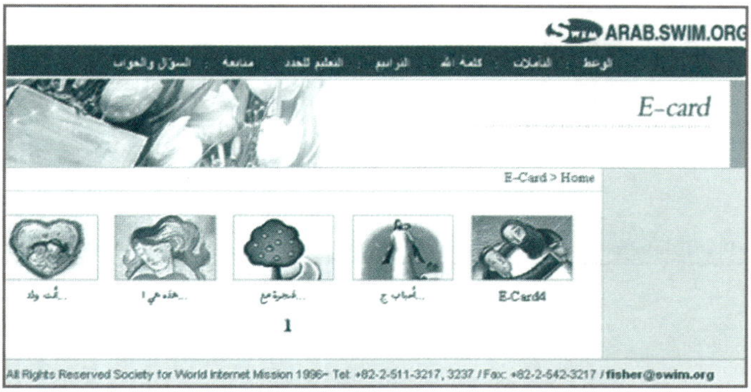
ARAB.SWIM.ORG
E-card
E-Card > Home
E-Card4
1
All Rights Reserved Society for World Internet Mission 1996~ Tel: +82-2-511-3217, 3237 / Fax: +82-2-542-3217 / fisher@swim.org

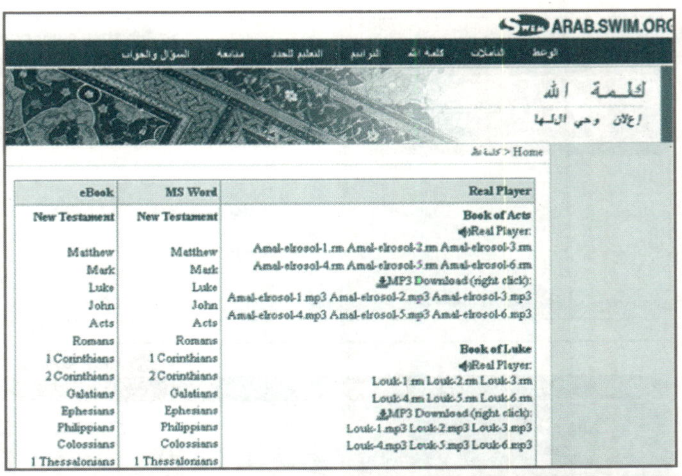

eBook	MS Word	Real Player
New Testament	**New Testament**	**Book of Acts**
		Real Player:
Matthew	Matthew	Amal-elrosol-1.rm Amal-elrosol-2.rm Amal-elrosol-3.rm
Mark	Mark	Amal-elrosol-4.rm Amal-elrosol-5.rm Amal-elrosol-6.rm
Luke	Luke	MP3 Download (right click):
John	John	Amal-elrosol-1.mp3 Amal-elrosol-2.mp3 Amal-elrosol-3.mp3
Acts	Acts	Amal-elrosol-4.mp3 Amal-elrosol-5.mp3 Amal-elrosol-6.mp3
Romans	Romans	
1 Corinthians	1 Corinthians	**Book of Luke**
2 Corinthians	2 Corinthians	Real Player:
Galatians	Galatians	Louk-1.rm Louk-2.rm Louk-3.rm
Ephesians	Ephesians	Louk-4.rm Louk-5.rm Louk-6.rm
Philippians	Philippians	MP3 Download (right click):
Colossians	Colossians	Louk-1.mp3 Louk-2.mp3 Louk-3.mp3
1 Thessalonians	1 Thessalonians	Louk-4.mp3 Louk-5.mp3 Louk-6.mp3

HIT	DATE	NAME	SUBJECT	NO
2	2004/11/03	arab		3
1	2004/11/03	arab		2
1	2004/11/03	arab		1

HIT	DATE	NAME	SUBJECT	NO

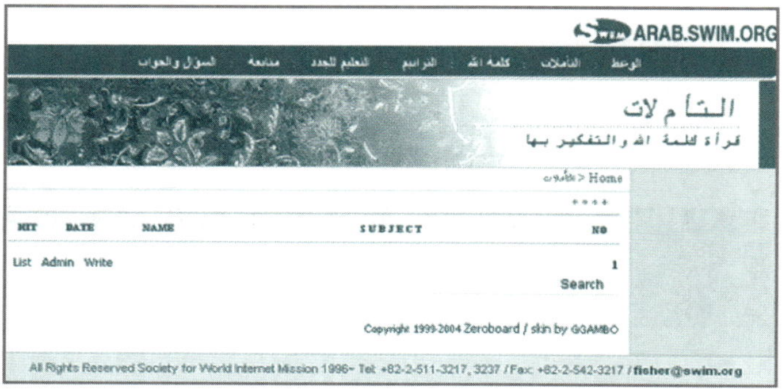

단계 4-업데이트 및 추가 콘텐츠 구상

1) IMC에 지속적인 업데이트가 이루어지려면

· 각 콘텐츠마다 사명감을 가진 전담자가 필요.

· 번역 인력이 절실히 요구됨.

· IMC 네트워크 : 선교 현지를 섬기는 중보 기도 팀과 한국에서 선
교 현지에 대한 관심을 모으기 위한 한글

· 커뮤니티 사이트 제작

2) 추가 콘텐츠 구상

- QT E-mail : Our Daily Bread의 QT 메일을 개인 mail 서비
  스 할 예정(QT mail 신청 툴 요구됨)
- Who is Jesus? / 이슬람과 기독교 / 4영리 / 선교정보 등 추가
  예정

참고문헌

Charles H. Kraft. 1991. *Communication Theory for Christian Witness*. Michigan: Orbis Books.

Viggo Sogaard. 1993. *Media in Church and Mission*. William Carey Library Publishers.

Charles L, Campbell. 1997. *Preaching Jesus*. Michigan: Wm. B. Eerdmans Publishing.

William F. Fore. 1990. Mythmakers: Gospel, *Culture and the Media*. New York: Friendship Press.

Finis Jennings Dake. 1963. Dake's *Annotated Reference Bible*. Dake Bible Sales Inc.

Keck, L.E. 1991. *The Pauline Letters*. Abingdon Press.

Donald Senior, C.P., Carrol Stuhlmueller, C.P. 1983. *The Biblical Foundations for Mission*. Michigan: Orbis Books.

David J. Hesselgrave, Edward Rommen. 1989. *Contextualization*. Michigan: Baker Book House.

David J. Hesselgrave. 1994. *Scripture and Strategy*. California: EMS.

William J. Larkin Jr and Joel F. Williams. 1998. *Mission in the New Testament*. Michigan: Orbis Books.

Paul G. Hiebert. 1995. *Incarnational Ministry*. Michigan: Baker.

김성태. 1994. *세계 선교 전략*. 서울: 생명의말씀사.

조규삼. 1995. *바울과 선교*. 서울: 은성출판사.

David J. Hesselgrave. 1991. Communication Christ Cross Culturally. Zondervan Publishing House.

채은수. 1993. *선교 커뮤니케이션*. 서울: Korea Logos Research Institute.

Daya Kishan Thussu, 배현석 역. 2000. *국제 커뮤니케이션*. 서울: 한울 아카데미.

정흥호. 1996. *Contextual Theology: an Evangelical Perspective*. 서울: Korea Logos Research Institute.

Stephan B. Bevans. 1992. *Models of Contextual Theology*. Michigan: Orbis Books.

Paul Kirkbride. 2001. *Globalization the External Pressures*. New York: John Wiley & Sons, Ltd.

주재영. 1987. *아시아의 상황화*. 서울: 대한.

맹명관. 2003. *예수 CRM*. 서울:비전과 리더십.

김태연. 2006. *전문인 신학*. 서울:예영커뮤니케이션.

최미선. 2003. *디자인의 폭을 넓혀주는 웹스타일 북*. 서울: 안그라픽스.

인터넷협의회. 1999. *인터넷 백서*. 서울: 영진출판사.

구자혁. 2000. *인터넷 방송*. 서울: 정보게이트.

오종혁. 2006. *웹 기획 & 웹 프로젝트 매니지먼트*. 서울:영진닷컴.

이재규 외. 2002. *전자상거래 원론*. 서울: 법영사.

김종승, 깅종현. 2002. *Community Planning*. 서울: 비비컴.

한국전문인선교협의회. 2000. *선교의 패러다임이 바뀐다*. 서울:창조.

앨빈 토플러. 1989. *제3의 물결*. 서울: 한국경제신문사.

조서환, 추성엽. 2005. *대한민국 일등 상품 마케팅 전략*. 서울: 위즈덤하우스.

존 네이스비트, 서문호 역. 1996. *제4의 물결*. 서울: 아름다운 사회.

채이석, 이상화. 2005. *건강한 소그룹 사역 어떻게 할 것인가?*. 서울: 소그룹하우스.

레베카 블러드, 정명진 역. 2002. *블로그*. 서울: 전자신문사.

김동문. 2001. *이슬람의 두 얼굴*. 서울: 예영커뮤니케이션.

박성호. 2002. *인터넷 미디어의 이해와 활용*. 서울: 커뮤니케이션 북스.

강승삼, 서장혁 외. 2006. *전방 개척 선교*. 서울: 한선협.

지나 L. 크로세티, 권태영 역. 2005. *아랍에미리트*. 서울: 위슬러.

홍윤선. 2002. *딜레마에 빠진 인터넷*. 서울: 굿인포메이션.

칼 W. 언스트, 김형묵 역. 2005. *무함마드를 따라서*. 서울: 심산.

김진년. 1996. *크리스챤, 인터넷, 멀티미디어*. 서울: 크리스챤다이제스트.

피터 와그너, 전호진 역. 1971. *기독교 선교 전략*. 서울: 생명의말씀사.

브라이언트 L. 마이어즈, 한철호 역. 2004. *세계 선교의 상홍과 도전*. 서울: 선교한국.

상그라픽스. 2001. *방가, 매니아*. 서울: 심마니.

공일주. 2006. *이슬람 문명의 이해*. 서울: 예영커뮤니케이션.

Frederick Mathewson Denny. 2006. *An Introduction to Islam*. New Jersy: Pearson Prentice Hall.

Annemarie Schimmel. 1992. *Islam: an Introduction*. New York: State University of New York Press.

Emile Dermenghem. 1974. *Muhammad and the Islamic Tradition*. Westport: Greenwood Press.

Youssef M. Choueiri. 1997. *Islamic Fundamentalism*. London: Piner.

W. Montgomery Watt. 1988. *Islamic Fundamentalism and Modernity*. New York: Routledge London and New York.

John L. Esposito. 2001. *Makers of Contemporary Islam*. England: Oxford.

Peter G. Riddel, Peter Cotterell, *Islam in Context*, Baker Academic, 2003

손주영 외. 2004. *Understanding Middle Eastern Religious Movement*. 서울: 한울아카데미.

전호진. 2002. *이슬람: 종교 또는 이데올로기*. 서울: SFC.

황병화 외. 1999. *이슬람 세계 속의 국제 정치 관계*. 서울: 오름.

John Driver. 1997. *Images of the Church in Mission*. New York: Herald Press.

Roger S. Greenway. 1989. *Missions New Frontier Cities*. Michigan: Baker Book House.

Gerald F. Hawthorne. 1993. *Dictionary of Paul and His Letters*. Seoul: IVP.

빌도나휴, 송영선 역. 1996. 윌로우크릭 교회 소그룹 이야기. 서울: 디모데.

마이클 호튼, 김재영 역. 1996. 미국제 영성에 속지 마라. 서울: 규장.

폴 케네디. 1993. *21세기 준비*. 서울: 한국경제신문사.

리처드 창, 이진원 역. 2005. 성장의 비밀 열정 경영. 서울:위즈덤 하우스.

헨리 블랙커비, 윤종석 역. 영적 리더십. 서울: 두란노.

조엘 코미스키, 정진우 역. 1999. *지투엘브 이야기*. 서울: NCD.

아가페 편집부. 1991. *아가페성경사전*. 서울: 아가페.

홍인규. 1996. *바울의 율법과 복음*. 서울: 생명의 말씀사.

F.F. 브루스. 1992. *바울*. 서울: 크리스챤다이제스트.

J.H. 바빙크, 전호진 역. 1979. *선교학 개론*. 서울: 성광문화사.

Robert Coleman. 1964. *The Master Plan of Evangelism*. Old Tappan: Revell.

폴 스티븐스, 최기수 역. 2007. 평신도를 세우는 목회자. 서울: 미션월드라이브러리.

폴 스티븐스, 홍병룡 역. 2001. *21세기를 위한 평신도 신학*. 서울: 한국기독학생회 출판부.

Lesslie Newbigin. 1960. *Mission and Missions*. U.S.A.: Christianity Today, August 1.

A. N. Sherwin-White. 1978. *The Roman Citizenship*. Oxford.

Edard R. Dayton. 1968. "*Does Technology Exclude the Holy Spirit?*". *World Vision Magazine* 12.October.

퀀틴 슐츠, 박성창 역. 2006. 하이테크 예배-예배의 본질을 회복하라. 서울: IVP.

마샬 맥루한, 박정규 역. 1999. 미디어의 이해. 서울: 커뮤니케이션북스.

James M. Phillips & Robert T. Coote. *Toward the 21th Centry in Christian Mission*. Michigan: Erdmans Pub.

닐 피스크, 마이클 J 실버스타인, 보스턴컨설팅그룹 역. 트레이딩 업. 서울: 세종서적.

George Barna. 1997. *Leaders on Leadership*. Ventura: Venture Books, 1997.

구자혁. 2000. *인터넷 방송 따라 하기*. 서울: 정보게이트.

김동문. *이슬람 신화 깨기, 무슬림 바로보기*. 서울: 홍성사.

Christopher Langdon. *Digerati Glitterati: High-Tech Heroes*. New York: Wiley.

Lyle Schaller.1995. *Worship Leader magazine*, July-August.

이슬람연구소. 1996. *이슬람의 이상과 현실*. 서울: 예영커뮤니케이션.